广州讲坛演讲录

（第三辑）

主　编：王晓玲
副主编：汤应武

商务印书馆
北京·2008年

图书在版编目(CIP)数据

广州讲坛演讲录. 第 3 辑/王晓玲主编. —北京:商务印书馆,2008
ISBN 978 - 7 - 100 - 05880 - 3

I. 广··· II. 王··· III. 社会科学—文集 IV. C53

中国版本图书馆 CIP 数据核字(2008)第 088172 号

所有权利保留。
未经许可,不得以任何方式使用。

广州讲坛演讲录
(第三辑)
王 晓 玲 主编

商 务 印 书 馆 出 版
(北京王府井大街36号 邮政编码 100710)
商 务 印 书 馆 发 行
北京瑞古冠中印刷厂印刷
ISBN 978 - 7 - 100 - 05880 - 3

2008 年 9 月第 1 版　　开本 650×1000　1/16
2008 年 9 月北京第 1 次印刷　印张 17¾
定价:31.00 元

序

近两三年来，国民生活中的一个新现象是讲坛文化的兴起。全国许多省市，讲坛遍地开发，听讲座成了人们的一种日常生活。讲坛有不同种类——一类是大学里的讲坛，由校方、院系或学生社团主办，是校园文化的组成部分；一类是企业、单位、部门内部的讲坛，目的是培训骨干和员工；还有一类是向社会开放的公益讲坛，大多由地方党政部门主办，它实际上已经成为当今讲坛文化的主体，在我看来也是讲坛文化中最有意味的现象。我本人曾应邀在不同种类的讲坛上做演讲，其中政府办的越来越居多，这个经历使我获得了亲身感受，并推动我思考其意义。现在，借为本书作序的机会，我谈一谈自己的体会。

众所周知，在中国进入社会转型时期以后，如何开展思想政治工作成了困扰党政干部的一个难题。以前那种单纯意识形态灌输的模式越来越行不通了，社会现实和人们的接受心态都发生了巨大变化，思想政治工作也必须与时俱进，在目标、内容、方法上皆有所转变。从这个角度看，我认为可以把党政部门主办公益讲坛看做政治思想工作的一种创新，是社会转型时期思想政治工作本身的转型，是在实践中形成和普及的新形势下开展思想政治工作的好方式之一。

我试以本书为例略作分析。广州讲坛是广州市委宣传部主办的开放的公益讲坛，迄今已开办四年多，演讲的结集也出到了第三辑，是同类讲坛中比较成熟的范例。我们看到，一方面，讲坛所邀请的主讲人是各界有影响的专家、学者和学者型官员，演讲的内容涵盖政治、经济、哲学、宗教、历史、教育、法律、文化、卫生等广泛领域；另一方面，讲坛向广大市民开放，自愿参加，听众是对知识、思想以及相关讲题感兴趣的各界人士和普通百姓。作为主办者的党政部门在这里主要起组织、宣传和引导的作用,为精英与公众之间的交流搭建有效的平台。与传统的政治思想工作模式相比,这是重大的转变。一个关键的转变是,目标不再是培养驯服工具,而是切实地提高公民素质,在精神层面上建设好现代文明社会。党政部门的水平不是表现在向人们提供不容置疑的真理,而是表现在提供最好的服务,为人们追求真理创造良好的条件。在这个转变的过程中,党政宣传队伍自身的素质也在发生可喜的变化。

有意思的是,正是在经济转型开始得比较早、市场经济发展得比较成熟的地方,例如广东和浙江,这个类型的讲坛文化也兴起得比较早,发展得比较成熟。究其原因,大约是因为,在民众这方面,物质生活水平有了普遍的提高,从而感觉到了对精神生活的迫切需要。在政府这方面,经济转型有力地促进了其观念和职能的转变,加强了服务意识,包括在满足精神需要方面为民众服务。广州讲坛便是如此,自创办以来,围绕"高、优、新、活"下功夫,努力向广州市民提供高端优质的讲座服务,已成为广受欢迎的讲座品牌。从邀请的主讲人名单看,组织者对当今国内思想前沿的情况相当了解,对讲题类别的安排比较全面,从讲座前的预告、讲座时的会场组织和网上直播、讲座后的媒体报道和电视播放以及演讲集的适时出版看,每一个环节都做得认真细致,说明讲坛团队具备了较高的专业化水平。

一次讲座的效果之好坏,取决于主讲人、组织者和听众三方的水平。主讲人的水平,不论是学识和思想水平,还是口头表达水平,其实是基本确定了的,区别在即席发挥得好不好。凭我的亲身经验,我发现,发挥得好不好,在很大程度上取决于当时对会场氛围的感受。而这个氛围,主要是由组织者和听众造就的,即组织者是否让真正想听你的讲座的人来了,对讲座环节的设计是否合理和活泼,听众对你所讲的内容是否真正感兴趣并且有所思考。我是去年5月做客广州讲坛的,讲座在艺博院报告厅举行,三百多个座位满座,听众聚精会神,我能感觉到台上台下的无声交流,互动时提问十分踊跃,会场气氛始终很好。这是一次愉快的经历，为此我衷心感谢广州讲坛的组织者和听众。

最后，我要说，讲坛文化的受益者不但是听演讲的公众，也包括演讲者自己。尤其像我这样以前只在书斋里生活的人，演讲的需要促使我更加关注社会现实，思考公众关心的重大问题，也促使我锻炼口才，学习用公众喜闻乐见的方式表达自己的思想。同时，听众的即时反馈也帮助我及早发现自己思想中的欠缺、谬误和模糊之处，对相关问题进行更加深入的思考。其实，在哲学的故乡古希腊，哲学家大多是演讲和言谈的高手，雅典街头到处是哲学家与民众互动的讲坛。就此而言，今天的讲坛文化是向哲学原生态的一个初步的回归。比哲学家更突出的是，当时的政治家一定是演讲家，是靠演讲影响公众和贯彻政见的，而这个传统已经成为西方社会民主生活的一个不可缺少的组成部分。因此，我十分赞赏中国今天的政治家登上公众讲坛，相信这对于政治家和公众双方都是一种良好的民主训练和实践。

周国平

2008年6月13日

目　录

和谐社会、和谐世界与和谐宗教 …………… 叶小文 （1）
长征的艰难历程及其历史意义 ……………… 张树军 （21）
城市文化建设与文化遗产保护 ……………… 单霁翔 （45）
文化与国力 ……………………………………… 张国祚 （59）
明亡清兴六十年 ………………………………… 阎崇年 （67）
创意产业——崛起与发展 ……………………… 贺寿昌 （77）
知识产权制度建设与创新型城市战略 ……… 吴汉东 （96）
人文精神与中国社会转型 …………………… 周国平 （117）
中国社会经济可持续发展的几个问题 ……… 厉以宁 （139）
21世纪科学健康的生活方式 ………………… 殷大奎 （163）
网络文化与社会生活 ………………………… 欧阳友权 （179）
当代中国大学解读 …………………………… 陈平原 （198）
阅读经典　感悟成长 ………………………… 于　丹 （221）
城市竞争力：全球、中国与广州 ……………… 倪鹏飞 （238）
全球粮食危机：问题与前景 ………………… 程国强 （259）

和谐社会、和谐世界与和谐宗教

叶小文

(2006年7月20日)

叶小文,湖南人,1950年生于重庆。现任国家宗教事务局局长。曾任贵州省社会科学院社会学所副所长,中华宗教文化交流协会会长,中国宗教学会顾问,中国社会学会、中国人权研究会常务理事,中国外交学会理事,北京大学、四川大学、南昌大学、中央党校、国家行政学院、中央社会主义学院、国防大学兼职教授,中国共产党第十六届中央委员会候补委员,全国政协九届、十届常委。

主要从事宗教、社会科学研究、青年工作,多年来坚持"白天走、干、讲,晚上读、写、想",在不同的实践领域,用不同的角度去观察、分析不同的社会问题。已出版《多视角看社会问题》《把中国宗教的真实情况告诉美国人民》《化对抗为对话》《从心开始的脚步》等著作。

现在,"和谐"一词使用频率很高。和谐社会、和谐世界,我把它叫做"双和模式"。它是在怎样的背景下提出来的?现在中国正在快速发展,赢得了全世界的赞叹和敬意,但是也因此有了"双重紧张"。因此,我们积极回应,提出了"双和模式"。

"双重紧张"造成了"双重焦虑"

什么是"双重紧张"?第一是人和自然关系的紧张。看看我们的环境,天空不再是蓝天,海洋也在被污染。快速发展引起环境的破坏、环境的紧张。但是发展的脚步能停下来吗?不能停,因为中国最大的事就是就业问题,就业是靠就业扩大的、富裕是靠富裕带动的、繁荣是靠繁荣支撑的,不能停下来。我们必须要"牢牢把握发展这个第一要务",于是发展和环境之间的矛盾就紧张起来。

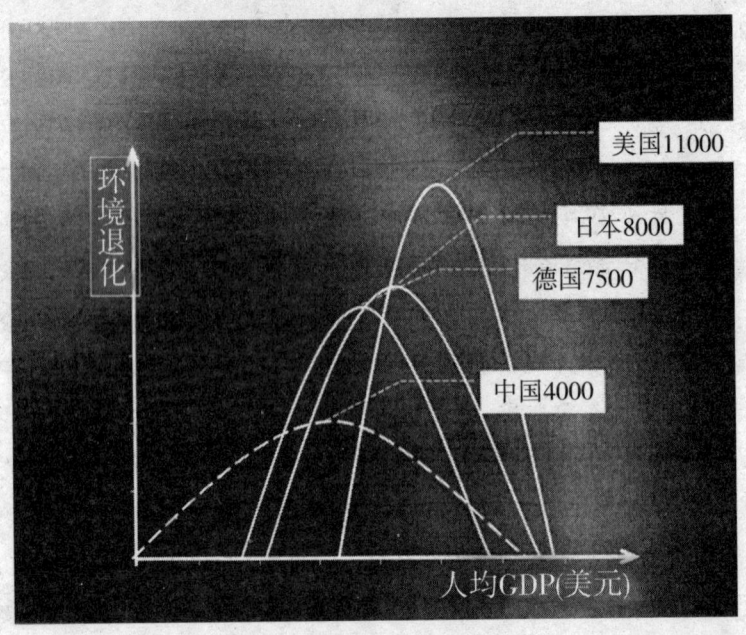

库兹涅茨环境倒U曲线

我们可以用库兹涅茨环境倒U曲线来说明发展与环境的关系。这个曲线表明,在经济发展的初期阶段,随着经济的增长、人均GDP的增高,生态环境的破坏程度也随之增长(倒U曲线的左侧);只有当人均GDP增长到一定程度,环境破坏的压力才能达到临界点或转折点(倒U曲线的拐点),环境逐步得到改善和恢复。要越过这个拐点,美国要到人均11000美元,日本人均8000美元,德国人均7500美元。中国人口基数大,也要到人均4000美元。过了这个拐点,经济越增长,环境的破坏才会减少。我们现在正处于1000美元到4000美元的阶段,当然珠三角和长三角跑在前面,但是也没有超越4000美元。我们正在爬坡阶段，经济的增长一定程度上还在以环境的加速破坏为代价。中国人均资源拥有量在世界上不是很高的，中国经济发展的成本相对是比较高的。我们过去说"地大物博"，这是真的。但是从发展的眼光来看，我们不能不承认我们地贫物稀，不够用。现在最关键的是油价，八国峰会也在讨论油价，油价还这样涨上去怎么得了呢？如果最后没有油的话，我们海陆空的交通工具都要改造，卡车就要用马来拉了。

我们不能这样搞下去，我们只能走可持续发展之路，在经济发展的同时延缓和尽量避免整体自然生态环境的恶化，并且尽可能地节省能源。也就是说，为了缓和发展引起的人和自然的紧张关系，我们要在这根倒 U 曲线左侧将陡坡降下来。国家"十一五"规划有两个基本指标，一是单位 GDP 的能源消耗比"十五"时期末要降低 20％，二是 GDP 仍然要保持 7.5％的增长。这好比又要马儿快点跑，又要马儿少吃草，难不难呢？太难了，但是我们别无选择。我们研究宗教问题，撇开这些问题也是不行的。

第二是快速发展引起了人和人关系的紧张。学者们用基尼系数来说明，如果基尼系数悬殊太大，社会就会出现不稳定。基尼系数的国际警戒线是 0.4。现在中国的基尼系数到了多少呢？根据世界银行的有关统计，当前中国的基尼系数到了 0.458，超过警戒线了。基尼系数如果不降低，不少人就难以安分守己，社会心理就处于危险的状态，一方面是社会充满了诱惑和活力；另一方面是泥沙俱下、鱼龙混杂，社会处在多事之秋。

两个高度紧张造成了"双重焦虑"。首先，是社会失范的焦虑。打一个比方，如果公路上的车子十分堵，你还有什么交通规则呢？大家就会搞得很焦虑、烦躁，司机一定会骂娘的。焦虑主要表现为快速发展造成一系列的两难选择。1989 年，我做了一个社会心理机制转换的举证，用了一些图示来说明。我的结论简单说就是，在经济社会快速的发展中，我们实际面临一系列的两难抉择，社会心理压力具有既要促进平等竞争，又要促进共同富裕的双向作用；社会心理预期具有既要参与竞争，实现先富一步,又要节制竞争,避免两极分化的双重风险;社会心理互动具有既要靠竞争激发心理活力,又要以协调融洽心理氛围的两重功能;社会心理取向具有既要求得效率提高,又要求得社会公平的双重使命。

在当前影响我国社会和谐稳定的问题中,既有国际因素,也有国内因素;既有政治因素,也有经济因素;既有群众因素,也有干部因素;既有发展不够的因素,也有公平不够的因素。在一些地方、一些领域,公平不够已经成为突出的问题,群体性事件有增长的趋势。

我们有两难的选择,世界就更加难了。从世界范围来看,尽管和平与发展是时代的主流,但是主流之外暗流汹涌、波诡浪急。人类陷入另一种困境:环境污染加剧,生态失衡日重;贫富差距拉大,穷困饥饿增生;飓风海啸骤起,莫名疫病流行;暴力冲突不断,恐怖袭击频仍。

还有一个焦虑是文明冲突的焦虑。社会本来要靠文明来支撑和重建。现在大家熟悉的恐怖主义和单边主义,它们是相伴而生各执一端,冲突不断,争斗迭起。应该看到,现在世界的主流是和平与发展,至少从目前来看,世界大战打不起来。讲发展,科技日新月异,人类的前途一片光明。但为什么前面要讲那么多的紧张和焦虑呢?人无远虑必有近忧。

面对社会的失范和文明的冲突,我们不必悲观失望。同时,作为负责任的大国,我们也必须要有深刻的思考和前瞻的对策。中国对双重紧张的缓解之道、对双重焦虑回应之策,是在国内以科学发展观统领各项工作,努力建设和谐社会;在国际上奉行独立自主的和平外交政策,呼吁建设一个持久和平共同繁荣的和谐世界。这是一个积极应对"双重紧张"、缓解"双重焦虑"的崭新模式:对内致力构建"和谐社会",对外呼吁共建"和谐世界",我们简称为"双和模式"。

"双和模式"要求宗教是和谐的

前面讲了这么多,跟宗教有什么关系呢?既然是和谐社会、和谐世界这个"双和模式",当然要求宗教是一个和谐宗教。宗教是冲突因素还是和谐因素呢？宗教当然是和谐因素，1993年全世界6000多人参加的世界宗教会议，通过了《走向全球伦理宣言》：你们愿意人们怎样对待你们，你们也要怎样对待别人，就像孔子说的，"己所不欲，勿施于人"。宗教应该是一个和谐的因素。2000年，我曾经率团参加在联合国召开的"世界宗教与精神领袖千年和平大会"。这个大会通过的宣言说："我们的世界被暴力、战争和各种毁灭行为所破坏，而这些行为常常被说成以宗教的名义。"于是，宗教又成了冲突因素。

恐怖主义、霸权主义结伴而来。霸权主义来了——"我希望你参加美国军队"，美国以其雄厚、强大的美资、美军为背景，既要反恐，也要称霸。国际恐怖主义来了——"我希望你去打伊拉克"，国际恐怖主义以伊斯兰复兴运动中原教旨主义、宗教极端主义崛起的大潮为背景，前赴后继、此起彼伏。

恐怖主义就是要让更多的人死，让更多的人看到，它就是这样的信条。远的不说"9·11"事件，就说2005年3月11日马德里火车站大爆炸、7月伦敦连环大爆炸、埃及大爆炸、新德里10月29日大爆炸，这和我们有什么关系呢？慢慢就炸到我们的旁边，11月9日阿曼有一个大爆炸，正好我们一个高级军事代表团在那儿参观，一下子炸死我们3个师级干部。2006年7月11日，印度第一大城市和金融中心孟买发生7起定时遥控的高烈度爆炸，5起发生在站台上，2起发生在火车上。爆炸发生在上下班的高峰时期，惨无人道，惨不忍睹。巴勒斯坦一个女大学生，才18岁，她跑到超市引爆炸弹，买东西的老头老太太也被炸死了。她自己录了音，"无自由，毋宁死；无尊严，毋宁死"；还有"黑寡妇"，他们的兄弟丈夫父亲被打死了，她们被告知如果做了人体炸弹就可以上天堂跟他们团圆。现在文明世界乱套了，丹麦我们都知道出童话，美得很，现在出一些莫名其妙的漫画，严重侮辱穆斯林，将全世界的穆斯林都激怒了。当然中国的穆斯林也反对漫画侮辱穆斯林，但是中国的穆斯林很理智，他们通过合法的渠道反映自己的诉求。

有学者指出，现在文明世界不仅会爆发冲突，而且更有可能出现文明的崩溃。哈佛大学著名教授亨廷顿写了一本书,题目叫《文明的冲突与世界秩序的重建》,我相信在座很多人都知道这本书。于是有人不服了,他的同事又写了一本书,叫做《文明的崩溃与世界秩序的重建》。什么是文明的崩溃？"9·11"事件当然是文明的崩溃。什么是文明世界秩序的重建呢？要新修世贸大厦,最后全世界广为征集方案,有人设计了这么一个智能大厦,飞机一来就躲了。美国要改造整个伊斯兰,伊斯兰世界有12亿～13亿人,它怎么能改造呢？当世界提起阿拉伯时是要致敬的,因为阿拉伯人曾经极大地丰富和推进了世界文明。美国要改造伊斯兰,伊斯兰还要改造布什呢。

上面我讲了两个背景,谈到"双和模式"要求宗教是和谐的,我举了一些例子,宗教被夹在冲突里面。怎样看这个问题呢？不能仅仅靠这些例子来说明问题。宗教问题错综复杂,我们要采取特别慎重、十分严谨的态度,进行周密考虑。

宗教是短期现象还是长期现象？

宗教现象从根本上讲是长期性的。提起宗教,大家就想到天上的神和仙,宗教在哪里呢？宗教就在人们的心里。提起宗教,我们就想起教堂的顶和寺庙的烟,宗教就在人世间。但实在又说不清楚什么是宗教。德国哲学家杜林曾阐述过宗教的本质,但完全是胡说八道。为驳斥杜林,恩格斯写了《反杜林论》一书。恩格斯说:"一切宗教都不过是支配人们日常生活的外部力量在人们头脑中的幻想的反映,在这种反映中,人间的力量采取了超人间的力量的形式。"这段话不太好懂,什么意思呢？我们看佛教讲观音,观音不得了,大慈大悲观世音,能够普度众生,观音是无所不知、无所不晓、无所不能的。大家看观音像,那么慈祥端庄。为了她的法力无边、无所不能,她的手就很多,而且还那么美,手里还拿着很厉害的法器。人体哪儿有那么多手呢？但不仅我们觉得她美,全世界都觉得她美。中国残疾人艺术团的舞蹈"千手观音",

就感动了世界。

人类社会经历了不同的社会形态,从原始社会一路走过来,向未来社会一路走过去。各位宗教界的朋友不一定同意这种观点。我们是马克思主义者,我们要阐明为什么会有宗教。"文化大革命"时中国人不要宗教了,"文化大革命"结束之后我们发现不对头了,中央为此出台了19号文件。文件对为什么有宗教作了解释,说宗教观念最初的产生,反映了在生产力水平极低的情况下原始人对自然现象的崇拜。原始人不知道为什么会打雷、下雨,更不知道为什么会生殖繁衍。进到阶级社会之后,宗教得以存在和发展的深刻社会根源,就在于人们无法摆脱这种盲目力量的控制,在于剥削阶级要用宗教作为麻醉和控制群众的重要精神手段。这些话都是出自马克思。马克思说:"宗教里的苦难既是现实的苦难的表现,又是对这种现实的苦难的抗议。宗教是被压迫生灵的叹息,是无情世界的心境,正像它是无精神活力的制度的精神一样。宗教是人民的鸦片。"宗教在马克思看来是一种压迫劳动人民的意志力量。按照这个观点,我们往前推,社会主义社会压迫越来越少,宗教也就会越来越少,共产主义就没有压迫、没有宗教了。社会主义有没有宗教?共产主义有没有宗教?我们经过大量的理论论证,得出了一个结论:"宗教走向最终消亡,可能比阶级和国家的消亡还要久远。"问题于是来了:进到社会主义乃至共产主义社会之后,宗教得以存在和发展的社会根源是什么呢?还是剥削阶级压迫吗?马克思说"宗教是被压迫生灵的叹息",那我们这个社会是没有精神支柱失魂落魄的社会吗?这就解释不通了。我们看到宗教还存在,宗教发展得还很好。这是怎么一回事呢?对此,马克思没有明说。有一个叫鲍威尔的人骂犹太人,说为什么全世界都要迫害犹太人,就是因为犹太人信犹太教,令人讨厌。马克思在一篇文章中谈论犹太人的问题,说问题在于完成了政治解放后怎样对待宗教。马克思说,我们既然看到在政治解放已经完成的国家(指美国),宗教不仅存在,而且是生机勃勃地富有生命力地存在,这就证明宗教一定会存在,和政治解放的完成是不矛盾的。马克思接着说:"我们用自由公民的世俗约束来说明他们的宗教约束。我们并不宣称:他们必须消除他们的宗教局限性,才能消除他们的世俗限制。我们宣称:他们一旦消除了世俗限制,就能消除他们的宗教局限性。我们不要把世俗问题化成神学问题,我们要把神学问题化为世俗问题。相当长的时期以来,人们一直用迷信来说明历史,而我们现在用历史来说明迷信。"

马克思才华横溢,他这一段话含义非常丰富。有人形容马克思,说他的头脑就像是一艘待发的大军舰,里面的东西太多了,让人搞不清楚。我注意到他这一句话:"我们用自由公民的世俗约束来说明他们的宗教约束。"为什么会有约束?因为要逃避苦难,就有世俗的约束。由于马克思处于充满苦难、充满压迫的阶级社会,他更多地关注人们的"世俗约束",因此在他看来,宗教主要是对苦难的说明和解脱,是对"世俗约束"的忍耐和反抗。

今天是新社会了,谁来压迫我们呢?为什么宗教还仍然很旺盛?不管你信不信教,人类有一个永恒的主题就是要摆脱此岸的苦难,走向彼岸的幸福。全人类要实现共产主义,也是一种幸福追求,是在不同的阶段追求不同的幸福。我们要美丽要幸福,我们用自由公民的世俗约束来说明他们的宗教约束。我们中国现在发展很好,我们要全面建设小康社会,摆脱此岸的不满走向彼岸的幸福。追求幸福是人类的一个永恒的主题,人类总是不满此岸的苦难,追求彼岸的幸福。不同的人有不同的幸福追求,或者说共同的幸福追求又有不同的感受。托尔斯泰有句名言说,幸福的家庭是相似的,而不幸的家庭各有各的不幸。在现实生活中,追求幸福通常也会有很多不幸,不是你想走向幸福就可以走向幸福,很多人想发财发不了,要升官升不了,有很多的约束、很多的苦难,特别在旧社会当中苦难更多。当前,人们思想活动的独立性、选择性、多变性和差异性明显增强,民主法制意识明显增强,政治参与意识明显增强,对自我价值的实现、对幸福生活的追求有着强烈的期待。这两年有一个时髦的词叫"幸福指数",指的是城乡居民的幸福感。各地开两会、全国开两会，除了关心 GDP，就要关心你这个地方的幸福指数，以至于提拔干部，也要看幸福指数是不是提高了，考察政府工作要看幸福指数如何。

对世俗约束的承受和忍耐、认识和解脱、挣扎和反抗，导致了人们接受宗教的约束，因此可以说对世俗的追求也会导致人们对宗教的追求。宗教反映了人们对幸福追求的诸多困惑，提供给人们对幸福追求的强烈诱惑。从这个角度讲，宗教其实也是一种世俗追求。我们来看世界三大宗教，佛教、基督教、伊斯兰教，这三大宗教如何提供给人们幸福追求的强烈诱惑，让全世界几十亿人跟着它们跑，跟着它们走向幸福。

佛教怎样带领我们摆脱此岸的苦难走向彼岸的幸福呢？佛教很重要的就是将苦参透，佛教告诉我们"有漏皆苦"。我们不妨想想，因为有眼、耳、鼻、口、身等这些漏洞，于是人生的五大烦恼就进来了。你的心就像是动物园，有猴子抓、老虎吼，于是要觉悟，要堵住这些洞，才能摆脱此岸的苦难走向彼岸的幸福。人生有八苦，"生、老、病、死、怨憎会、爱别离、求不得、五阴炽盛"。生老病死都是苦，大家好理解，你看母亲生一个孩子，痛死了。什么叫"怨憎会"呢？就是你最憎恨的人天天跟你在一起，你烦不烦呢？什么叫"爱别离"呢？你最爱的人你就是见不到他，你苦不苦呢？什么叫"求不得"呢？大家在这里求了硕士求博士，求了博士求院士，难。什么叫"五阴炽盛"呢？佛教说人是五种要素集合而成：色、受、想、行、识。《阿含经》说："色如聚沫，受如浮泡，想如野马，行如芭蕉，识为幻法。"所以"有漏皆苦"。佛经3亿多字，基本原则可以概括为"四谛"，"苦集灭道"，知苦、断集、证灭、修道。什么意思？苦是你自己要来的。"佛言财色于人，人之不舍。譬如刀刃有蜜，不足一餐之美，小儿舐之，则有割舌之患。"怎样摆脱苦，佛教也有原则，知道苦你就要断掉苦的渠道，你就要阿弥陀佛、念经修道。不要贪财、不要贪官、不要贪色，当官就不要想发财，打篮球就不要动脚，踢足球就不要动手。

佛教博大精深,"勤修戒定慧,息灭贪嗔痴"的教义能净化人的心灵,实现人的觉悟圆满,为社会开创解脱的源泉。我们过去说宗教,都把它和迷信联系在一起,但是佛教传到中国两千多年,都是搞迷信?不是的,佛教给了中国很多的哲学思想。恩格斯在《自然辩证法》里说佛教有很多哲学思想,爱因斯坦说佛教好像是坐在那儿,一切真正的科学原动力就是这么坐着来的。佛教真的这么神吗?若干年前,我隔壁有一个老太太是佛教徒,天天念心经,我天天听也会念了。有一天我见到赵朴初,我说朴老我学了一些佛教知识,会念心经了。他说你念一下,我说朴老您听着,"观自在菩萨,行深般若波罗蜜多时,照见五蕴皆空,度一切苦厄。舍利子,色不异空,空不异色,色即是空,空即是色,受想行识,亦复如是……"朴老说,你给我解释一下这是什么意思。我说请朴老开示,我不懂。他说"色"和"空"是两个哲学概念,这是在讲本质和现象、思维和存在,既有同一性也有差异性。我敲隔壁老太太的门,说你是在讲哲学问题。老太太看着我发愣,我说你不是念心经,朴老告诉我,"色不异空,空不异色"讲的就是思维和存在的同一性和差异性的问题,这就是哲学问题啊。老太太说,我不是在讲这个啊,是在讲"色即是空、空即是色,看得破而放不下;善有善报、恶有恶果,讲得好做不来啊"。

怎么看佛教?坦率地说,作为国家宗教局局长,我到寺庙去,和尚们对我还是比较客气的。我知道,他们也是有目的的,想跟我照一张相,以后挂在墙上,如果有人欺负他,他也可以说我跟国家宗教局长是好朋友。我到宁波的时候,主持老人家亲自出来迎接,上了最好的香茶。佛教有一个规矩,他不说话我不能先开口说话,结果他半天不说话,我看到他后面挂了一幅字,是孙中山先生写的,是说佛法要补法律的不足。我于是念出声来:"佛教乃救世之仁,佛教是哲学之母。国民不可无宗教思想,盖教有辅政之功,政有护教之力,政以治身,教以治心,相得益彰,并行不悖。总之,佛法补法律之不足。"我说这个话过时了,老方丈你要与时俱进啊。老和尚说,叶局长你是不是也要与时俱进呢？我说那当然。他说那就请你回头看一看吧,我回头一看,后面挂着毛主席的字。毛主席说:"我们要把全中国都搞好,再把眼光放大,把全世界都搞好。佛教的教义也有这个思想。佛教的创始人释迦牟尼是代表当时在印度受压迫的人讲话的。他主张普度众生,为了免除众生的痛苦,他不当王子,创立了佛教。因此,你们信佛教的人和我们共产党人合作,在为众生(即人民群众)解除压迫的痛苦,这一点上是有共同之处的啊。"我回北京一查,《毛泽东文选》里有这个话。但是又查出了一些小问题,毛主席后面还说了一句话,老和尚抄的时候删掉了:"当然,这两者之间有许多不同之点。"

我们再来看看基督教是怎样带领人们摆脱此岸的苦难走向彼岸的幸福的。基督教认为,每个人生下来都有"原罪",罪人只能靠外来力量的拯救才能走向天国、走向彼岸的幸福。什么是"原罪"?我去查《圣经》的原文,仍然弄不太懂。有一次我到法国的影城戛纳,看到了一幅亚当与夏娃的雕像,下面刻着两个字"原罪",于是我懂了。人类的始祖在伊甸园里过着无忧无虑的生活,由于蛇的诱惑吃了果子,两个人一开窍,七情六欲就来了,生了很多的孩子。我们人类都是他俩生出的孩子,所以我们与生俱来都带有原罪。恩格斯说:"基督教把人们在普遍堕落中'罪在自己'这一普遍流行的感觉,明白地表现为每人的罪孽意识。同时,基督教又通过它的'创始人的牺牲',为大家渴求摆脱堕落、获得内心得救、获得思想安慰,提供了人人易解的形式。"这话什么意思?原来我怎么看也看不懂,但结合实际就懂得了。有一次我到了温州,温州这个地方经济发展快得很,温州人全世界到处跑,一个老太太可能不知道中国地图,但是世界地图她很清楚。温州人现在传基督教热情很高,叫"住宾馆、吃甲鱼、坐飞机、传福音"。我们就去调查,找了一个当地的老百姓,问他基督教在这里很热的原因。他说你看我们这个世道,人人都有罪。我问他,怎么会人人都有罪呢?他说这是普遍流行的感觉。比如社会风气不好,我们这个地方过去贪污腐败成风。我说我们现在的社会风气很好啊。他不说话了。我说你怎么不说话?他说："叶局长，现在什么都是假的，只有骗子才是真的。"我说你这么看，那怎么办？他说："怎么办？人人都有罪，只有靠上帝来拯救。"这就是恩格斯说的基督教通过它的创始人的牺牲，为大家渴求的摆脱堕落世界，获取内心得救和思想安慰提供了人人易解的形式。

这个"人人易解"的形式是什么意思？我到耶路撒冷，在那里的一座教堂听到一个《圣经》故事。天使对马利亚说你肚子里有孩子，马利亚说你乱说。一个少女突然变成孕妇，这在当地不能接受。天使说你一定要把这个孩子生下来，于是她跑了，在一个马圈里生下了耶稣，这一天就是圣诞节。耶稣最后被钉上十字架死了，三天之后复生。这个故事很不幸，不信基督教的人可能觉得很荒唐，但全世界有20多亿人信这个故事，它必然是不简单的。恩格斯说："基督教拨动的琴弦，必然会在无数人的心胸中唤起共鸣。"恩格斯说这个话的时候，全世界基督徒有10亿多人，现在有20多亿人了。我们要琢磨一下基督教究竟伟大在哪里、深刻在哪里。

我们再来看一看伊斯兰教怎样带领我们摆脱此岸的苦难，走向彼岸的幸福。伊斯兰教不讲原罪，只讲私欲。《古兰经》里有"私欲"这个词，说私欲将人引向邪恶。漂亮姑娘一走过，为什么回头率高呢？一定是小伙子看，一定有羡慕爱慕，里面就有私欲，私欲就可能引起邪恶，要通过"六信五功"的修炼才能走向后世的天园，走向彼岸的幸福。"六信"是指"信真主、信天使、信先知、信经典、信前定、信末世"，"五功"是指"念、礼、斋、课、朝"。每一个穆斯林每天都有要念的东西，都要做礼拜，每年都要过斋月。

由此可见，三大宗教各有一招带领人们走向彼岸的幸福，都是一种幸福追求。至少它们告诉我们，个人可以走向幸福，只要好好修炼，如果今生不能走向幸福，来世也一定可以走向幸福。

关于宗教的社会功能，社会学家说得很多。我通俗地概括为三个，即幸福追求、道德约束、终极关切。道德约束其实还是幸福追求的社会约定。市场经济是信用经济，最可怕的是信用缺失，但是为了赚钱很多人不讲信用。不守信用这个毛病由来已久。古典经济学家亚当·斯密说,最早之前宗教就已经有了道德的规则。河南的相国寺有相国经:"贪污受贿,磨眼粉碎;缺斤少两,大秤勾肠;假药害人,铁汁灌肠;牟取暴利,锤砸肉酱。"还有壁画,里面两个小鬼在推磨,如果贪污受贿就放在磨里磨死。

马克思说:"资本来到世界,十倍的利润就有百倍的疯狂。"如何节制资本的冲动与人的欲望呢?在西方出现了一套和资本主义的生产和生活方式相适应的新伦理,马克斯·韦伯称之为"新教伦理"。新教伦理既鼓励人们努力创造财富,又要求人们合理节制欲望。我们到美国去看,感觉很有秩序,因为人们无休止的欲望和需求被这些宗教伦理约束着。

宗教伦理还有一个办法就是劝人行善。我前面也说了,1993年,世界上6000多宗教领袖在美国芝加哥参加"世界宗教会议",大家都觉得要遵守一定的规则,于是通过了《走向全球伦理宣言》。

宗教的道德功能无非两种类型:一个惧怕型,一个伦理型;一个吓唬他,一个劝诫他。当然,我们不能完全靠宗教来规范和解决市场经济需要的诚信问题。

宗教还有一个功能,就是终极关切,也就是对幸福追求的未来约定。有一个大宗教学者说:"宗教是人生的终极关切。"很多年轻人不懂,我就给他们举例子。比如说人老了就要退休,总有生老病死的一天。很多人都在研究,人的生命是有限的,但是什么是无限的呢?雕塑《地狱之门》反映人死后有的要下地狱,有的则上天堂。雕塑《思想者》反映人类的冥思苦想,我们把这个雕塑运到北京,在王府井大街上放了40天。我也去看这个《思想者》。旁边有几个孩子问大人,这个人为什么没有穿裤子呢?我就告诉孩子们这是思想者,他在想终极关切,来不及穿裤子。

儒学也讲安身立命。人只有一条生命,必须站起来干活,追求幸福,但是总有一天要倒下去,所以生命的安立很重要。人都有生老病死,生命的安定就是终极关切。我认为,宗教就是一种生命观,基督教讲"永生天堂",伊斯兰教讲"再生天国",佛教讲"无生涅槃",道教讲"长生自然"。我前几天去看季羡林先生,他说,说实在话,就算消灭了国家和政治,都消灭不了宗教。只有人的主客观完全统一的时候才能消除宗教,想什么就来什么、想什么就干什么。这就不要认识了,怎么能够做到完全统一呢?恩格斯说过,有的人、有的民族需要宗教,因此对信不信宗教的人我们都要尊重。

宗教是消极力量还是积极力量?

宗教是消极力量还是积极力量呢?关键是群众性。

全世界信教的人很多,基督教大概有20亿人,伊斯兰教有13亿人,佛教有3亿多人,加起来36亿人。中国现在有多少信宗教的人呢?沿用周恩来的话,中国宗教信徒有1亿多人。我们估计是1亿多人,恐怕不止这个数,因为不好统计,有一些人是初一十五才去烧香,有时候吃素有时候吃荤,平时不烧香有事才抱佛脚。如果问宗教是消极力量还是积极力量,马上有人说马克思早已回答过:"宗教是人民的鸦片。"对此问题,我们只能靠摆事实来说话。

唐朝的时候,六次把佛指舍利请出来供奉。当时长安旁边的扶风县有一个法门寺,那里供奉着佛指舍利,皇帝每隔50年都要把佛指舍利请出来放在朝廷供奉。韩愈看不过去了,给皇帝写了一个奏折《谏迎佛骨表》,说这样举国出来迎接佛骨头,"老少奔波,弃其业次",工作也不要了,房子也不要都卖了,变成钱都给佛爷了,这样下去国家不是要亡了吗?皇帝大怒,韩愈早上将奏折送上去,晚上就被贬官了。"一封朝奏九重天,夕贬潮阳路八千。"874年兵乱,皇帝很着急,舍利丢了怎么办?于是修了一个地宫,上面有一个佛塔压着,这一压就是1000多年。后来由于打雷,佛塔被击垮了一半,摇摇晃晃,赶快抢救文物。四月初八是佛的诞生日,佛教徒告诉我地上射出两道金光,突然发现一个地宫,佛指出土了。联合国教科文组织马上打来电报说,这是人类文明的伟大发现。赵朴老马上跑过去,写了一首长诗,叫做《扶风法门寺佛指舍利出土赞歌》。2002年,我们将它送到台湾供奉37天,台湾50万人跪拜,400万人次瞻拜,获得了很大的成功。

宗教是冲突因素还是和谐因素?

宗教是冲突因素还是和谐因素呢?宗教具有特殊复杂性。

我前面说过,宗教纷争是举世关注的热点之一。从国内看,宗教好好的,但美国利用宗教来制造麻烦。美国借口宗教问题向我们施压,已经长期化、政治化、机制化、法制化、国际化。美国在联合国人权会上已经11次提出反华提案,当然都失败了。美国没有宗教局,但成立了一个"国际宗教自由委员会",要管全世界的事。每年5月1日,美国都要发布《国际宗教自由报告》,今年还发布了中国专版。美国不断地打宗教牌向中国施压,不厌其烦地以这个话题制造麻烦是其策略的需要。今年胡锦涛主席访美,胡主席说希望通过这次访问,和美方加强对话、扩大共识、增进互信、深化合作,全面推进21世纪中美建设性合作关系。布什同意,中美应该推进建设性合作关系。达成这个共识不容易啊!我们回忆一下,近年来,中美关系曾有三次处于十分紧张的局面。苏东剧变之后,美国想很快搞垮我们。当时苏联垮台,接着华东发大水。美国的卫星观测到华东都发了大水,回去写报告说中国要完了。美国幸灾乐祸,但中国没有垮。亚洲金融危机之后,美国借机压我们。1999年5月8日,美国的精确制导导弹炸了我们驻南斯拉夫的大使馆。2001年10月,海南岛撞机,擦枪走火,那时中美关系已经掉到一个低点。后来美国发生了"9·11"事件,当然,我们没有幸灾乐祸。"9·11"事件之后,美国霸权主义强权政治有了新的表现、新的发展。为了争取中国在反恐问题上的合作,"9·11"事件之后中美关系有相当大的改善。现在布什回到了前任的政策,就是从把中国当作战略竞争对手回到现在所说的要寻求与变化中的中国发展建设性合作伙伴关系。

　　为什么美国希望中国变呢？在美国看来，中国是怎样的国家呢？中国在美国的眼里是一个流氓国家、无赖国家吗？不是。中国在美国眼里是一个好朋友、盟友吗？也不是。于是在美国词典里出现一个怪词，就是中国是一个"另类国家"。中美关系是好是坏呢？这个问题需要"脑筋急转弯"，答案可能是：也好也坏，不好不坏；坏中有好，好中有坏；好也好不到哪里，坏也坏不到哪里。但是我们有战略机遇期，我们真正希望中美关系好起来。布什最近说，中美关系是"复杂的关系"。美国副国务卿佐利克用的一个词很好——"利益攸关者"，一荣俱荣、一损俱损，关系复杂啊。我认为，中美关系有四个焦点，即国际安全问题、经贸问题、台湾问题和人权问题。在这四个问题上，都是既要斗争，又要合作。比如反恐、防止大规模武器扩散等国际安全问题，美国现在当然要和我们合作。去年布什访华，希望中国有两件事在全世界发挥领袖作用。第一件事就是朝核会谈，光脚的不怕穿鞋的，朝鲜就是不怕美国。但中国对朝鲜还有援助，所以希望中国"发挥领袖作用"。还有一件事，就是禽流感，美国希望我们发挥领袖作用。为什么呢？全世界有150亿只鸡在中国，中国一闹禽流感美国也完了，所以美国希望中国在应对禽流感问题上发挥领导作用。

　　美国有底线，但是人权问题没有底线，我经常出去就要挨骂。对方看着我在那儿说，就问中国的宗教局长是信什么教的，我说我不信教。于是对方就说，你什么教都不信来当宗教局长，搞什么名堂？我就"脑筋急转弯"了，我说我信佛教，也信基督教，也热爱伊斯兰教，也信道教，所以我什么教都不信，就可以为大家服务好。

　　2005年8月，我和来访的美国"国际宗教自由委员会"代表团进行了长达四个多小时的会谈，在会谈中，我们既坚持原则，又巧妙周旋；既有商量，也有较量。有关这次会谈的细节，都真实地记录在《化对抗为对话——叶小文与美国"国际宗教自由委员会"代表团会谈实录》一书中。2005年11月，我应邀在美国洛杉矶水晶大教堂演讲。那天正好他们的领导人在中国的教堂里说,中国领导不要惧怕基督教徒聚会。如果我们不回应,就等于承认迫害基督教徒了。我当时到水晶大教堂,就以《和谐的呼唤》为题,用英文发表了一篇演讲,引起了很好的反响。

现在美国有这么一个怪圈,我把它称之为"五连环",就是:右翼反华—媒体煽风—民意激动—国会施压—政府出牌。在这样的情况下,我们更要做好工作。我们依据事实说话,中国怎么会迫害基督教呢?基督教的《圣经》在中国已经印了3000万册了。我们就去美国办展览,中国怎样印《圣经》、怎样发行《圣经》。到了亚特兰大,我们将美国前总统卡特请出来,他讲话我也讲话。他讲了很多友好的话,但是有的话也很厉害,比如说中美之间有各种各样的障碍,有太多的不容忍,有太多的排外,有太多因为外来的缘故而毁坏上帝与人之间的关系。怎么办呢?他讲完我就得讲话,那么一个可爱、可敬的老头,我也不能骂他啊,我也很难讲。我讲了一些什么呢?我说:"27年前带领中美建交的两位老人,邓小平和卡特,其中一位现在还站在我们中间。昨天下午,我荣幸地会见了美国前总统卡特先生,我们进行了友好的会谈。27年前邓小平就告诉卡特先生,在中国宗教自由可以,印刷《圣经》可以,传教士不可以。邓阐述的是两个原则,维护宗教信仰自由的原则,还有就是独立自主自办的原则。上帝将世界分为东方和西方,我们应该尊重事实。中美两国教会的真诚交流,会跨越万水千山,向着建立新世纪建设性合作关系进步。"这位老头很可爱,最后祈祷的时候,他走过来拉着我的手,我们两个人的手紧紧地拉了两分钟。

社会主义国家政权如何对待宗教?

20世纪初,列宁在文章中提出了一个难题:社会主义和其他社会制度有根本区别,坚持辩证唯物论和历史唯物论,社会主义国家政权怎样对待宗教呢?我们要掌握三条:根本是长期性,关键是群众性,特殊的复杂性。认识和把握了宗教的"三性","怎么看"就清楚了;明白了

"怎么看","怎么办"也就清楚了,这就是宗教工作的基本方针(四句话):全面贯彻党的宗教信仰自由政策,依法管理宗教事务,坚持我国宗教独立自主自办的原则,积极引导宗教与社会主义社会相适应。

2003年,我在《求是》上发表了一篇文章《社会主义的宗教论》。文章提出,我们所建设的中国特色社会主义处于社会主义初级阶段,现在看来,它还应该是和谐的社会。因此,要积极引导宗教与社会主义和谐社会相适应。2006年7月10日,胡锦涛主席在全国统战工作会议上发表了重要讲话,提出正确认识和处理政党关系、民族关系、宗教关系、阶层关系、海内外同胞关系。强调保持和促进这五个方面关系的和谐,事关构建社会主义和谐社会的进程,事关党和国家的兴旺发达和长治久安。我国是多宗教的国家,处理好信教与不信教以及信仰不同宗教之间的群众关系,是构建社会主义和谐社会的重要工作。我们过去是革命时代,现在进入一个和谐、建设的时代,对于一切有利于建设的积极因素都要充分发掘和肯定。因此,"和谐宗教"的概念就应运而生。

建设和谐宗教,既是构建和谐社会对宗教提出的时代要求,也深深地植根于我国宗教多元共存、和合共生的优良传统;建设和谐宗教,既有着宗教教义、教规中崇尚和谐的内在依据,也有着半个多世纪以来五教同光、共致和谐的实践基础;建设和谐宗教,既反映了我国宗教界适应时代的深度自觉,也体现了他们关怀社会的高度责任感。

和谐宗教概念的提出,不是横空出世,而是其来有自。儒家文化蕴涵着丰富的和的思想,道教中间有丰富的和的思想,佛教中间有丰富的和的思想。作为和谐宗教论的具体实践,中国佛教协会和中华宗教文化交流会在浙江省政府的大力支持下,2006年共同举办了首届世界佛教论坛,主题就是"和谐世界从心开始"。全国政协主席贾庆林会见了与会高僧,全国政协副主席董建华在会上宣读了联合国秘书长安南的贺信。100多位大德长老和有识之士在会上作了发言,十一世班禅也在会上作了发言。精彩纷呈的发言,让所有与会者尽情分享了佛法的慈悲与智慧,同时也向世界传递了一种和谐的声音。论坛在普陀山隆重闭幕,通过了《普陀山宣言》,提出了"新六和"的愿景。会议论文集出了三大本,我自己提交了一篇论文《从心开始的脚步》,谈到了和的内涵、和的精神,提出和谐的基础是和而不同。

中国正在和平发展、和平崛起,构建和谐社会,迈向和平统一。世界也在崇尚和谐。中国有句老话,"天时不如地利,地利不如人和",新中国的宗教在自己的旗帜上大写一个"和"字。我们出国去开会,就打着这一面旗帜。在社会主义的新中国,信教的和不信教的,信仰不同宗教的,完全可以是和谐的,我们要把广大信教和不信教的群众团结起来。新中国的宗教,在党和政府的正确宗教工作方针政策的引导下,可以走在时代的前列,为构建和谐社会、为祖国和平统一、为中国和平崛起、为世界和平发展、为天下太平人类幸福,吹来一股和风、带来一团和气,作出独特的贡献。

与听众的交流

提问:西方跨国公司比如微软和IBM,在中国经营,西方的文化、宗教和中国的文化、宗教共处,是否可以和谐相处?如果可以,哪一种宗教文化占主流?

叶小文:第一,宗教和文化有联系,宗教往往具有文化性,但文化宗教不等于宗教文化,所以我们用"文化宗教"和"宗教文化"这两个词时,是要有区别的。第二,中国现在正在全面开放,中国正在复兴过去的盛唐气象,我们有胸怀有魄力,欢迎人类一切对建设和谐社会有利的文化。第三,我们要建立以中华民族文化为根本的文化,外来的西方文化也要本土化,跟中国文化相适应,否则就是"洋教"。第一欢迎、第二以我为主、第三我们还要尽量继续扩大开放,我们有这样的自信。

提问:美国的宪法有一个基本的原则,叫做政教分离,政教可以真的分离吗?

叶小文:中国的宪法原则也是政教分离,也就是宗教和政权相分开。政教分离不等于宗教不能过问政治,我们正在构建社会主义和谐社会,和谐社会就是最大的政治,宗教界和信教群众也要积极参与。但宗教不可以凌驾于政权之上。政教分离是宗教走向现代世界的一个普遍的、主流的趋势,当然有一些国家,像有些伊斯兰教国家,它们有些还是政教合一的。但就总的趋势而言,全世界的主流还是主张政教分离。

提问:中央党校现在开设了当代世界宗教课程,那么当代领导干部要对宗教注意一些什么问题?

叶小文:很简单,早在上个世纪60年代毛泽东就说过一句话,世界上有那么多人信教,我们要做群众工作,却不懂得宗教,这是不行的。共产党一切都是为了群众,为群众谋利益,群众有那么多人信宗教,你就要研究,这就是中央党校要开这门课的原因。对此,我是非常支持的,中央党校每次让我去讲课,我都是非常积极的。

长征的艰难历程及其历史意义

张 树 军

(2006年10月19日)

张树军,现任中共中央党史研究室科研管理部主任、研究员。

主要从事中共党史和党史人物研究。主要承担中央交办的《中国共产党历史》、《中国共产党简史》等重要著作的编写和修改任务,以及其他重点项目的研究和管理工作。已发表文章数十篇,出版《毛泽东之路——民族救星》《红军长征史》《张国焘》《大转折——中共十一届三中全会实录》《延安整风实录》等著作。学术成果曾获"国家图书奖"、"国家图书奖提名奖"、中共中央宣传部"五个一工程"奖、"中国图书奖"等。获国务院颁发的政府特殊津贴。入选"新世纪首届百千万人才工程国家级人选"。

2003年7月21日,在中央政治局集体学习会上讲解《党的思想理论与时俱进的历史考察》。

2006年是中国工农红军长征胜利70周年。中央对相关纪念活动作了统一部署,有关单位都在一项一项地落实。10月16日,"伟大壮举 光辉历程——纪念中国工农红军长征胜利70周年展览"在中国人民革命军事博物馆开幕。22日,有一个纪念大会。

2006年初以来,在各种媒体特别是互联网上,有大量宣传长征的文章或一些著作的片段,有很多图片,学术研究作品也很多。不单是搞理论或历史研究的人,社会各界对长征历史也有所了解,尤其是中央电视台播放电视连续剧《长征》之后,长征历史知识在各个阶层中的普及程度还是非常高的。我今天就"长征的艰难历程及其历史意义"这个主题,从七个方面跟大家进行交流。

我打算先谈长征的基本过程,实际上是对长征的概况进行归纳。直到现在,有一些宣传品,或者说作品,还有在很多人包括一些老同志的记忆当中,长征的一些史实跟近些年来最新的研究成果不太一致。比如我们常说"二万五千里长征",其实表述并不准确,这次军事博物馆的展览,吸收了最新研究成果,标明长征的总里程是六万五千里。近些年确有很多新的研究成果,因此,我觉得介绍基本历程、基本概况还是有必要的。

关于"长征"的定义

我们常说的红军长征,指的是什么呢?就是指在1934年10月到1936年10月期间,中国共产党领导的中国工农红军第一、第二、第四方面军和第二十五军先后从长江南北各革命根据地撤出,向陕甘地区的战略大转移。我们所讲的长征,不仅仅是红一方面军的长征,而是红军三大主力即红一、红二、红四方面军,再加上红二十五军这四支红军的长征。在座的有一些年龄稍大的同志可能还记得,纪念红军长征胜利50周年,是在1985年10月举行纪念活动的。实际上,在此之前,纪念长征胜利,仅局限于红一方面军也就是中央红军的长征,所以纪念的是中央红军1935年10月到达陕北的日子,而不是纪念红军三大主力结束长征会师的日子。从1996年纪念红军长征胜利60周年起,才改为以1936年10月红军三大主力会师来加以纪念。对于这一点,我们在定义时是需要加以明确的。

关于长征的背景

为什么要进行长征?对这个问题,大家多少有一点了解。要谈背景,我们要先回顾一下长征前的历史。中国共产党成立于1921年。1923年三大之后一直到1927年大革命失败,这在历史上叫大革命时期。从1923年三大以后,中国共产党开始与国民党合作,广东是国共合作重要的发源地。国共合作过程中,中国共产党没有自己的军队,仅有的就是叶挺的部队,开始是铁甲车队,后来发展为独立团。1927年蒋介石发动四·一二反革命政变,汪精卫发动七·一二反革命政变,轰轰烈烈的大革命遭到失败。大革命失败后,国民党反动派向共产党人和革命群众举起了屠刀。共产党员到1927年发展到最多时近6万人,大革命失败后迅速减少到1万人,当时的形势确实是白色恐怖、血雨腥风。

中共中央举起武装反抗国民党反动统治的旗帜,首先举行了八一南昌起义,随后召开八七会议,确定了土地革命和武装起义的方针。此后,各地陆续爆发了党领导的武装起义。到1928年上半年,大大小小共爆发了近百次起义,其中著名的除了南昌起义,还有秋收起义、广州起义等。当然,秋收起义不单指毛泽东领导的湘赣边界秋收起义,其实,秋收起义的范围很大,像鄂豫皖地区的黄麻起义等,也是秋收起义的一部分,是党中央的统一部署,要利用秋收季节暴动。这些起义,绝大多数都失败了。坚持从城市走向农村的起义部队,在农村得以保存下来,经过逐渐发展,形成了几块较大的革命根据地。在江西、福建一带建立赣南闽西根据地,后来发展为中央根据地,还有鄂豫皖、湘鄂西、湘赣等根据地,北方还有陕甘根据地。广东这边也有,就是稍微小一点,即琼崖根据地。

革命根据地与红军的发展历程是非常艰难的,但革命力量的发展壮大引起国民党统治集团的震惊和恐慌。所以从1930年冬开始,蒋介石就部署对各革命根据地进行军事"围剿"。第一、二、三、四次"围剿"的重点是中央革命根据地。中央首脑机关,除了党中央在上海之外,大部分都是在这里。上海的中共中央,由于执行了"左"倾错误方针,也于1933年初迁到瑞金去了。

朱德、毛泽东领导的红一方面军,有时叫中央红军,名称变了多次,但实际上就是指中央革命根据地的这一支红军部队。在朱德、毛泽东的领导下,前三次反"围剿"取得了胜利。但是1931年1月王明在六届四中全会上台,开始了王明"左"倾教条主义在党中央的统治。王明开始只是政治局委员,不是常委,也不是党的最高负责人,那为什么说是以他为代表的"左"倾错误呢?就是因为这次错误以教条主义为特征的。王明是喝了洋墨水的,是从苏联回来的,典型的教条主义者,一切照抄照搬。王明在六届四中全会上台,9月就去苏联了,一直到1937年11月才回国。这期间,他不在国内。在国内,是博古主持党中央的工作。由于以他为首的中共临时中央继续执行王明"左倾"错误,在土地革命、劳工政策等各方面,特别是在军事斗争方面,推行"左"倾冒险主义的方针政策,毛泽东、朱德等在中央根据地长期斗争中形成的一些行之有效的方针政策和战略战术,被指责为"狭隘的经验论",毛泽东被指责为"右倾",苏区中央局和临时中央排挤了毛泽东的领导。即便是在这种情况下,第四次反"围剿"由于继续贯彻毛泽东、朱德的方针,还是取得了胜利。从1933年下半年开始,蒋介石集结100万军队对各革命根据地进行第五次"围剿",其中以50万兵力对付中央根据地,形势非常严峻。当时虽然敌我双方的兵力对比悬殊,但如果战略战术得当,红军粉碎敌人第五次"围剿"还是有可能的,至少不会遭受后来这么大的损失。但这个时候毛泽东已离开了红军的指挥岗位。博古和王明是同学,那时很年轻,不了解中国的实际情况。他在军事指挥上主要依靠李德,而李德是外国人,学的都是正规战的战略战术。我们经常看一些外国电影,包括拿破仑时代的,打仗都是有阵型的,太程式化了。在中国,行之有效的战法主要还是运动战,配以游击战,但他并不了解。毛泽东在长期战争中形成了一系列战略战术,他有很多名言,比如"打得赢就打、打不赢就走",还有"诱敌深入",等等。试想,如果不让敌人进入根据地,你又没有那么多兵力,如何取胜呢?诱敌深入,就是可以让一部分敌人进入根据地,然后一部分一部分地消灭,积小胜为大胜,最终粉碎敌人的"围剿"。而这一套被博古、李德所放弃，因此造成了被动局面。到 1934 年 4 月，有一个著名的广昌保卫战，博古、李德要红军死守广昌，经过 18 天战斗，红军最终失利，伤亡非常大。从这时开始，到了一个转折点，就是中央红军粉碎第五次"围剿"的可能性没有了。但就是在这种情况下，博古、李德还要求红军"全线防御"，最后越来越被动，中央不得不开始考虑转移的问题。但这也只局限于很少的人知道，甚至于党内排第二号的张闻天也不知晓。应该说在那个时候，各根据地都很困难，准备战略转移都是秘密进行的。

在中共党史上，有一个特殊情况，就是党的二大上作出加入共产国际的决定，成为它的一个支部。因此，我们一切重大的事项都是由共产国际决定的，我们自己作了决策也要报共产国际批准。红军进行战略转移也要报共产国际。5 月份报去，不久共产国际回电表示同意。

第五次反"围剿"失败，除了军事战略的错误之外，还有一个重要的原因。由于当时中央在王明"左"倾错误统治之下，中央向各个根据地派出代表，他们去了以后都是执行一套"左"的政策。派往鄂豫皖的是张国焘等人，在军事斗争、土地革命等方面都是执行"左"的政策，特别是在"肃反"斗争中。张国焘是鄂豫皖根据地的最高领导人，在这些方面执行得非常坚决。在这里，仅举一个"肃反"的例子，在白雀园这个地方，"肃反"就杀掉了 2500 人，而这些人都是党内有一定级别的干部，或者是知识分子。包括夏曦，我们认为夏曦也是好同志，但在这个阶段，他也执行了"左"的政策，在湘鄂西根据地进行"肃反"，杀了很多人，将段德昌这样的高级干部都杀掉了。我之所以强调这一点，是要从中吸取教训。事实上，反"围剿"的失败，与大批有才华的政治工作干部和军事工作干部被杀掉，是有密切关系的。

由于执行"左"倾错误，造成第五次反"围剿"的失败，中央红军不得不进行一次战略转移，这就是长征的背景。当时的客观形势固然是敌强我弱，但主要的还是党内的原因，是"左"倾错误造成的。其他根据地，也都是类似的情况。

关于长征的过程

大家看过很多影视作品、文学作品,对长征过程大致有所了解。我首先概要地谈一下各路红军长征的情况,然后以中央红军为主,对长征的过程作一简要的叙述。我这里所说的长征,是指四支红军的长征,不单是红一方面军的长征。

中央红军的长征,始于1934年10月。究竟是哪一天出发,学术界有不同观点。一般来讲,我还是认为始于10月10日,即从中华苏维埃共和国中央政府和中央革命军事委员会机关从江西瑞金撤出算起,因为瑞金是当时中华苏维埃共和国的首都。撤出之后,部队向集结地出发,16日集结完毕,17日踏上征途,直到1935年10月到达陕北。中央红军的长征,历时整整1年,途经11个省,行程2.5万里。我们原来说的两万五千里长征,就是指中央红军的长征。

红四方面军的长征。第四次反"围剿"后期,红四方面军主动撤出鄂豫皖根据地,向西转战到四川和陕西交界,建立了川陕根据地。遵义会议之后,红四方面军为配合中央红军的北上,主动于1935年3月底发起强渡嘉陵江战役。现在一般认为,红四方面军的长征就是从强渡嘉陵江战役开始的(有些学者认为红四方面军从撤出鄂豫皖就是长征,即从1932年10月开始,直到1937年初西路军失败,都叫长征)。红四方面军到四川理县、茂县一带准备迎接中央红军,与中央红军会师之后准备共同北上,但出现了张国焘的分裂活动,中央红军单独北上,红四方面军又重新南下到四川、西康一带。中间经过曲折的过程,最后于1936年10月到甘肃会宁与红一方面军会师。红四方面军走的路程不算太长,有1万多里,途经4个省,历时1年零7个月。

红二方面军的长征,是从1935年11月算起,那时候中央红军已经到达陕北。红二方面军当时还没有组建,是红二、红六军团,到1936年7月在甘孜与红四方面军会师后,红二、红六军团合编为红二方面军

（红三十二军编入）。随后与红四方面军一起北上，到1936年10月在静宁将台堡（今属宁夏）与红一方面军会师。红二方面军的长征不到一年，有11个月左右，走了8个省，行程2万多里。

红二十五军的长征有一点特殊。中央红军长征前，实际上已对红二十五军的长征作了部署，周恩来找程子华谈过。我前面谈到红四方面军主动撤出鄂豫皖根据地，走的时候留下一部分红军，这部分红军又重新组建了红二十五军。他们按照中央的指示，从1934年11月，也就是中央红军长征刚刚一个月的时候开始长征。他们走的长征路线不像其他的红军部队都是往湖南和云、贵、川走，他们是往北走，就是往河南等地走。当然，这支部队在行军过程中激烈的战斗也非常多，虽然仗都不太大，损失还是非常大的，吴焕先等著名将领在战斗中牺牲了。红二十五军曾在鄂豫陕边界创建根据地，坚持了半年时间。最早长征到达陕甘地区的红军部队，就是红二十五军，是1935年9月到达的。大家知道，陕北有刘志丹等领导的红二十六、红二十七军，红二十五军到这里后与这两个军合编为红十五军团。这里有一块根据地，为中央把革命大本营放在陕北奠定了基础。红二十五军的长征经过四个省，历时不到一年，行程近万里。

上述四支红军的长征，中央红军2.5万里，红二方面军2万里，红四方面军不到2万里，红二十五军不到1万里。还有一个问题就是经过了多少省。《毛泽东选集》上说我们经过了11个省，这是指中央红军经过的省份，其他各路红军与中央红军加起来，一共经过了14个省。因为有重复的，也有不重复的，计算起来是14个省。现在的很多提法，都要参考最新的研究成果。

除了这四支红军部队，我们讲长征，还应讲到其他两支红军部队。就在中央红军经共产国际批准准备转移时，曾于1934年7月派出两支部队。一支是红七军团往闽浙皖赣方向走，然后与红十军合组成红十军团，结果遭到敌人重兵堵截最后失利。这其中大家最熟悉的是方志敏，被俘后英勇就义。方志敏在狱中写下了《可爱的中国》《清贫》等不朽篇章,谱写了一曲爱国主义的绝唱,读来令人感动。另一支是红六军团,也就是肖克、任弼时这些人,中央令他们撤离湘赣根据地西征。红六军团西征的战略意图是为中央红军的战略转移探路。红六军团经过艰苦的跋涉,与贺龙领导的红三军(不久称红二军团)会师,然后创建了湘鄂川黔根据地,一直坚持到 1935 年 11 月。此外,留在南方的红军游击队坚持了三年艰苦卓绝的游击战争。从更为广泛意义上讲长征,这些也应算作重要的组成部分。

下面我以中央红军为主,简单地把长征的线索梳理一下。

中央红军的长征,是从 1934 年 10 月中旬撤离中央根据地开始。这时,博古、李德掌握指挥权。按照遵义会议决议的说法,他们在反"围剿"时实行的是"进攻中的冒险主义"、"防御中的保守主义",在战略转移过程中实行的是"退却中的逃跑主义"。长征开始时,实行"搬家式"的转移,有一种说法,叫"马背上的共和国",就是中华苏维埃共和国的家当都上了马背,所有坛坛罐罐都带上,包括沉重的机器,比如印宣传品用的印刷机、X 光机等,还有大量的辎重。

长征初期,形势对红军是非常不利的。幸好我们的统一战线工作做得非常好。蒋介石建立南京政权之后,始终没有做到真正的统一,各派军阀与蒋介石有矛盾。1928 年张学良"易帜"之后,国民党政权表面上统一了,但各派军阀之间仍然勾心斗角,这也是军阀政治的一个特点。中国的军阀将地盘看得非常重,都不愿意他人染指。

我们就利用这种特点开展统一战线工作。在长征之前,中央派潘汉年、何长工等与广东军阀陈济棠谈判。通过谈判达成了协议,就是如果红军只是借道不作停留的话,允许红军通过。所以,中央红军开始长征后,连续突破三道封锁线,有的实际上就是等于让红军通过。军阀为什么这样做呢?因为他们知道,一是虽然他们也有实力,但是中央红军出发的时候力量也不小,8.6 万人,如果打起来,两败俱伤;二是最怕蒋介石的中央军乘机进入他们的地盘。蒋介石是很阴险的,经常是一箭双雕,各地的军阀都看清楚了这一点。

通过三道封锁线之后，就到了第四道封锁线。突破第四道封锁线，就是著名的湘江战役。湘江北段是湘军，南段是桂军。桂军将领白崇禧是一个军事家，他分析当时的形势，只要是红军从他这里通过，只是借道，不停留的话，他也象征性地打一下。他甚至于采取了措施，就是把部队南撤，把这一段让出来，就是让你走，顶多你走的时候他在背后骚扰一下，让你跑得越快越好。但是我们当时并不完全清楚这样的情况，最重要是红军"搬家式"的行动，拖了部队的后腿，每天行军三四十里。这哪儿行啊？结果错过了渡湘江的最有利时机。蒋介石看出了白崇禧的意图，也采取了一些措施，最后各路敌军往湘军渡河这一段集结。为了保卫中央机关、中央直属部队，还有那些"坛坛罐罐"，我们的野战部队在各个地方进行阻击，付出了重大牺牲。从11月27日到12月1日，打得非常惨烈，有时一个团上去之后，一会儿一个人也没有了。像彭德怀领导的红三军团，有一个团的团长牺牲了，彭德怀命令第二个上去，当天这个团长又牺牲了。红五军团是殿后担负掩护任务的，当然是很危险的。所属红三十四师全军覆没了，师长陈树湘身负重伤，肠子都流出来了，敌人好不容易抓住一个师长，抬着他去邀功请赏，陈树湘坚决不让敌人的阴谋得逞，自己把自己的肠子扯断，就这样牺牲了。尽管这样，敌人还是没有放过他，将他的头割下来，拿到他的家乡挂起来。这只是其中的一个例子，湘江战役中这样英勇悲壮的例子很多。湘江战役中，各野战军掩护着中央机关逐渐往湘江西边撤，最后还是过去了。"左"倾错误造成的损失是相当惨重的，中央红军出发时是8万多人，等过了湘江只剩下3万多人。

湘江战役这一仗打得非常惨烈。经过这一仗，在整个红军队伍当中，对"左"倾错误指挥的不满情绪日益增长，从上到下越来越多的人终于认识到，我们撤离中央根据地，说是战略转移，到湘西去跟红二、红六军团会合，还没有实现目的就损失这么多人。渐渐地，在许多干部战士甚至领导层中都产生了不满。这也是坏事变好事，为随后遵义会议的召开奠定了思想基础和群众基础。

过湘江之后,各路敌军还是压上来围追堵截。蒋介石判断得非常清楚,知道中央红军往西打的意图,就是往湘西找红二、红六军团去,所以布下天罗地网阻止两支红军汇合。这又是关系前途命运的关键时刻。这个时候,博古、李德还是坚持到湘西去。毛泽东已经被剥夺了对红军的指挥权,安排了一个比较闲的职务,就是中华苏维埃共和国中央政府主席。当然,在第五次反"围剿"期间,毛泽东也多次提出意见,但是"左"倾错误的领导者听不进去,甚至长征出发时,对让不让毛泽东走还产生了分歧。周恩来等同志说得让他走,他是红军的创始人之一,又是中华苏维埃共和国中央政府主席。最后,博古、李德同意毛泽东跟着走。这个跟着走,反映出历史的偶然性和必然性问题。如果当时不让他跟着走,那会不会有遵义会议?会不会有以后革命从胜利走向胜利?当然,历史不能假设。当时留在南方的同志,牺牲的就太多了,著名的如瞿秋白、何叔衡,等等。如果把毛泽东留下,我们真不敢做这样的假设。应该说,毛泽东跟着走,不能说是博古、李德的功劳,而是其他同志力争的结果,而这个结果影响了后来中国革命的进程。

湘江战役后,毛泽东提出"转兵贵州"的建议,经过通道、黎平、猴场三次会议,中央政治局接受了这个建议。当然,这其中是经过斗争的。这段历史很有意义,就是从长征以来毛泽东不怎么发挥作用,到他的正确意见被中央政治局接受,而且改变了进军的方向。就因为有这个转兵,才有了遵义会议,才有了以后的不同历史进程和结果。谈论长征中的几次战略转变,这算一次大的战略转变。

接下来就是遵义会议,这次会议在这个时候召开也是必然的。我前面谈到,湘江战役之后,广大干部战士对"左"倾错误的领导很不满,纷纷要求撤换领导。这其中毛泽东起了重要的作用。由于毛泽东的身体不太好,长征以后有时是坐担架的。王稼祥也坐担架,他当时在党内的地位很高,又跟王明、博古是莫斯科中山大学的同学,第五次反"围剿"时他负了重伤,肠子都打出来了。还有当时在党内仅次于博古的张闻天,身体不太好,也是跟着担架队走。正好在这个过程中,随着红军作战的一步步失利,王稼祥、张闻天也在一天天地觉醒。实际上,他们原来也是"左"倾错误领导层的成员。毛泽东对这两人做了大量工作,特别是对王稼祥。王稼祥明确提出不能再让李德指挥了,要解除他的军事指挥权。张闻天也在逐渐转变。美国记者索尔兹伯里写的书《长征——前所未闻的故事》,讲这段故事用了"担架上的阳谋"这样一个标题,说明毛泽东是做了一定工作的。当然,只有王稼祥和张闻天还不行,还要广大红军指战员的支持。在这种背景下,1935年1月15日至17日,在遵义召开了著名的遵义会议。

红军到遵义之后,发动群众的工作做得非常好。当地原来有一个"反日反帝大同盟",这是一个进步组织,看到红军来了就变成了"红军之友"组织。朱德去讲话,讲话后红军还跟贵州省第三中学的篮球队打了一场比赛。革命者还是很乐观的,当然,这只是小插曲。

遵义会议一共开了三天,会议上争论非常激烈。会议首先讨论进军方向问题。因为贵州北部这一带不适宜建立根据地,中央作了一个决定,向四川方向进军,建立根据地。然后由博古作关于粉碎敌人第五次"围剿"的总结报告,一般叫主报告。之后由周恩来就军事问题作副报告。博古在报告中将第五次反"围剿"失败的原因基本上都推到客观方面,像敌人力量强大、白区党组织的支持不够,等等。周恩来则对第五次反"围剿"的失败承担了责任。应该说,周恩来还是很实事求是的。随后由张闻天出面,综合在担架上他和毛泽东、王稼祥,特别是和毛泽东谈话的一些内容,作了一个长篇报告,历史上叫"反报告",驳斥博古报告的一些说法。张闻天报告之后是毛泽东发言,长达一个多小时,主要的思想,就是毛泽东在1936年写的《中国革命战争的战略问题》中的基本思想。与会绝大多数同志都支持毛泽东、张闻天、王稼祥的主张,博古、李德中间插话,都是为自己辩解。李德坐在门口,低着头不停地抽烟,有时候忍不住反驳两句、辩解两句。只有一个人不同意毛泽东的观点,就是凯丰,也就是何克全。他说毛泽东,你读了多少马列,顶多知道一些孙子兵法。从党的组织原则来讲,他在党的会议上发表不同的意见是允许的,但在一个重大的历史抉择的关头,他没有站到正确路线一边来,应该说是他一生中的一个政治上的错误。当然,他后来为革命还是做了大量工作。

经过激烈争论,遵义会议作出了四项决定。第一项决定是增选毛泽东为中央政治局常委。第二项决定是委托张闻天代中央起草《关于反对敌人五次"围剿"的总结的决议》。第三项决定是常委在适当的时候再进行分工。这一条很重要,先埋下一个伏笔。第四项决定是朱德、周恩来仍指挥军事,明确周恩来是党内委托的最后下决心者,实际上是说周恩来是军事指挥的一把手。这四项决定意义深远,我们经常说遵义会议是伟大的历史转折,历史充分证明了这一点。

遵义会议之后,毛泽东说话的权力和影响相应地就扩大了。周恩来非常尊重毛泽东在军事上的才能。事实上,由于毛泽东参与了军事指挥,所以才有了得意之笔四渡赤水。四渡赤水之后,根据当时敌情的变化,红军打到云南,部队直逼昆明城下,实际上这不是真正的用意,真正的用意是渡过金沙江去四川。红军来回奔走,终于把敌人搞迷糊了,从而巧妙地渡过了金沙江。渡过金沙江在长征中是有决定意义的,从此摆脱了被敌人围追堵截的局面。当然,后面的战斗也很激烈。比如强渡大渡河、飞夺泸定桥等。为什么叫"飞夺泸定桥"呢?就是急行军,一天接近200里的速度,道路泥泞,部队几乎都是在奔跑,夜里伸手不见五指,又不能点火把,因为到处都是敌人。有一个小插曲,红军在河这边走,河那边有一支敌人的部队打着火把走,我们也点起火把,对面敌人问我们是哪部分的,我们巧妙地回答是哪部分的,就这样两支不同部队沿着河两岸一起走,最终我们抢在敌人之前赶到了泸定桥。当时泸定桥上木板已经被抽掉了,只剩下铁索,我们的突击队员冒着敌人的炮火,顺着铁索往前爬,边爬边铺木板,这在很多影视作品中都有表现。然后就是翻越夹金山了。红军长征中翻越的雪山不仅这一座,四支红军部队,除了红二十五军没有翻越雪山,三支红军主力翻越的雪山比夹金山更高更险的,据统计有20多座。这座山是一天就可以过去的,而有的雪山是一天过不去的,这中间不知有多少战士长眠在雪山之上。在雪山上过夜,饥寒交迫,尤其是红军战士大都是南方人,走的时候又很仓促,10月份出发时穿得都很单薄,在雪山上过夜的寒冷程度是可想而知的。

翻越夹金山后,先头部队刚下去就遇到一支部队,双方经过喊话才知道是红四方面军来接应的,两支部队就在一个叫达维的小镇会师了。随后,中央红军来到懋功,历史上叫做"懋功会师"。会师是激动人心的,两支部队早知道要会师,事先做了准备,双方见面后交换了礼物。特别是红四方面军的条件总体来说是不错的,兵强马壮,有8万多人,为迎接中央红军做了大量准备工作。刚刚会师的时候,气氛是非常热烈的,举行了各种各样的联欢活动。杨尚昆的夫人李伯钊在国外学习过戏剧,她教战士们跳舞。虽然条件很艰苦,但革命者是乐观的,处处洋溢着令人感动的热烈气氛。

两军会师后,集结在一起,中央红军不到3万人,红四方面军有8万人,加起来有十几万人。这一带地广人稀,不适合这么多部队驻在这里,仅吃饭问题就不好解决,需要尽快制定新的战略方针。6月26日,在两河口召开中央政治局会议,经过讨论,决定北上建立川陕甘根据地。张国焘在会上没有表示反对,但在会后表示反对,要南下。这场斗争,最后发展到张国焘进行分裂党和红军的活动。到9月9日,中央不得不率领红一、红三军团单独北上。这以后又发生了很多战斗,特别是通过六盘山的时候。10月,红一、红三军团终于到达陕北,红一方面军的长征结束。

红四方面军南下后,虽然也取得了一些战役的胜利,但越来越陷入不利的境地。特别是经过百丈决战,这一仗打得异常惨烈,基本上就是肉搏战,稻田里到处都是尸体。百丈决战是一个转折点。在这之后,红四方面军又到了甘孜一带,进入少数民族地区之后也遇到了很多困难。1936年7月,红二、红六军团到来后,经过任弼时、贺龙、王震、徐向前等与张国焘的斗争,尤其重要的是中央的争取,以及林育英从苏联回来后利用共产国际代表的身份给张国焘发电报做工作,最后张国焘同意一起北上。这样,红四方面军的部分部队,一共过了三次草地。到10月,长征胜利结束。

长征胜利的原因

讲长征胜利的原因,可以说出很多条。我想,主要有以下几条:

第一,党的领导是长征胜利的根本原因。长征结束后,毛泽东在《论反对日本帝国主义策略》中说:"是谁使长征胜利的呢?是共产党,如果没有共产党是很难想象的。"如果不坚持党的领导,长征是不可能取得胜利的。尽管长征初期中央的路线是错的,但现在回过头来评价历史,评价历史人物,即便是博古等人,也是想让革命尽快成功,在共同的大目标上是一致的,很多事例可以说明这一点。

第二,广大红军指战员坚定的共产主义理想和坚定的革命必胜信念,是长征胜利的重要原因。长征路上,部队分散行动很多,实在受不了可以跑掉,但是广大红军干部战士一往无前、义无反顾,坚决跟着党中央走下去,如果没有坚定的理想信念是不可想象的。红四方面军南下后翻越的一座大雪山叫党岭山,属于一天翻越不过去的雪山。在半山腰住了一夜,第二天很多红军战士冻死了,像雕塑一样。一个战士被大雪埋住牺牲了,白雪之上露出一只手,手里面拿着一样东西,掰开他僵硬的手指一看,是一本党证,党证里面夹着一块银元,还有一个纸条。这个战士叫刘志海,是1933年3月入党的党员,这块银元是他生命的最后一刻交纳的党费。这个故事是真实的,也是非常典型的,临死前想到的就是把身上惟一的一块银元作为党费。还有一个小战士,十几岁,叫郑金煜,长途跋涉,缺少食物,体力渐渐不支,临死前他说,我不行了,不能跟着走了,但相信党的事业一定会胜利,你们要是走到头的时候不要忘了我,革命胜利的时候不要忘了我。在整个长征过程中,这样的事例是非常多的。

第三,红军的团结、各部队之间的团结协同,也是长征胜利的重要原因。尽管在长征初期"左"倾错误造成了很大损失,尽管在长征过程中出现了张国焘的分裂活动,尽管长征始终处在异常艰苦的环境中,但由于红军在党的领导下团结一致,共闯难关,因而最终胜利到达了目的地。这是因为,大家为了一个共同的目标,团结互助对长征胜利起了很重要的作用。

第四,人民群众的大力支援,也是长征胜利的重要原因。长征途中,如此庞大的军队行军,需要就地取粮,如果没有人民群众的支援,长征是不可能取得胜利的。特别是长征所经过的少数民族地区,都是贫穷落后地区,但他们一旦了解红军是一支什么样的队伍后,都会主动、热情、积极地支援红军。当然一开始,因为那些地方革命的影响不大,路过的地方也曾经发生过一些误会,比如说群众都跑了,吃的东西都藏起来了,但从整体上来说,人民群众对红军的支援是无私的。当然,我们也严格遵守了党的纪律,严格执行了党的少数民族政策,充分发扬了艰苦奋斗的精神。

长征历史中几个有争议的问题

长征历史上有几个问题存在争议,不只是史学工作者,还有一些群众,对这些问题都比较关注。有时候街谈巷议,有人谈论党史,有很多涉及的就是长征历史上的问题。

第一,遵义会议是否确立了毛泽东的领导地位。前一段时间,互联网上、杂志上都在谈论这个问题。长期以来,我们一直说,遵义会议是党的历史上生死攸关的转折点,经过遵义会议,确立了毛泽东在党和红军的领导地位,从而在危急时刻挽救了党、挽救了红军、挽救了中国革命。遵义会议是在与共产国际中断联系的情况下独立自主召开的,表明中国共产党在政治上开始走向成熟。这是一般的评价。然而近些年出现了一些文章,认为遵义会议仅增选毛泽东为常委,为什么说确立了他在党和红军中的领导地位呢？我刚才说过，遵义会议的决定之一是常委在适当的时候再进行分工，这个分工在遵义会议上并没有完成，而是到1935年2月上旬，在云南扎西召开会议，中央才正式决定由张闻天代替博古在党内负总责。

扎西会议形成了一系列决定，主要的一个是张闻天代替博古，还有一个是通过了委托张闻天起草的遵义会议决议。我认为，遵义会议确定毛泽东在党中央的核心地位，可以有不同的表述，有的明确说确立，有的说在事实上确立，我看都可以。在党的历史上，核心不一定是总负责人，主要从发挥的作用来看他确确实实成了核心。遵义会议决定周恩来、朱德负责军事，不久成立新的"三人团"指挥军事，这就是周恩来、毛泽东、王稼祥，毛泽东协助周恩来指挥军事。毛泽东在军事指挥上的作用越来越大，这有一个过程。过草地的时候，周恩来得了重病，1935年8月19日中央政治局常委分工，毛泽东主管军事，这可能是最终确定毛泽东从此分管军事了。尽管明确分工是在这时，但从遵义会议以来，他一直是起主导作用的。所以我认为，即使没有明确说确立了毛泽东的领导地位，至少是事实上确立了，而且是以他为核心的，我们常讲的第一代中央领导集体从此开始形成。

第二，关于张国焘的"密电"问题。很多人都知道这件事，但是要想一下子说清楚也不容易。前面讲过，1935年6月中旬，红一、红四方面军在懋功地区会师后，6月26日两河口会议确定北上建立陕川甘根据地，张国焘不同意北上，然后展开反复斗争。

两军会师的时候，场面是很热烈的，但是很快因为张国焘不同意北上而主张南下，给本来很喜庆的气氛蒙上了一层阴影。这期间，张国焘问周恩来中央红军还有多少人，周恩来回答说不多了，大概还有3万人。然后他又去找彭德怀、聂荣臻，了解遵义会议的情况。张国焘是中央政治局常委，没有参加遵义会议是因为他在川陕根据地。他原来在红四方面军作报告时，说中央西征大军是30万人，结果会师后一看不到3万人。了解一些情况后，他认为中央红军遭受这么大的损失，是因为中央的政治路线出了问题,这是他的判断。实际上,中央的政治路线是出了问题,但为了解决当时最重要的军事和组织问题,遵义会议上没有提政治路线问题。张国焘的资格是很老的,当时在长征路上的一大代表有他、毛泽东和董必武。他看到这种状况,手中又有这么大的兵力,所以就让自己的一些部下向中央提出要权的问题,明确提出要当中央革命军事委员会主席,要增加红四方面军人员在中央政治局和中央重要成员中的比例。中央也很慎重,为了团结红四方面军,也增补了红四方面军的人员为中央委员、中央政治局委员。张闻天要把他的党内负总责的职位让出来,毛泽东不同意,从后来历史的发展看,毛泽东这个决策是正确的,如果把党的总负责人让给张国焘,那么后来他闹分裂后成立的"第二中央"倒成了正统。结果是周恩来把自己担任的红军总政委让给了他。随后,红一、红四方面军混编过草地,右路军过草地用了8天时间,过去之后等待左路军赶上来。这个时候张国焘节外生枝,说是有一条河涨水过不去。这期间,他反复发电报,坚持要南下,最终也没有人能说服他。到9月9日这一天,按一般的说法是,张国焘发了一封电报给在右路军的红四方面军总政委陈昌浩,要他们南下。这封电报我们没有看到。现在就形成了两种意见,一种意见认为有这封电报,但不像有人说的那么明确,就是要"武力解决中央"。另一种意见则认为,根本没有这样的一封电报。包括长征路上经历过这段历史的人,特别是收发电报的人,基本上都说没有。有一种说法,这封电报是发给陈昌浩的,陈昌浩当时正在作报告,叶剑英一看问题严重就给了毛泽东,毛泽东也认为问题严重,拿烟盒记了一份。如果是这样的话,如果有这封电报的话,至少应该有三份,发报的那儿一份,收报的那儿一份,还有就是毛泽东抄了一份。很多作品中都在炒作这件事,就是所谓"密电"问题。这个问题是一个有很大争议的问题,而且这个问题的政治敏感性非常强,因为涉及两个方面军的团结,还涉及两个方面军活下来的人所带部队的团结。我个人认为,在没有查到原件之前,还是用毛泽东在1937年3月中央政治局会议上的说法为妥。毛泽东在会上说的电文内容是"南下,彻底开展党内斗争"。

第三,红军长征的里程问题。这也是大家所关注的。我刚才说了,总里程是六万五千里,这是经过考证的。前两年有两个英国小伙子重走长征路,感受了一番。他们的行程当然不如当年的红军艰苦,不知道他们怎么走的,结果得出一个结论,说红军长征根本没有走那么远,根本不够二万五千里。作为外国人,他们的说法影响非常大。这两年,国内有关学者写了几篇文章反驳这个说法,说明二万五千里是指红一方面军所走的里程。中央党史研究室在这方面也做了一些工作,既查了一些资料又作了一些研究,还请有关测绘部门按照专业方法,测出来几路红军长征的总里程是六万五千里。

"二万五千里"的说法,是到陕北之后毛泽东在讲话中首次讲的。正式对外公布是1935年11月13日,中共中央发表《为日本帝国主义并吞华北及蒋介石出卖华北出卖中国宣言》,这份文件中说我们经过二万五千里长征。长征结束后,党中央还是很重视收集资料的。1936年,毛泽东和杨尚昆发了一个通知,让参加长征的同志写回忆录,写完之后编了一本书,书名就叫《二万五千里》。这本书在20世纪50年代初,由人民出版社选编出版,书名叫《中国工农红军第一方面军长征记》。

有关研究机构查到了一份红一军团直属队的行军记录,非常珍贵。每天走到哪儿都有记录,一共是371天的行军,走了18095里。这是直属队,不够25000里。25000里是指作战部队,直属队都是走比较直的路,不像作战部队东奔西跑。按照测绘学的方法,即在平面计算各个点的距离的基础上,乘上坡度系数,测绘的结果是红一军团直属队的长征里程是9249.5公里,也就是18499里,与当年直属队自己记录的里程相比,误差只有几百里。所以从这个直属队的情况看,野战部队,特别是负有特殊任务的野战部队,走25000里是不成问题的。

当然,二万五千里长征是指红一方面军。我们一定要有这个概念,即长征是整个红军的长征,不是哪一个方面军的长征,总里程是六万五千里。

关于长征精神

纪念长征,缅怀革命先烈,发扬革命传统,是很重要的。我们要弘扬长征精神,在新长征的征途上从红军长征中汲取营养,为中国特色社会主义伟大事业贡献力量。

长期以来,学界对"长征精神"的说法不一,但都认为长征最能够打动人、征服人的就是红军所经历的艰难困苦,以及表现出来的革命乐观主义和革命英雄主义精神。1996年纪念红军长征胜利60周年的时候,时任中共中央总书记的江泽民同志在纪念大会上发表讲话,对"长征精神"作了概括,包括五个方面:一是把全国人民和中华民族的根本利益看得高于一切,坚定革命理想和信念,坚信正义事业必然胜利的精神;二是为了救国救民,不怕任何艰难险阻,不惜付出一切的牺牲精神;三是坚持独立自主、实事求是、一切从实际出发的精神;四是顾全大局、严守纪律、紧密团结的精神;五是紧紧依靠人民群众,和人民群众生死相依、患难与共、艰苦奋斗的精神。江泽民同志的概括是很全面的,是从长征的历史过程中抽象出来的,是当年广大红军指战员以生命为代价铸就的。

我觉得长征精神最令人感动的,就是不怕任何艰难险阻、不惜牺牲一切的精神。长征为什么不仅在中国人民当中,而且在世界上有这么广泛的影响,这是值得我们思考的。为什么这么多年来,总是有外国人,有的是学者,有的并不是学者,对中国的红军长征怀有浓厚兴趣,自费重走长征路,或是作研究。有的人会说,长征历史上有过,只要学过历史的人都知道十字军东征,一共有8次,那也是非常远的,从欧洲到耶路撒冷,很多人冻饿而死。但我想,红军长征之所以感动世界上那么多有正义感的人,就是因为它是在超越人类生存极限的情况下进行的一次远征,而且这个远征是跟成功、胜利联系在一起的。历史上很多远征是失败的,包括十字军东征,也就有一两次坚持到耶路撒冷,但最终也没有坚持住。

　　前面提到的美国记者写的书中,饱含了对中国红军创造的英雄史诗和伟大业绩的赞扬。长期以来,红军长征异常艰苦的代名词是爬雪山过草地。爬雪山前面讲过了。过草地就是过松潘草地,这片草地看上去是一马平川,绿油油的,上面还开着无数鲜花。但这片看上去很好看的草地其实是"魔毯",不知吞噬了多少红军战士的生命。中央红军过草地时,仅红一军团牺牲或掉队的就有500多人,这是收容队统计的。整个过草地的过程中,红军营以上干部牺牲了50多人。红四方面军的第三十军、第四军第二次过草地时,看到第一次过草地留下的红军战士的尸体还堆在搭起的窝棚里。中央红军过草地用了八天八夜,过草地之前粮食严重不足。有一个姓谢的战士本来是准备了干粮的,但在进入草地前,看到一个妇女领着孩子在哭泣,他问怎么回事,回答说几天没有吃饭了,这位战士毫不犹豫地把干粮袋留给了年轻的母亲和孩子。进入草地后,这位战士没有饭吃,每当开饭的时候,不管别人吃什么,几粒麦粒也好,或是吃一点野草也好,他都不往一起凑。开始大家没注意,后来感到奇怪,最后明白了,原来他没有吃的东西,就去找些野菜充饥,喝点水。最终,他没有走出草地,饿得倒下了,临死之前,只说了"也不知道那母子俩怎么样了"一句话。这句话一点也不响亮,他说完就去世了。像这样的情况非常多。还有一个炊事班,带着一口铜锅,由于没有带多少粮食,而且带的都是干麦粒或是炒面,所以有锅也没有饭可做,只不过是到一个地方后能给战士们烧点热水喝,或用热水烫烫脚。这口锅一直背在炊事班的战士身上,一个人倒下了,另一个人接过来继续背下去,终于有一天,炊事班9个人全部倒下了,这口锅最后是由司务长背出来的,炊事班长以下的人全都饿死了。人的生命是最宝贵的,但一旦需要就应该付出,这要看是为什么付出的。这一点在长征途中表现得非常突出,所以红军长征所体现出来的精神才能够如此打动人。

　　由此我想到,中国共产党历史上创造了许多伟大精神,讲得比较多的像井冈山精神、长征精神、延安精神、红岩精神、西柏坡精神等,新中国成立后的精神就更多了。总的来说,我们可以统称为中国共产党人的精神。党的十六届六中全会提出社会主义核心价值体系问题,我觉得中国共产党人的精神也有一个核心价值,这就是人民利益。这个核心价值恰恰因为说得多了,听起来好像是耳熟能详了,反而不被重视了。为人民服务是我们党和军队的宗旨,不管是革命、建设还是改革,最重要、最根本的就是为了人民的利益。所以江泽民同志阐述的长征精神,第一句话就是把全国人民的根本利益看得高于一切。应该说,我们对这些精神研究得还不够,还没有以形象、通俗的形式,把它作为教育人民的好教材。

关于长征胜利的意义

长征感染人的地方不仅仅是这个词,不仅仅是长征本身,也不仅仅是这个历史过程,而是把这个历史过程从前面延续过来,又继续往后延伸,而这个延伸是与成功、与胜利联系在一起的。长征一结束,新局面就开始,长征的意义就在于此。所以,我们今天理解长征胜利的意义,首先应该看到,它是一个伟大的、无与伦比的壮举,是壮丽的史诗,是中国共产党和人民军队历史上的一座丰碑。

第二,也是更重要的,长征胜利是与新局面的开展联系在一起的。试想,如果没有长征,人民军队仍留在南方,即便是坚持住了,也可能不会发挥后来那么大的作用,也就是中国社会和中国革命发展所要求发挥的作用。这是因为,在南方就远离抗日前线,而当时中国人民最关注的就是怎样抵御日本的侵略。长征开始时,我们打起北上抗日的旗帜,同时也是为了找一条生路。这是客观事实。我们一直坚持抗日的主张,也试图搞统一战线,实现抗日的目的,但如果没有长征,就不会到达陕北这个离抗日前线更近的地方,也就不会跟张学良、杨虎城搞统一战线,也就不会有西安事变,新局面就不可能打开。因此,红军长征与全民族抗战这个大局是紧密联系在一起的。正是在全民族抗战中，中国共产党在全国人民中树立起很高的政治威信，然后在短短的几年内最终取得了胜利。抗战结束时，蒋介石是以"抗日英雄"的姿态出现在世界上的，但短短几年后他就被人民所唾弃。这与长征有没有关系？应该是有关系的，因为长征到陕北后，抗日民族统一战线是我们党倡导的，当然国民党方面也找过我们，是秘密谈判。正因为倡导了抗日民族统一战线这面旗帜，才形成了全民族抗战的局面，最终赢得了近代以来中国人民反抗外敌入侵的第一次胜利，并因此提升了中国共产党的政治威望。

第三，长征的胜利，从我们党自身来讲，也是一个转折，这个转折体现在遵义会议确立了以毛泽东为核心的中央领导集体。遵义会议之前，我们党多次犯错误，革命不断遭受挫折。遵义会议之后，我们党没有再犯重大的错误，革命没有再遭受重大的挫折，最终取得了伟大胜利。长征的过程，同时就是中国革命和中国共产党的历史发生重大转折的过程，而这个转折促成了中国革命的胜利。

第四，"长征是宣传队，长征是播种机。"这是长征刚刚结束时，毛泽东在一篇演讲中对长征所作的评价。长征确实宣传了革命，宣传了我们党的主张，播撒了革命火种。到抗日战争、解放战争时期，当年播下的革命火种还在那儿燃烧，并发挥着重要作用。

第五，长征保存和锻炼了中国革命的骨干。长征胜利来之不易，红军遭受了重大牺牲。到抗战爆发前，红军约有4.5万人左右。这些人是经过长期考验的、坚定的共产党员和革命战士，虽然人数不多，但后来大都成为中国革命的宝贵骨干，为民族独立和人民解放作出了贡献，有些人在新中国成立后成为治党、治国、治军的骨干。因此，长征胜利在这方面的意义也是不可低估的。

最后，长征胜利还有世界意义。长征之所以在世界上产生广泛影响，是因为它向世界昭示了中国共产党是干什么的、中国红军是干什么的，昭示了中国人民是什么事都能干好的，是永远不可战胜的。

与听众的交流

提问：第五次反"围剿"失利,其中有受机会主义和教条主义影响的因素。这对现在有何借鉴意义？

张树军：关于王明这次错误,我们要注意到在1945年、1981年两个《历史决议》中,是表述为"王明'左'倾冒险主义"的。中央党史研究室在2001年修订《中国共产党历史》第一卷时,把"王明'左'倾冒险主义"改成了"左倾教条主义错误"。这是因为,王明的这次错误确实是以教条主义为特征的。这个教条主义表现在很多方面,就第五次反"围剿"而言,是照搬国外正规战经验,实行军事进攻中的冒险主义,造成了第五次反"围剿"的失败。教条主义的危害还表现在统一战线问题上,在第五次反"围剿"过程中,有一个对红军有利的时机,这就是在福建的国民党第十九路军,包括一些资深国民党党员,成立了中华共和国人民革命政府,简称福建人民政府,公开打出"反蒋"的旗帜,史称"福建事变"。事变发生后,蒋介石要抽出"围剿"红军的一部分主力去对付他们,这对红军粉碎敌人第五次"围剿"是有利的。但这时的中央又犯了一次教条主义错误,认为这是阴谋。所以在遵义会议检讨这个问题时,毛泽东也明确指出,我们没有利用第十九路军发动"福建事变"的有利时机。等到蒋介石平息事变之后,又集中力量来对付红军。

从党的历史来看,如何克服教条主义是一个长期困扰的问题,需要总结的教训也很沉痛。教条主义在不同历史时期表现形态不一,在延安整风期间,毛泽东特别强调反对主观主义,包括教条主义和经验主义。毛泽东之所以特别强调反对教条主义,是因为教条主义对中国革命的危害极大。后来,我们强调走自己的路,但在某些问题上并没有摆脱教条主义的束缚,历史上这方面的教训是很多的,是应当引以为戒的。

提问：当年中央红军出发时有8万多人,沿途要吃要喝还要穿,消耗的问题怎么解决？打土豪、分田地与三大纪律八项注意之间的关系是怎样的？

张树军：打土豪、分田地和三大纪律八项注意没有直接的关系。共产党是无产阶级政党，其使命不仅是解决打土豪、分田地的问题。反对封建主义，本来应该是由资产阶级来解决的，也就是说，从封建主义形态过渡到资本主义形态，应该由资产阶级领导，实现土地的国有或者私有。这是一般规律。由于中国是一个经济文化落后的半殖民地半封建的大国，中国共产党成立后，首要的任务不是进行反对资产阶级的社会主义革命，而是在历史证明民族资产阶级不能承担反封建主义的领导者的情况下，承担起完成反对封建主义领导者的历史使命。中国共产党成立于农民占大多数的国家里，只能通过土地革命调动农民参加和支援革命的积极性，所以，三大纪律八项注意不是针对打土豪提出的，而是在根据地和人民军队中实行，所涵盖的内容不仅是党群、军群关系问题，而是我们党和人民军队的性质和宗旨如何具体化的问题。比如说第一条，一切行动听指挥，肯定不是讲跟群众的关系，而是指党的领导问题，党指挥枪的原则问题。对此，不能从简单的层面来理解。

至于红军在长征途中怎么解决吃、喝、住的问题，是有多种途径的。从人民军队诞生，南昌起义的时候就面临这个问题。南昌起义后建立了第一支人民军队，靠什么办法解决给养问题，想了很多办法。最初，基本上就是打土豪，没收财产，一部分分给贫苦农民，一部分自己用。但是随着队伍的发展壮大，就不能只用这一种办法了。后来在根据地，我们就很注意发展经济了。根据地的经济建设人才真是了不得，金融、财政、税收，各个方面的人才都有，而且制定了许多这方面的法律、法规和条例等。至于说到长征，沿途的给养主要是靠沿途收集，一部分是打土豪得来的；一部分是农民支援的；如果农民不在，就采用留下钱或欠条的办法，因为当地老百姓有时候对红军不了解，红军来时都跑了，全村找不到人，有时农民埋掉的粮食可能被找出来一部分，有时候还把没有成熟的地里的作物或水果先吃了，吃完后打一个欠条，或留下一部分钱。当然筹粮这件事是很难的，但筹粮的办法还是多种多样的。

城市文化建设与文化遗产保护

单霁翔

(2006年11月9日)

单霁翔,1954年7月生,江苏江宁人。1971年1月参加工作,1985年6月加入中国共产党。中共中央党校研究生学历,高级工程师、注册规划师。

1992年1月至1994年5月,任北京市城市规划管理局副局长。1994年5月至1997年8月,任北京市文物局党组书记、局长。1997年8月至2000年1月,任中共北京市房山区区委书记。2001年1月至2002年8月,任北京市规划委员会(首都规划建设委员会办公室)党组书记、主任。

2002年8月至今,任文化部党组成员,国家文物局党组书记、局长。

进入21世纪,中国的城市化进程吸引了全世界的目光。中国城镇的面貌正在发生着前所未有的巨变,而城市文化的传承和发展却面临着沉重的压力。与此同时,中国的文化遗产保护呈现出新的发展趋势,为城市文化建设注入了新的活力。

城市文化是建设和谐城市的重要基础,是城市竞争力的核心内容,是城市创新发展的强大动力,影响并决定着城市发展的前景和方向。从传统的功能城市到今天的文化城市,文化已经成为城市生活中举足轻重的关键元素。

我国城市文化建设应当注意避免的问题

改革开放以来,我国城市建设取得了举世瞩目的成就,但是在城市物质建设取得成就的同时,在城市文化建设方面却重视不够。归纳起来涉及 8 个方面的问题或应该避免出现的情况。由此可以看出加强城市文化建设,避免城市文化危机加剧的紧迫性。

一是避免城市记忆的消失。城市记忆是在历史长河中一点一滴积累起来的,从文化景观到历史街区,从文物古迹到地方民居,从传统技能到社会习俗等,众多物质的与非物质的文化遗产,都是形成一座城市记忆的有力凭证,也是一座城市文化价值的重要体现。但是,一些城市在所谓的"旧城改造"、"危旧房改造"中,由于急功近利作祟、经济利益驱使等人为因素,实施过度的商业化运作,采取大拆大建的开发方式,致使一片片积淀丰富人文信息的历史街区被夷为平地,一座座具有地域文化特色的传统民居被无情摧毁,一处处文物保护单位被拆迁和破坏。由于忽视对文化遗产的保护,造成这些历史性城市文化空间的破坏、历史文脉的割裂、社区邻里的解体,最终导致城市记忆的消失。

二是避免城市面貌的趋同。城市面貌是历史的积淀和文化的凝结,是城市外在形象与精神内质的有机统一,是由一个城市的物质生活、文化传统、地理环境等诸多因素综合作用的产物。一个城市的文化发育越成熟,历史积淀越深厚,城市的个性就越强,品位就越高,特色就越鲜明。但是,一些城市在建设和发展中,城市面貌正在急速地走向趋同。由于城市规划建设中抄袭、模仿、复制现象十分普遍,面貌雷同的城市街区越来越多,导致"南方北方一个样,大城小城一个样,城里城外一个样"的特色危机。各地具有民族风格和地域特色的城市风貌正在消失,代之而来的是几乎千篇一律的高楼大厦,"千城一面"的现象日趋严重。

三是避免城市建设的失调。城市建设是为了创造良好的人居环境,既包括物质环境,也包括文化环境。城市规划是合理配置公共资源,保护人文与自然环境,维护社会公平,弥补市场失灵的重要手段,它的根本目的不仅是建设一个环境优美的功能城市,更在于建设一个社会和谐的文化城市。但是,一些城市在建设中缺少科学态度和人文意识,往往采取单一依赖土地经营和房地产开发来拉动经济的增长方式,导致"圈地运动"和"造城运动",严重损害了民众利益和国家利益。一些城市盲目追求变大、变新、变洋,热衷于建设大广场、大草坪、景观大道、豪华办公楼,而这些项目却往往突出功能主题而忘掉文化责任。

四是避免城市形象的低俗。城市形象是城市物质水平、文化品质和市民素质的综合体现。它表现出每个城市过去的丰富历程,也体现着城市未来的追求和发展方向。美好的城市形象不仅可以实现人们对城市特色景观的追求和丰富形象的体验,而且可以唤起市民的归属感、荣誉感和责任感。但是,一些城市已经很难找到层次清晰、结构完整、布局生动、充满人性的城市文化形象。不少中小城市盲目模仿大城市,为了气势而不顾城市环境,把高层、超高层建筑当作城市现代化的标志,建筑体量追求高容积率而破坏了原有的城市尺度和轮廓线,寄希望于城市在短时间内能拥有更多"新、奇、怪"的建筑,以迅速改变城市的形象。大量新建筑不是增强而是削弱了城市的文化身份和特征,使城市景观变得生硬、浅薄和单调。

五是避免城市环境的恶化。城市环境是城市社会、经济、自然的复合系统。城市环境与城市的生态发展密切相关,具有高度的敏感性。好的城市环境不但可以保证人们的身体健康,而且可以激发人们的积极性和创造性。研究城市环境的基点是如何使人与城市更好地相融,城市如何既宜于居住,又宜于发展。但是,一些城市以对自然无限制的掠夺和征服来满足自身发展的欲望,致使环境面临一系列突出问题,如空气污染、土质污染、水体污染、视觉污染、听觉污染;热岛效应加剧、交通堵塞加剧、资源短缺加剧;绿色空间减少、安全空间减少、人的活动空间减少。同时,城市改造中的大拆大建造成巨大的能源、资源浪费和环境污染。错位、超载开发更使不少文化遗产地及其背景环境出现人工化、商业化、城市化趋势。

六是避免城市精神的衰落。城市精神是城市文化的重要内核,是对城市文化积淀进行提升的结果。城市精神的形成是一个长期的过程,并在历史上和现实中发挥着异常重要的作用。通过对城市精神的概括和提炼,可以使更多的民众理解和接受城市的追求,转化为城市民众的文化自觉。但是,一些城市注重物质利益,而忽视文化生态和人文精神。目前不少城市纷纷提出建立"国际化大都市"的目标,存在盲目攀比、不切实际的倾向。一些城市热衷于搞"形象工程",盲目追求"标志性建筑"的数量,实际上是重经济发展,轻人文精神;重建设规模,轻整体协调;重攀高比新,轻传统特色;重表面文章,轻实际效果,表现出对文化传统认知的肤浅、对城市精神理解的错位和对城市发展前途的迷茫。

七是避免城市管理的错位。城市管理是一项复杂的系统工程,但其实质是人作用于城市发展的过程,应肩负起对未来城市的责任。城市管理不但要为人们提供一个工作方便、生活舒适、环境优美、安全稳定的物质环境,而且要为人们提供一个安静和谐、活泼快乐、礼让互助、精神高尚的文化环境。这就需要用文化意识指导城市管理。但是,一些城市在管理内容上重表象轻内涵,在管理途径上重人治轻法治,在管理手段上重经验轻科学,在管理效应上重近期轻长远。由于不能在不断发展的形势下,不断从更高层次上寻求城市管理的治本之策,往往导致城市问题已然成堆、积重难返之际,才开始采取各种应急与补救措施,而为时已晚。"城市病"所产生的系列病状及后遗症,病根在于城市管理缺乏长远的战略眼光,缺乏应有的文化视野。

八是避免城市文化的沉沦。城市文化是市民生存状况、精神面貌以及城市景观的总体形态,并与市民的社会心态、行为方式和价值观念密切相关。城市文化在漫长的历史过程中积淀、缓慢演变发展,形成城市的文脉。城市的文化资源、文化氛围和文化发展水平,在一定程度上体现出城市的竞争力,决定着城市的未来。但是,一些城市面对席卷而来的强势文化,不是深化自身的人文历史,而是浅薄化自己的文化内涵,使思想平庸、文化稀薄、格调低下的行为方式,弥漫在城市的文化生活之中,消解着人们对于优秀传统文化的理解和继承。在文化领域,一些人的价值观扭曲、错位,拜金主义、享乐主义蔓延,"文化危机"问题以及伴随而来的种种不良社会现象日益严重,究其深层次原因,是文化认同感和文化立场的危机。

我国文化遗产保护发展的新趋势

文化遗产保护是城市文化建设必不可少的重要组成部分。从根本上说,城市作为人类文明发展和集聚的产物,本身就是文化遗产。当前,我国文化遗产保护经历了从"文物"到"文化遗产"的历史性转型,呈现出新的发展趋势。文化遗产的内涵逐渐深化,越来越注重其历史传承性和公众参与性;文化遗产的保护领域不断扩大,并由此引发了其要素、类型、空间、时间、性质、形态等各方面的深刻变革,为推动城市文化建设带来了新的机遇。

(一)文化遗产概念的发展过程

我国素有保护古代遗存的悠久传统,早在宋代,收集、研究和刊布金石铭刻就已经形成学科,文人雅士则热衷于收藏"古董"、鉴赏"古玩"和研究"古物"。20世纪初,通过对古代遗存发掘和研究而重建古代历史的现代考古学带来"文物"的概念,古代遗存的文化内涵和价值得以不断揭示。

1982年我国颁布的《文物保护法》,建立了历史文化名城保护制度。2002年新修订的《文物保护法》,又纳入了历史文化街区、历史文化村镇保护的内容,标志着我国开始建立起单体文物、历史地段、历史性城市的多层次保护体系。

2005年12月《国务院关于加强文化遗产保护的通知》的发布,加快了我国从"文物"保护走向"文化遗产"保护的转型进程,文化遗产保护工作的内涵和外延都有了新的发展和变化。在这一新形势下,深刻理解文化遗产保护理念,准确把握其发展趋势,并以此推动城市文化建设,是关系到当前我国文化遗产保护事业和城市发展全局的重大课题。

(二) 文化遗产保护内涵的深化

文化遗产保护的内涵更加突出历史传承性和公众参与性。文化遗产保护的历史传承性强调,文化遗产的创造、发展和传承是一个历史过程。每一代人都既有分享文化遗产的权利,又要承担保护文化遗产并传于后世的历史责任。

人类文明是在世代的文化创造与积累中不断发展和进步,每一代人都应当为此作出应有的贡献。这种贡献既有自身的文化创造,也包括将文化遗产传于子孙,泽被后世。未来世代同样有权利传承这些文化遗产,与历史和祖先进行情感与理智的交流,吸取智慧与力量。因此,我们并不能因为现时的优势而有权独享,甚而随意处置祖先留下的文化遗产。我们不仅要为自己不遗余力地保护这些珍贵的文化财富,在传承和守望的同时适当地加以利用,也要为子孙后代妥善保管,传之久远,"子子孙孙永宝用"。

文化遗产保护的公众参与性强调,文化遗产保护并不仅仅是各级政府和保护工作者的责任,更是广大民众的共同事业,每个人都有保护文化遗产的权利和义务。

我国文化遗产蕴涵着中华民族特有的精神价值、思维方式、想象力,体现着中华民族的生命力和创造力,是各民族智慧的结晶,是全社会共同的文化财富,也是全人类文明的瑰宝。从根本意义上说,我国各族人民群众既是这些珍贵文化遗产的创造者,也是文化遗产的传承者。广大民众的支持是文化遗产保护事业赖以发展的决定性力量。如果民众不珍视、不爱惜、不保护、不传承我们的文化遗产,文化遗产将无法挽回地加快走向损毁和消亡。因此,文化遗产保护既要坚持以政府为主导,明确各级政府和有关部门的重要职责,又要广泛动员全体民众,使其真正成为全社会关心、支持和参与的公共事业。

随着我国经济社会事业的迅速发展,民众自觉参与文化遗产保护等社会公共事务的意识逐渐增强,参与的范围和深度日益扩大。但是,由于时光流逝和文化遗产原有人文、自然环境的变化,民众与文化遗产之间的相互关联日渐疏远,文化情感日趋淡漠。许多现代人越来越难以或者疏于理解文化遗产的价值所在;而文化遗产保护工作者专注于通过保护工程和技术手段遏制文化遗产本体以及周边环境的恶化,却往往漠视了民众分享和参与文化遗产保护的权利,忽略了重建民众与文化遗产之间的情感联系。

文化遗产植根于特定的人文和自然环境,与当地居民有着天然的历史、文化和情感联系,这种联系已经成为文化遗产不可分割的组成部分。忽视和割断文化遗产与民众的历史渊源和联系必将损害文化遗产的自身价值,甚至危及其存在的基础。我们必须尊重和维护民众与文化遗产之间的关联和情感,保障民众的知情权、参与权和受益权。无论是在历史文化街区和历史文化村镇的保护事业中,在考古发掘和文物保护修缮等工程中,在博物馆建设和陈列展示等工作中,都应该积极取得广大民众,特别是当地居民的理解和参与。

只有当地居民倾心地、持久地自觉守护,才能实现文化遗产应有的尊严,才能使文化遗产具有强盛的生命力,成为社区的骄傲。只有当全体民众都积极投入到文化遗产保护事业之中,以维护和实现自身的文化权益,才能变"少数的抗争"为"共同的努力",才能使文化遗产保护形成强大的社会意志,取得真正的成效。

可喜的是,国务院决定自 2006 年起,每年 6 月的第二个星期六为我国的"文化遗产日"。"文化遗产日"的设立进一步将文化遗产保护事业变为亿万民众的共同事业,为保护文化遗产提供了更广泛、更强大的公众支持和更丰富的物质保障,使文化遗产真正为社会公众所共享,更有力地推动文化遗产所在地经济社会的和谐发展。

（三）文化遗产保护外延的发展

在保护的外延方面，文化遗产保护的领域不断扩大，比较突出地表现为六个趋势。

一是在文化遗产的保护要素方面，从重视单一要素的遗产保护，向同时重视由文化要素与自然要素相互作用而形成的"混合遗产"、"文化景观"保护的方向发展。文化遗产的产生和发展是与其所在的自然环境密不可分的。我国自古以来一直崇尚人与自然的和谐共处。在古代建筑和城镇村落的规划设计中风水堪舆之学极为盛行，许多名山大川更是人文胜景荟萃之处，形成了我国文化遗产与自然遗产相互交融的重要特性。

二是在文化遗产的保护类型方面，从重视"静态遗产"的保护，向同时重视"动态遗产"和"活态遗产"保护的方向发展。文化遗产并不意味着是死气沉沉或者静止不变的，完全可能是动态的、发展变化的和充满生活气息的。许多文化遗产仍然在人们的生产生活中发挥着重要的作用，甚至不断地吸纳更多的新鲜元素，充满着生气与活力。

三是在文化遗产的保护空间尺度方面，从重视文化遗产"点"、"面"的保护，向同时重视"大型文化遗产"和"线性文化遗产"保护的方向发展。文化遗产保护的视野已经不再局限于单个文物点或者古建筑群、历史文化街区、村镇，而是扩大到空间范围更加广阔的"大遗址"、"文化线路"、"文化遗产廊道"等。

四是在文化遗产保护的时间尺度方面，从重视"古代文物"、"近代史迹"的保护，向同时重视"20世纪遗产"、"当代遗产"的保护方向发展。当前，我国经济社会的快速发展使社会生活的各个方面都在发生急剧变化，原有的生产生活方式及其实物遗存消失速度大大加快，如不及时加以发掘和保护，我们很可能将在极短的时间内彻底忘却昨天的这段历史。进入新世纪以来，一批具有代表性的20世纪遗产、当代遗产被列为各级文物保护单位,得到了有效保护。

五是在文化遗产的保护性质方面,从重视重要史迹及代表性建筑的保护,向同时重视反映普通民众生活方式的"民间文化遗产"保护的方向发展。人们越来越认识到应更加注重对民间文化遗产的保护。民间文化遗产过去常常被认为是普通的、一般的、大众的而不被重视,但是它们却是养育了一代又一代民众的生活文化,反映了他们最真实的生活状况,记录了他们平凡的喜怒哀乐,具有广泛的认同感、亲和力与凝聚力。它们具有鲜明的民族性、地域性特征,是人类文化多样性的重要表现形式。

六是在文化遗产的保护形态方面,从重视"物质要素"的文化遗产保护,向同时重视由"物质要素"与"非物质要素"结合而形成的文化遗产保护的方向发展。物质与非物质文化遗产的区分只是其文化的载体不同,二者所反映的文化元素仍然是统一和不可分割的。因此,物质和非物质文化遗产必然是相互融合,互为表里。我们在着力保护文化遗产的物质载体的同时,必须重视发掘和保存其蕴涵的精神价值、思想观念和生活方式等无形文化遗产,必须更积极地探索物质与非物质文化遗产保护相结合的科学方式和有效途径。

从功能城市到文化城市

1933年,国际现代建筑协会第四次会议提出了关于"功能城市"的《雅典宪章》。该宪章以功能分区的观念规划城市,并指出城市的居住、工作、游憩和交通四大功能要协调、平衡发展。功能城市的理念对城市规划和发展产生了重要影响。

但是,人们从实践中逐渐认识到,仅仅依靠功能分区无法解决复杂的城市系统中的诸多问题。文化作为城市发展的核心价值,具有越来越突出的决定性作用,而文化遗产则是城市文化发展最重要的基础和最宝贵的资源、财富。

（一）城市文化与和谐城市

城市文化是人类文明在城市的缩影,是社会和谐在城市的集中表现。"以人为本"和"科学发展观"既是治国谋略,更是城市文化的精髓,是实现社会和谐、诚信、责任、尊重、公正和关怀的保证。只有将这一文化精髓贯彻到城市发展的各项事业中去,才能创造和谐城市,实现文化与经济发展的良性循环。

市民是城市的真正主人,既是城市文化的受益者、传承者,也是城市文化的体现者、创造者。市民素质影响并决定着城市素质。因此,创造和谐城市,首先取决于市民的文化素养。这种素养一方面来源于当地和民族的传统文化,另一方面则是在全球化背景下外来文化、多元文化的冲击和影响。但是,能够使广大市民所熟悉、理解和接受,并凝聚、提炼成为城市精神和文化特色的,只能是以前者为主体,充分吸收现代文明的积极因素;否则,城市文化和精神就会成为无源之水、无本之木,失去自身的根基和特色。

我国自古以来就有"天人合一"、"和而不同"之说,倡导人与自然、人与人之间的和谐共处,对我国传统文化有着十分深刻的影响,在许多城市的文化遗产中都有着直接的反映。通过保护和发掘城市文化遗产中蕴藏的丰富的历史文化内涵,继承与弘扬和谐共处的传统文化思想精髓,提升市民的总体文化素质,形成和谐积极的城市文化氛围,是建设和谐城市的重要基础。

适宜居住是和谐城市的重要特征,也是"以人为本"在城市建设、管理中最直观的反映和要求。2005年1月,国务院正式批复《北京城市总体规划(2004～2020年)》。此次总体规划在国内首次明确提出了"宜居城市"的概念。随后,全国各地许多城市都以此作为未来城市的建设发展目标。

将城市目标定位为适宜居住,体现了城市建设和发展从以物为中心向以人为中心的转变,不仅关注城市的物质生产、经济积累以及城市各方面的建设在数量上的增长,更关注文化的发展与人的发展,重视和发挥人的作用。这就对城市的管理者和决策者提出了更高的要求。

适宜居住就是要以市民的全面发展和身心愉悦为中心进行规划建设,而不是片面地追求"政绩工程"、"形象工程"。不仅要有舒适的居住条件、良好的生态环境、富有活力的工作氛围、完备的基础设施、完善的社会保障、安全的社会治安与和谐的人际关系,更重要的是城市文化的继承和培育。通过保护城市赖以产生和发展的历史人文环境,尤其是城市文化遗产的各种物质和非物质的表现形式、环境景观、空间范围,提高市民对城市的亲切感、满意度,为他们提供更多的精神享受和情感慰藉。因此,"宜居"更是一种理念、一种感受、一种和谐、一种文明。

(二) 文化竞争力决定城市竞争力

城市是人类文化的最高体现和重要结晶。一个城市的发展既取决于经济实力,也取决于文化实力。城市竞争力是一个综合概念,既包括经济竞争力,也包括文化竞争力。当前,文化竞争力对城市发展的影响与作用越来越突出,成为推动城市经济社会可持续发展的重要力量。

城市文化的力量正取代单纯的物质生产和技术进步而日益占据城市经济发展的主流。在物质增长方式趋同、资源与环境压力增大的今天,城市文化逐渐成为城市发展的驱动力,体现出较强的经济社会价值。这也是城市文化得到各国城市政府关注和重视的主要原因。

文化竞争力又可以分为文化硬实力和文化软实力。文化硬实力包括一个城市的文化设施的健全程度、文化遗产数量、文化从业人员的结构等;文化软实力则包括一个城市的文化氛围如何,文化传统如何,文化法规健全程度如何和城市居民的规则意识如何等。与提升文化硬实力相比,提升文化软实力的任务更为艰巨。要加强城市文化建设的"软道理",就要以弘扬民族精神、树立共同理想为核心,让城市保持各自的文化特征。

文化软实力能够使人们潜移默化地接受文化价值观,因而日益受到关注。当今经济活动依靠的是文化内核,科研创新依靠的是文化造诣,生产管理依靠的是文化修养,技术掌握依靠的是文化素质,更重要的是依靠民族的文化精神。文化与经济日益相互交融,文化对经济社会的发展起着越来越重要的作用。

传统文化是增强一个城市的认同感与凝聚力的重要内容,是激励一个城市不断开拓前进的强大的精神力量。城市鲜明的文化个性是城市文化的魅力所在,也是城市文化的生命力和竞争力之所在。因此,保护城市传统文化和文化遗产,发掘和彰显城市的文化特色和个性,成为增强城市的吸引力、凝聚力和竞争力的有效途径。

城市文化品牌是城市文化竞争力的重要组成部分。城市文化品牌应源于生活而又高于生活,具有鲜明的文化特征,能包容所代表城市的文化性格,代表这个城市在社会公众中的总体印象和评价,并容易为人们所记忆和指认。好的城市文化品牌是城市的内在素质和文化内涵的外在表现,同时也是城市的整体风貌和特色,是城市文化价值的体现,它可以起到升华城市形象、凝聚城市精神的作用。

深厚的文化积淀是形成城市文化品牌的重要源泉。只有个性化才是不可替代的,只有唯一性才能获得长久的生命力。一个城市的文化品牌要享誉全国,走向世界,先决条件是对那些能够体现城市特色的文化资源进行有效的挖掘、集聚、整合和利用,使其以独特的魅力获胜。特色一旦形成,就会成为稳定的知识产权。因此,城市文化品牌的确立,一定要维护好历史传承,留住城市的"命脉",在保护中弘扬,并取得市民的认同和参与,使城市的历史文化积淀再现时代人文之光。

(三)城市文化创新引领城市发展方向

当前我国城市不仅面临着对旧有的文化遗产保护不力的问题,更面临着对新的城市文化创造乏力的问题。丧失了保留至今的文化遗产,城市将失去自己的文化记忆;创造不出新的城市文化,城市将迷失自己的发展方向。城市文化首先必须承载历史,反映城市的历史发展过程及其特有的文化积淀；城市文化也要展现现实，多层次、多侧面、多角度地反映现实城市文化内涵；城市文化还必须昭示未来，顺应城市的文脉、发展、创造属于自己城市独特的新文化。

文化遗产包含了更多随着时代迁移与变革而被人们忽视或忘却的文化记忆，只有唤起这些记忆，才能真正懂得人类文化整体的内涵与意义。文化的延续、发展需要保护民族文化的根脉，文化创新的高度往往取决于对文化遗产发掘的深度。同时，城市的发展，不仅要有对文化遗产的传承，还要有对新的城市文化的开拓和创造，应该有创新的能力，能够不断创造出属于自己的新的文化，这样才能始终保持活力。

城市文化不是化石，化石可以凭借其古老而价值不衰；城市文化是活的生命，只有发展才有持久的生命力，只有传播，才有影响力；只有具备影响力，城市发展才有持续的力量。所以，城市文化不仅需要积淀，还需要振兴，需要创新。只有文化内涵丰富、发展潜力强大的城市才是魅力无穷、活力无限的城市。从另一个角度来讲，在当前，不断创造新的城市文化，是满足城市居民精神文化需要的必然要求。面对城市居民迫切呼唤新的城市文化生活，也要求城市必须提高自己对新的城市文化的创造能力。保护与发展必须统一起来，而且可以统一起来，保护传统文化本身就是现代化城市建设的不可或缺的重要组成部分。

总体而言，不论未来城市的结构与形态如何变化，在城市文化的组成中，必然既有本土文化，又有外来文化；既有现代文化，又有传统文化。城市就是这样一个多种文化的共存体。这种文化的共存，有它的必然性和规律性，我们要更加自觉地认识和利用这些规律来创造独具特色的城市文化。城市文化是不断更新的动态文化，是体现时代特征，随着城市的不断发展而向前推进的文化。随着时间的推移，城市文化也必然能够客观反映出对城市发展的肯定与否定。

城市文化保护与城市对外开放并不矛盾，反而相辅相成。古今中外的城市，凡是能够吸引人的，都凸显在与其他文化的交流上，而不是与世隔绝。城市发展的重心是文化，文化也是城市发展的最终价值。

现代城市要在发展中进行长期和持久的文化再造,并在再造中创造新文化。

21世纪的人类文明主要是城市文明。在城市建设中应当鲜明地提出"文化城市"主题,注重城市人文生态的平衡和发展,在发展特色城市、魅力城市上下功夫,以突出城市综合竞争力中的文化竞争力,校正当前城市建设中忽视文化的弊端。

未来始于足下,今天从历史中走来。我们回首过去,立足现在,面向未来,以期在21世纪里能更自觉地营建美好、宜人的人类家园。城市不仅具有功能,更应该拥有文化。文化是城市功能的最高价值,文化也是城市功能的最终价值。城市化进程不应仅仅是一个量的指标,更应该是一个质的飞跃。从"功能城市"走向"文化城市",就是这种质的飞跃的核心理念与理论概括。21世纪的成功城市,必将是文化城市。

文化与国力

张国祚

(2006年12月5日)

张国祚,现任中共中央宣传部全国哲学社会科学规划办公室主任、博士、研究员。

长期从事理论研究和理论宣传工作。在人民日报、光明日报、经济日报、求是杂志、解放军报等报刊上发表过不少比较有影响的文章。出版了《分界论》《科学独立史论》《人才管理权变系统论》等学术专著,主编了26卷本大型历史人物丛书《中华骄子》。

先后在中央电视台《文化视点》《焦点访谈》《对话》《新闻会客厅》《央视论坛》等栏目接受专题访谈,多次应邀在中央和国家有关部委及解放军各总部作理论报告。

什么是文化?我想这大概是一个常讲常新的课题。只要历史在发展、人类在前进、社会在进步,文化问题必然不断地推陈出新。这问题很不好讲。现在中国的13亿人,恐怕要说谁没有文化,大概都不会服气,何况在座的专家学者,都是在某个文化领域很有造诣的,因此,要讲出新意,取得共识,显然不容易。

文化的四个特点

我感到文化有四个特点,即相对性、多样性、渗透性和传承性。

假如文化等同于文明,那么凡是人类实践留下痕迹的东西、凡是人类思维扫描过的事物,都会留下文化。假如文化是相对于物质而言,那么文化就等同于精神。假如文化相对于我们一般意义上所讲的经济、政治、社会而言,那么文化主要是属于意识形态,是上层建筑的一个重要组成部分。可见,文化具有相对性。

文化又具有多样性。从历史来说,我们说有古代文化、现代文化、当代文化。从空间分布来说,还可以说有希腊文化、阿拉伯文化、古罗马文化,还有欧洲文化、亚洲文化、非洲文化、美洲文化等等,可以举出很多例子。即使在一个国家内,文化也具有多样性。比如说在中国,有齐鲁文化、中原文化、黄河文化、长江文化、岭南文化、荆楚文化、巴蜀文化、闽文化、陇文化等,还有草原文化、西域文化、雪域高原文化,等等。从文化的特质来说,文化也有很多种。从大的方面来说,有儒家文化、佛家文化、道家文化、伊斯兰教文化、基督教文化。如果再往细分,文化的种类就更多了。比如,我们今天一进广州艺术博物院,就看到奥运雕塑,那也是文化。广州还可以有潮州文化、客家文化等等,所以说文化具有多样性。

文化还具有渗透性。比如说你看这位先生所穿的服装,这样色调的西装、那样色调的领带,这能从一个方面反映他所追求的文化品位。那位女士的服装,上身是那样的样式,下身是那样的裙子,这又反映她所追求的一种文化品位。有些建筑,从外表上看是大屋顶的中式建筑,而内里装修格局又是欧陆风格,则可说,它体现的文化品位是一种中西合璧的特点。人类的一些文化思想、观念、价值取向、审美情趣渗透到一些领域,形成了方方面面的文化,这就是文化的渗透性。

文化还具有传承性。从古到今,我们中国人的生活方式发生了很大的变化,我们的衣食住行诸方面都发生了很多的变化。这些都与文化的变迁有关。文化也有相对不变的。中华民族的黑头发、黄皮肤不容易变,但是这还不是主要的,最主要是中华民族文化的内涵,特别是其中最核心的东西,也就是我们的民族精神没有变化,即以爱国主义为核心,团结统一、勤劳勇敢、自强不息的民族精神,在绝大多数中国人的心目中没有变化。当然,也有个别汉奸、卖国贼,那是属于民族败类。

文化是国力中的软实力,但也能成为硬实力

国力就是讲国家的实力、国家的能力。如果粗略地区分国力,主要有两类,一类是硬实力,一类是软实力。经济实力,如制造力、生产力、开采力、运输力、军事战斗力等等,都属于"硬实力"。"软实力"这一概念最先是由美国哈佛大学教授约瑟夫·奈提出的。他认为软实力是一种制度的吸引力,是一种文化的感召力,是一种国民的形象力。在我们看来,文化就应当是软实力的重要组成部分,因为无论是国家制度、文化政治,还是国民形象,无不受某个国家、某个民族、某个时期、某种环境的文化氛围的熏陶和影响,因此可以讲文化是软实力中最根本最核心的因素。

一个国家的民族性格、气质、精神、理想、信念、道德情操、价值取向等,构成了这个国家软实力的重要组成部分。那么,文化仅仅是软实力吗?我们的回答应当是否定的。毫无疑问,文化是软实力的重要组成部分,但文化不仅仅是软实力,它也可以成为硬实力的一个组成部分。在什么情况下?那就是当文化转化为文化产业的时候,它就变成了一种硬实力。现在西方发达国家的文化产业,在国内生产总值当中所占的比例平均已经达到了10%以上,美国已经达到了25%,超过了军火业。美国在世界文化市场中所占的份额是多少?是43%。欧盟呢?它占了34%。整个亚洲和南太平洋,加在一起占了世界文化市场的19%,而其中日本占了10%,韩国占了5%,包括中国和其他亚太国家在内,一共占了4%。可见,我们的文化产业相对国内生产总值和整个经济规模来讲,份额太少了,是应当大大发展的。

文化成为硬实力,还应当表现在什么方面呢?笼统来说是占国内生产总值的份额越来越大,这是一个方面。美国发动伊拉克战争,靠什么?有人说那是因为美国的军事力量特别强大,它有精确制导武器、战略打击武器,还有信息战很先进。对不对?对。但是不全对。美国要发动伊

拉克战争，首先它必须对当时的国际形势作出自己的判断，搞清楚世界哪些主要国家在伊拉克有重要利益，这些国家会作出什么样反应，会采取什么样的态度，它要进行分析。还有伊拉克周围的国家，整个伊斯兰世界会作出什么样的反应，也要分析。伊拉克萨达姆政权政府各级官员、军队各级军官会作出怎样的反应，伊拉克各民族各个教派会作出什么反应，等等，这些都需要进行谋划，这个谋划不是靠军事武器，而是靠哲学和人文社会科学知识，靠文化。美国能占领伊拉克，证明美国对形势的总体分析是正确的，即成得益于文化。现在美国深陷在伊拉克的泥潭里恰恰是因为从文化的角度对伊拉克和世界没有研究透，即美国在伊拉克败也是因为受制于对伊拉克文化没搞透。

美国国务卿赖斯的前安全顾问阿德尔曼就讲过，说美国现在在伊拉克犯了当年在越南同样的错误，在发动伊拉克战争之前，对伊拉克的文化、历史、政治等方面了解得还不透彻，对伊斯兰世界、伊拉克民族当中那种反美的心理缺少足够的估计。所以，尽管美军进入伊拉克之后，又发大米、面包，又提供水，但仍然无法征服伊拉克人心。现在美国承认它失败了，食之无味、弃之可惜，处于很难的状态。美国的民主党恰恰抓住了这一点，猛攻共和党。所以说文化问题对于美国发动伊拉克战争来说，成也得益于文化、败也受制于文化，这是一个重要的佐证。

文化与国力的关系

文化对综合国力的影响如何，文化和国力之间究竟是什么样的关系？刚才我们讲，文化既能成为软实力，又能成为硬实力，所以两者的关系是显而易见的。中国在上下五千年的历史当中，可以说长期走在世界的前列。为什么中国能长期在世界处于领先地位？就是因为中国有着光辉灿烂的传统文化。直到19世纪初期，中国的国内生产总值仍然占世界生产总值的40%。这可不是我们自己吹嘘的，而是西方一些比较权威的学术机构统计出来的。后来我们才落伍了，我们落伍了又是因为什么呢？我们落伍了首先也是因为我们文化落伍了。西方从14世纪到16世纪有文艺复兴，文艺复兴使西方人大开眼界，推翻了神学宗教权威，解放了人们的思想，于是涌现出一大批思想大师、文艺大师、科学巨匠，他们又进一步推动了16世纪到18世纪英国的工业革命和地理大发现。而中国人在17世纪、18世纪正处于历史上津津乐道的"康乾盛世"。最近有很多电视片都在说康乾盛世的事情，但是恰恰在这时，中国的文化开始趋于夜郎自大、封闭保守，处于这样的状态，中国人以天下的中心自居，只待四方来朝拜。渐渐地，对新生事物采取排斥的态度，缺少盛唐时期开阔的胸襟。西方人则利用地理大发现，使自己的视野更开阔，工业革命使科学技术迅速进步，迅速赶上并超过中国。

中国有没有人意识到这一点？有人意识到。第一个意识到的是魏源。鸦片战争失败之后，林则徐跟魏源有一次见面，林则徐总结鸦片战争的失败教训，他就感觉到西方的火器、西方的文明有可学之处，他嘱托魏源写一部介绍西方政治、经济、历史、文化、政体、国体、科学、艺术这方面的著作，魏源在1942年就组织编纂出了50卷本的《海国图志》。后来到1847年，他又把这50卷本扩大到100卷本，全方位地介绍西方比较先进的思想和文化，希望能唤醒国民、开阔视野，振兴我们的民族。可惜封建保守愚昧的统治者把这套书视为洪水猛兽进行了限制，所以这本书在中国没有产生多大的影响。1851年有一艘船驶往日本，船上就带了三部《海国图志》。1853年这本书在日本翻译成日文，产生了巨大的影响，连印了15次，价格猛翻了3倍。当时日本的改革者佐久间象山和横井小南等看到这本书，如获至宝，大开眼界，豁然开朗。正是在《海国图志》的启迪、鼓舞下，日本有了明治维新，19世纪末成为强国，而中国仍然为落后的封建制度所折磨。

这件事说明什么呢？说明先进的文化可以兴邦，落后的文化会误国。正是因为我们固守已经腐朽、落后的封建文化，所以使中国落后挨打。正是因为日本能够积极地吸取先进文化，所以在日本很快实行了革新，变成了世界先进的强国。这个例子恐怕很能说明文化和国力之间的关系。我们试想，日本那样的一个岛国，明朝的时候还有一点兴风作浪，倭寇祸乱，后来被赶走。但日本后来变成了一个强国，鸦片战争之后，西方列强不断侵略和瓜分中国。我从白云机场进入广州市区时经过了三元里，我头脑里记得三元里抗英这件事。鸦片战争时英国几艘漂洋过海的战船，就把我们泱泱大国打败，签订了那么多的条约。不要说英国、法国，就是沙皇俄国也利用这个机会，强迫腐败无能的清朝政府签订了一系列的条约，通过这些不平等的条约，从我们国家掠走了大片领土，我国150万平方公里的领土被沙皇俄国抢去了，相当于3个法国和12个捷克斯洛伐克。我们的国家变得何等的衰落，任人欺凌和宰割，以至于八国联军有一个军官在自己的日记里写道："19世纪的中国人太悲惨了！"侵略者都如此为我们感叹，中国人自己该是何等悲哀啊！

发展着的、中国化的马克思主义是改变中国命运的先进文化

20世纪初，许多人都在思考一个问题：中国人会不会亡国灭族？但是20世纪过去了，我们不但没有消亡，还崛起了，以至于全世界都为之瞩目，甚至美国都要渲染"中国威胁论"。当然，我们是威胁不到美国的，但是至少说明我们的发展已经让他们感觉到不安了。为什么一个曾被普遍担心走向消亡的民族，经过一个世纪的奋争崛起了？最根本的原因就是中国共产党找到了马克思主义并以之为指导，带领中华民族实现了自己的伟大振兴。马克思主义也是一种文化。

毛泽东一生直到逝世之前都在孜孜不倦地读书。毛泽东非常重视文化，非常重视意识形态，说"马克思主义一经传到中国，就使中国革命的面貌为之一新"。中国之所以在20世纪从急剧的衰落走向振兴，就是靠马克思主义指导，就是靠马克思主义这个伟大文化。正是因为马克思主义和中国实践相结合，形成了毛泽东思想，为我们找到一个半殖民地半封建的落后大国，如何进行民族民主革命、如何赢得国家独立、民族解

放的道路。正是在马克思主义中国化的成果毛泽东思想指引下,我们推翻了"三座大山",建立了新中国,完成了社会主义革命,走上了社会主义道路。这以后,我们继续丰富发展马克思主义,形成了邓小平理论,走上了改革开放的道路。改革开放又使我们中国发生了天翻地覆的变化。比如说广东,变化太大了,这都应当归功于我们党按照邓小平的理论办事。从某种意义上说哲学社会科学不仅与自然科学同样重要,而且有时候比自然科学更重要。例如,有人说举世闻名的水稻杂交之父袁隆平,他的杂交水稻不知解决了多少农民吃饭的问题,确实值得尊敬。但是我们细想一下,邓小平的改革开放政策、家庭联产承包责任制,救活了多少农民啊!恐怕不是袁隆平所能比得上的。所以说,马克思主义对中国的影响和作用太大了。

我们常常说必须坚持以马克思主义为指导,坚持马克思主义在意识形态领域的指导地位。那么我们应该坚持什么样的马克思主义呢?那就是发展着的、中国化的马克思主义。对于当代中国来说,什么是发展着的中国化的马克思主义呢?那就是邓小平理论、"三个代表"重要思想,还有科学发展观。这些思想,正是我们中国先进文化最核心、最有价值的东西。我们说要促使国力增长,靠的是什么?首先靠的是这些文化软实力。

与听众的交流

提问:请您谈一下如何对地域文化进行创新,尤其是岭南文化?

张国祚:创新都是站在巨人的肩膀上,充分吸收前人的学识、理论的基础,提出了前人所没有的新观点、新理论,比巨人又高了一点。那么你比巨人矮一点是不是创新?巨人可能有不完善的地方,甚至多余的地方,你把它割掉,我看这也是创新。所以不一定是完全属于自己的东西才是创新。世界上任何创新和继承之间都是不可分割的。我想在研究创新的问题上,一定要把坚持继承与创新发展两者的辩证关系理解透,然后因时、因地、因具体的情况而研究你的创新方法。

提问: 中国的文化源远流长,五千多年的历史,博大精深,而美国的文化只有两百年。现在我们文化的影响力和文化产业的影响力为什么比美国小,主要原因是什么?

张国祚: 美国是只有两百多年的历史,但是美国人民不是从石头缝里蹦出来的。美国是一个移民国家,所以有原住国的早期文化积累。所以要了解美国文化,恐怕要先了解欧洲文化。至于说欧洲文化什么时候比中国文化先进,我前面已经说过,从文艺复兴开始,欧洲文化就已经渐渐走在前面了。这当中既有历史的因素,也有现实的因素,比较复杂。我们的文化产业为什么不如美国,这应当放在大背景中看,不能说我们有五千年历史,他们只有两百年历史,这样对比是不合适的。

明亡清兴六十年

阎 崇 年

（2006 年 12 月 28 日）

阎崇年，1934 年 4 月生，山东省蓬莱人。现任北京社会科学院满学研究所研究员兼所长、北京满学会会长、中国紫禁城学会副会长。

长期研究满洲史、清代史，兼及北京史。主要著作有《满学论集》《燕史集》《袁崇焕研究论集》《燕步集》等 4 部论文集；《努尔哈赤传》《天命汗》《清朝皇帝列传》《正说清朝十二帝》《袁崇焕传》《古都北京》(中、英、德、法文版)等 25 部专著，《努尔哈赤传》获"光明杯"优秀学术著作奖、全国满学研究优秀成果奖，《古都北京》获中国文化部最佳图书奖、法兰克福和莱比锡国际最佳图书荣誉奖；主编《20 世纪世界满学著作提要》《袁崇焕学术论文集》等 13 部著作。先后发表满学、清史、北京史论文 200 余篇。享受国务院颁发特殊津贴，被北京市政府授予"有突出贡献专家"称号。

在今天辽宁抚顺市永陵镇，有一个老城村，努尔哈赤从这儿起兵，13 副盔甲，13 个人，由小到大、由弱到强，出了山沟，到了辽阳、沈阳，他的儿孙又到了北京。

清朝总的算起来，有 296 年。有一位大学教授说我讲错了，应该是 268 年。我说不用答复他，因为清朝的历史年代有三种算法：第一种算法是 296 年，就是从努尔哈赤天命元年(万历四十四年)即 1616 年直到宣统三年即1911年;第二种算法是从崇德元年(崇祯九年)即1636年皇太极改金为清,直到宣统三年,共276年;第三种算法,从顺治元年(崇祯十七年)即1644年到宣统三年,共268年。这三种算法都对,不同的角度用三种不同的算法,一般通史算是268年,从清太宗改金为清算起是276年。我们修大清史,从什么时候开始修?如果从顺治元年开始修,那前面的事情就说不清了。

同时,还有一个问题,清朝到底是12朝还是13朝?两种说法都算对。为什么呢?清朝一个皇帝一个年号,12个皇帝,12朝,但是皇太极有两个年号,前面叫"天聪",一共是9年,第二个年号是"崇德",一共是8年,加起来17年。清宫13朝演义,是按照年号算的。所以都对,只是算法不同,也可以说清朝12帝13朝。

据说当年毛主席曾让人研究清朝为什么能够兴起,满洲这样一个弱小的民族,怎么能够入关统治中原。明朝的人口,一般认为是9000万到1亿。清朝初期满洲的人口,不到10万人。后来入关了,一般认为是接近16万人,算上家属,也不过接近50万人。这50万人到了北京,把政权稳定了,而且还能巩固268年。

清12帝共296年讲完了,最后是总结,要回答这个问题:清朝为什么兴起,有什么基本的历史经验值得我们今天重视、研究和发扬?反过来,明朝276年的江山,16个皇帝,到崇祯完了,原因是什么?探讨清朝兴起的原因,可以讲政治原因、经济原因、军事原因、文化原因、民族原因等等,还有西方列强的兴起。同样,分析明朝灭亡的原因,也可以从政治、经济、军事、文化、民族、外交等方面分析,特别是可以从西方的兴起入手进行分析。

我这个人主张把复杂的问题简明化。那60年的历史太复杂了,怎么把它简明化?我把清朝的兴起原因概括为一个字——"合",把明朝灭亡的原因也概括为一个字——"分",我想用这两个字来概括明亡清兴的历史原因。

明朝大体上从朱元璋开始就埋下了后来灭亡的种子。我在《正说清朝十二帝》中说,清太祖努尔哈赤既播下了康乾盛世的种子,也埋下了光宣衰世的基因。同样一个道理,朱元璋既播下了明朝中期兴盛的种子,也埋下了崇祯灭亡的基因。明末清初,特别是清初,很多大学者都在研究为什么明朝灭亡了,黄宗羲还专门写了一本书叫《明夷待访录》。美国有一个历史系教授司徒琳(Lynn Struve),写了一本《南明史》,序言里提出了一个观点:明朝灭亡的原因就是朱元璋取消了宰相制。大家知道,明朝发生了一个胡惟庸案,朱元璋借这个案子把胡惟庸党一网打尽,杀了一大批人,废了宰相制。由于没有宰相,就出现了后来的宦官专权。可是为什么朱元璋取消了宰相制,明朝到他的儿子、孙子等等都没有亡,而到崇祯就亡了呢?他们说的都有道理,但是我想从另外一个侧面,从另外一个切入点来分析明朝。

明朝的政策,特别是万历一直到崇祯这四朝,犯了一个大的错误,就是"分",第一是民族分,第二是官民分,第三是君臣分。

第一,民族分。这是明朝灭亡的一个重要原因。明朝的民族分,首先是女真也就是满洲分出去了。本来女真和满洲是明朝自己的人,努尔哈赤是给明朝做官的。努尔哈赤自己骑着马到北京给万历皇帝进贡,多远啊!现在的路程按高速公路直线计算是1900里,当时山沟里转来转去的,大数算2000里,一次来回4000里,先后有八次。努尔哈赤自己说我给大明王朝"忠顺看边",因为鸭绿江那边就是朝鲜了。努尔哈赤是明朝自己人啊,怎么会变成明朝的敌人呢?他起兵反明,这是明朝的民族政策出了问题。

过去讲明亡清兴,基本上都是从李自成起义上说。我看不是,我认为明亡清兴历史的关键环节,就是1583年万历皇帝和辽东总兵李成梁错杀了一个人。当时辽东总兵和蒙古、女真作战,一战斩首1745级,包括努尔哈赤的父亲。在李成梁看来,努尔哈赤的父亲不过是一个边塞草民,杀了算不了什么。在万历皇帝看来,"普天之下,莫非王土",杀了努尔哈赤的父亲算得了什么!努尔哈赤的父亲是忠于明朝的,到城里是准备劝说城主投降的,但明朝军队打开城门之后,不分男女,一概屠杀。努尔哈赤就找边官质问,回答很轻慢,说是"误杀耳"！三个字就答复了,结果人命没有了,赔了马三十匹、敕书三十道。什么敕书呢？就是做贸易时的特许证。努尔哈赤不干,就拉着弟弟、朋友等13个人"含恨起兵"。所以我说大明王朝自己制造了一个纵火者,努尔哈赤纵火把大明王朝这个大楼烧了。这是明朝自己制造的,明朝要不杀他父亲,就什么事都没有了。历史往往有很多的偶然性,一个环节一个环节,连成链条,成为历史。努尔哈赤起兵之后,先把女真统一了,后来进兵到辽阳、沈阳,在沈阳建立都城,他的孙子打到北京。如果明朝的民族政策妥善一点,女真起兵这个事情就是另外的情形了。

明朝的民族分再一个就是蒙古族。大家知道,朱元璋起义的口号叫"驱除鞑虏,恢复中华",结果朱元璋的后代又被鞑虏驱除了,被满洲取代了。一开始,朱元璋对蒙古的政策就有问题。大家都知道徐达,后来被封了魏国公,1368年带着兵沿着运河往北打,打大都,就是现在的北京。徐达出兵之前请示朱元璋,说我要打大都,元顺帝带着自己的家眷往北沙漠跑怎么办,是截着歼灭他还是放走？这是重大的战略问题。朱元璋指示说,你不要追他,让他走,让上天自然地消灭他。徐达带着军队,沿着运河往北打,打到通州、朝阳门,元顺帝一看不行就从大都健德门走了,徐达比较顺利地占领了大都。问题就来了,朱元璋没有把元朝军队的主力和有生力量歼灭掉。

蒙古族本来是明朝自己的人,明朝跟蒙古族都已经签订了《隆庆和议》,跟察哈尔汗也有共同的盟约。蒙古地区闹灾荒没有饭吃,袁崇焕就主张以粮食换蒙古的马,不是白给的,你拿马来换,这不是很好吗？崇祯皇帝不同意,说你用粮食换他的马,你就帮助他闹强盗。努尔哈赤和皇太极高明,粮食白给你吃,不用拿马来换,那蒙古说还是后金和满洲好,后来通过联姻、编旗、重视喇嘛教等多种手段,结成了满蒙联盟。蒙古本来是明朝自己的人,又给分出去了,变成了明朝的敌人。当时有一个民间的谚语,就是"女真满万,天下无敌"。女真武装起来,满了一万个人就天下无敌了。此时女真不是满万了,而是组成八旗,一个旗六千五,两个旗就满万了。女真—满洲拿拳头打明朝,攻陷了辽阳、沈阳,一直打到山海关以内,打到山东济南府,明朝把济南府城都丢了。

蒙古的力量本来就很强大,再加上满洲,同明朝作战就更厉害了。堂堂明英宗皇帝做了蒙古的俘虏,这在明朝是没有先例的。后来蒙古又打,打到北京城外。北京外城就是那时候修的。现在蒙古一个拳头、满洲一个拳头,两个拳头打明朝,你光把一个民族分出去还行,你把两个民族分出去,原来是自己人,现在变成了自己的敌人了,都来打你,两个拳头打你,明朝就受不了了。

清则是民族合,先把各地的女真族都合起来,再把整个东北所有的民族合起来,把蒙古也合进来,共同对付明朝。所以清朝是以"合"对明朝的"分",结果呢?合则胜,分则败。

第二,官民分。明朝如果只有民族分,官民能够团结一致,或者官民一体,也还能抵挡一气。明朝天启皇帝、崇祯皇帝的政策又出了错误,官民分。官民分很厉害,我举一个例子。明朝军队到了民间,抢老百姓的粮食。官剥削老百姓,明朝实行"里甲制",十户一甲,十户逃荒了五户,那五户要负担这五户的赋税,这一甲十户都逃了怎么办,那就由"里"里的其他人负担。负担不起怎么办,就衙门来逼、以棒相击,有的县衙门的台阶是鲜血都洒满了。闹灾荒时,没有粮食就找野菜。冬天没有野菜,就找榆树皮。没有树皮了就吃土,吃观音土。那个也不行了,最后就人吃人,小孩到街上就没有了,后来发现是被别人抓走了,杀了以后把肉都吃了、骨头当柴烧。灾荒严重时,甚至于父子相食。在这种情况下,你崇祯皇帝应该救灾、赈灾,他不,他还是逼着百姓要交赋税。崇祯亡了的时候,国库和内库里的银,有几种说法。最多的一种说法是,库存银还有七千万两。官民分的结果就是"官逼民反"。先从西北,明天启七年、皇太极天聪元年,即1627年,陕西澄城县农民起来,冲进县衙门,把县太爷给杀了。这是一个信号。这一股民变之火越燃越大,燃到中原,最后李自成率领军队打到北京,崇祯皇帝一看不行就上吊自杀了。关内官民矛盾激化,关外民族矛盾激化,民族的拳和农民的拳,两个拳头打崇祯皇帝,就招架不住了。

当然,清初他们用掳掠财富来解决官民矛盾,我们对此要批评。如果他吃不上饭能出去卖命吗?打完了东西完全官占着,民不给,那我受伤了、死了不是白受伤、白死了吗?伤了应该有很好的奖励制度,死了以后应该有好的抚恤制度。我们不说他们的掳掠、对汉人土地的抢占,单看他们如何处理官民矛盾。他们到北京之后第一是圈地,就是八旗的官民都有地,还占了房,汉人全部搬出去。这些问题后来起副作用了,导致清朝的灭亡,这个问题我们另外分析。我们先看这一面,就是努尔哈赤也好,皇太极也好,甚至后来的顺治、多尔衮,在官民问题上都要满足八旗的利益,使他们团结成一个整体,跟明朝作战。

清朝的政策是民族合,而明朝是民族分,所谓"分其枝,离其势,互令争长仇杀"。明朝是官民分,清朝官民是尽量地合,尽量地减少矛盾,集中起来对付明朝。明朝的官民分,例子太多了,明朝后期太不像话了,说你贪污了就抓到监狱里,不招就打,用尽各种酷刑。袁崇焕就是一个例子,他在那么困难的情况下勇敢站出来,为明朝守边疆,把母亲、妻子都带到前线去。当时在北京的明朝大官,都把家眷送回老家了,金银财宝也都运回老家了。一旦北京丢失了,他再跑回家,家眷不就保全了吗?袁崇焕把身家性命都放在了边疆,是在明朝连着丢了八座重要的城市,70多座小城,整个辽河以东基本上都被后金占领了的情况下去守边。他的顶头上司下令全撤,锦州所有人都撤,老百姓、官兵都撤。但袁崇焕就是不撤,说我是宁远道,我官在这儿,我要与城同存亡,谁愿意撤都可以撤,都撤了我一个人独守孤城,用我的身体来阻挡努尔哈赤军队的前进。何等的气概、何等的勇气!他的上司就说不管你了,你要在这儿守就守着吧。袁崇焕就带着一万军民守着,把努尔哈赤打败了。

我为什么要说前面的背景呢?你看见这些城怎么丢的,就可以看出袁崇焕守宁远城之不易。明朝的总督、总兵、巡抚,那么多聪明人,为什么屡屡犯错误?比如说打沈阳,努尔哈赤带军队来了,大家注意,后金军队带的干粮基本上是十天的,从老家出来到沈阳,需要差不多两三天,回去还需要两三天,中间包围沈阳城的时间一般不能超过六天,超过六天回去就没有吃的了,因为那时人烟稀少。要是把沈阳城门关了,吊桥吊起来,你努尔哈赤怎么攻沈阳城啊?你射箭我不怕,我有城墙,你马头也撞不破城墙,我守城就行了。明朝的官真是糊涂,还穿戴盔甲出去冲人家的军队,这是以短击长。辽阳也是这么丢的。当时辽东的首府在辽阳,结果当时守城的辽东经略袁应泰不接受教训,自己带着兵,城门打开,吊桥放下,坐在平原上指挥,那边是努尔哈赤的帐篷,努尔哈赤的骑兵像雪崩一样过来,明朝的官兵哪儿招架得住!

袁崇焕比他们都聪明。他聪明在你来了我就把城门关了,吊桥吊起来,怎么骂我都不下来,我就依靠这个坚城。如果你靠近了,我就用炮打你。努尔哈赤指挥骑兵像蚂蚁一样往前拥,一炮打下去死伤遍野,再冲再打炮,用十门西洋大炮打,把努尔哈赤打败了。从现在看,袁崇焕这样做似乎也没有什么了不起。但是放在那样的历史背景上,那么多聪明人没有用这个办法,袁崇焕用了,可见袁崇焕有过人之处。后来皇太极不服气,第二年还打,结果打宁远不行,打锦州又不行,又败回去了。皇太极明白了,宁远打不得。一直到明朝灭亡,宁远城始终没有打下来,后来他绕过宁远打北京。

第三,君臣分。我先讲崇祯帝与袁崇焕分的事例。袁崇焕这么一个让努尔哈赤发怵的统帅却被崇祯杀了。这么一个忠臣,不但杀了,而且是千刀万剐。明朝错杀了两个人,一个是杀了努尔哈赤的父亲,这就造成了一个纵火者;后来还把一个救火者袁崇焕杀了。等李自成快打到北京城里时,崇祯皇帝召集百官商议迁都问题,是迁都南京还是不迁,是留皇太子在北京、崇祯到南京,还是崇祯留守北京、皇太子到南京,谁也不发言。为什么呢?很简单,说错了你杀人家啊。你说不应该迁都,崇祯皇帝心里想迁都,他就把你杀了,或者是其他的情况,你怎么说都不是,闹不清崇祯怎么想的。本来君臣应该一体,大家可以把自己的建议提出来讨论。结果却是没有一个人说,最后崇祯一生气,说"诸臣误我"。这个事情说明一个问题,君臣分,崇祯皇帝和朝廷大臣已经分了,最后大臣都不相信了。崇祯皇帝派太监到各个军事据点监军,北京城防司令、总指挥是太监,说明对武官都不相信了。不仅如此,李自成打到北京外城的时候,崇祯这个时候在紫禁城里面,逼着他的周皇后自杀,他还挥宝剑把自己15岁的亲生女儿砍断肩臂,他的另外一个女儿也一样被他杀了。崇祯到这个时候是孤家寡人,最后在煤山上吊自杀。

如果崇祯皇帝君臣不分,君臣一体,共商国是,官民矛盾怎么处理,民族矛盾怎么处理,采取一些应急的措施,至少可以晚亡几年。后金的君臣关系与此相反,我举一个例子,努尔哈赤起兵时有五个大臣,大体上相当于开国的五个元帅,这些人和努尔哈赤共事,一直到死都没有发生分裂。崇祯皇帝在位17年,大学士、兵部尚书都有被杀的。

后金的君臣关系如何呢?我举努尔哈赤与额亦都的例子。努尔哈赤有一个大臣叫额亦都,攻城的时候被箭射中了,被钉在城墙上。他就自己挥刀把箭杆砍断,带着箭头攻上城去。崇祯的军队,当官的不打仗,只知道喝酒。后金的军队骑着大马抢了东西走了三十多里地,他们不打,等这些人出了长城了,他们抓了几个老百姓,把耳朵割下来回去报功。有一个总督,他料到了这个事情太大,最后他肯定要被朝廷杀掉。他就天天喝大黄,要求自己快点死,侵略军队撤走以后他就死了。我对此开始不明白,后来我才明白了,如果他被杀了的话,要连带他的家属。他在前线死的话就算是病死了,就不连累他的子孙后代了。明朝的君臣关系成了这个样子。

额亦都有16个儿子,其中老二成了额驸,就是驸马。这个儿子不懂事,老丈人是大清皇帝,爸爸是开国元帅,他却违法乱纪。额亦都怎么办?有一天,他把16个儿子召集到一块喝酒。酒过三巡,额亦都拍案而起,告诉老二,用今天的话来说违法乱纪败坏家风将来有辱国门,结果就把这个儿子弄到一个房里,用被子捂死了。因为这是一个驸马,所以他就到努尔哈赤面前请罪,说这个孩子骄傲,如果不杀的话将来有辱国门。努尔哈赤一听也愣住了,冷静之后认为额亦都做得对,因此没有给他降罪。额亦都为了努尔哈赤,为了清朝的江山,可以把自己的亲生儿子杀了,这是什么样的君臣关系!而崇祯的君臣关系呢,财政紧张要求大家捐钱,派了任务给国丈周奎,必须捐五万。周奎哭穷说我没有只能交一万,崇祯说不行你最少交二万。周奎找到周皇后,皇后说我给你五千两吧,你去交了。结果这个周奎交了三千两,自己留了两千两。本来周家和朱家的利益是完全联系在一起的,但他竟做出这样的事。后来李自成打到北京,抄了周家,发现他们家有银七十万两。

所以我们吸取明朝的历史教训,个人也好,单位也好,就是要合,不要分,合则强分则弱,合则胜分则败,合则治分则乱,合则兴分则衰。为什么太平天国失败了,都说是曾国藩的功劳。我认为太平天国失败的根本原因是领导核心分了,自相残杀,再加上外力。如果太平天国自己不分,领导群体团结一致对付曾国藩,曾国藩大概也没有这么容易。李自成失败的主要原因不是他骄傲了,而是政策错了,到了北京之后,把明朝的官员、大学士、尚书、侍郎给抓起来,一个一个拷打。多尔衮进北京时很聪明,民仍其业、官复其职,老百姓让你安居乐业,所有的官一律官复其职,该做什么的做什么,这一下子社会秩序都稳定下来,六部照常办公。如果李自成到北京之后,民仍其业、官复其职,政权稳定之后该怎么处理就怎么处理,可能情况就不一样了。所以明亡清兴的历史经验和教训,对每一个人来说都有借鉴的意义。

与听众的交流

提问:少数的满族人在政治、军事上非常强势,但客观上草原文化并不比中原文化强势。此前,中国历史上也有过这种情况。文化上处于弱势的群体,其管制带来的是利还是弊?

阎崇年:清军入关,定鼎北京,是一把双刃剑,就是对中国历史发展既有有利的一面,也有消极的一面。我这里讲的是兴起,重点放在积极的一面。积极的一面主要表现在:第一,奠定了中国的版图;第二,实现了多民族的统一,清朝这么多的民族,基本上没有分裂,大体上是统一的;第三,促进了中华文化的融合。但是还有消极的一面,就是清朝许多政策和制度是有问题的。比如说六大弊政——剃发、易服、圈地、占房、投充、捕逃等。很多人问我清朝灭亡的原因是什么,怎么努尔哈赤就埋下基因了,我就举了八旗制度这个例子。清朝是兴也八旗,亡也八旗。八旗是一个特殊的群体,为了维护这个群体的利益,清朝始终不做根本的改革。康熙、乾隆都做过改革,但都是枝枝节节的,没有全面的改革,最后养成这样一个腐败的集团。八旗子弟提着鸟笼到处玩,大批人没有事情干,不工、不农、不商,就只有游手好闲了。当然,清朝灭亡的原因,需要进一步讨论。

创意产业——崛起与发展

贺 寿 昌

(2007 年 3 月 27 日)

贺寿昌,毕业于上海戏剧学院舞美设计系。曾任上海市文化局副局长、上海市信息化办公室副主任等职。现任上海戏剧学院党委书记,兼任联合国创意产业高级顾问、国家数字媒体技术产业基地上海建设专家咨询委员会顾问、上海世博会主题演绎顾问、上海市创意产业协会第一副会长等职务。

多年来参与了东亚运动会开幕式等上海市多项重大活动总策划及设计工作,获得文化部颁发的舞台美术设计一等奖、舞台科技二等奖。主持设计了"南京路霓虹灯一期工程"、"上海城市规划馆"、"2000 年世博会汉诺威上海馆"、"香港回归上海市政府赠送礼品——浦江迎归"。主持完成了《推动上海创意产业发展战略思考》等研究项目,著有《创意学概论》《城市信息化背景下的上海创意产业发展之路》《关于创意产业的理论思考》等著作和论文。

2005 年 9 月,联合国召开了一次关于确定联合国创意产业战略的研讨会。正是这个会议,吹响了发展中国家推动创意产业的进军号。

创意产业崛起的背景

创意产业具有什么样的崛起背景呢?创意产业不是一蹴而就的,也不是这几年拍脑袋拍出来的一个新产业。在第二次世界大战之后，德国就有了创意产业的雏形。众所周知，军事工业背后是一个发达的现代化工业。所谓"军转民"应运而生，就是德国包豪斯设计主义。包豪斯是一位非常著名的设计家，他比较强调工业设计，强调艺术、技术和经济效益的统一，现在的柏林还有包豪斯博物馆、包豪斯设计中心。在20世纪50年代，美国以好莱坞电影和迪斯尼乐园为标志的文化娱乐产业风靡世界，美国并未称之为创意产业，而是知识产权产业。根据一般经验来界定，后工业时代，也就是说知识经济时代，应运而生的是信息革命。技术发展到一定程度，就以内容为王，在内容产业中一个很重要的部分，就是原创、原创力，于是产生了创意产业。那美国为什么不称之为创意产业，而叫知识产权产业呢？那就是当人均GDP，像美国，达到2万美元以后，实际上就跨越了这个阶段，直接称知识产权产业。日本以1970年大阪世博会为契机发动了一场颜色革命。这个事件，实际上并未在经济界、产业界引起太大的重视，认为它无非就是涂颜色。日本整个的色彩是灰色系列，到现在为止它每年都要出200多种不同的灰色色谱，目前已经达到几千种，有中灰、冷灰、暖灰。日本的服装、街道、电器，仔细看它呈现的实际上是一种系列，这就带动了产业，因为视觉首先看过去的是颜色。

创意产业的发展

真正由政府直接倡导，并且将创意产业列入政府发展规划的，是澳大利亚和英国政府。这两个国家都是在政府直接控制下建立一个综合协调办公室，协调各个部门进行创意产业的规划、协调。

经济学家熊彼特指出，现代经济的发展不仅要靠资本和劳动力，更要靠创新。创新属于一种创造性的破坏，乃是一种持续性的过程，这种创造性破坏的过程已明显在加速，伴随着这种扩大的创新，也反映在资本和老科技往新科技的转移上。

然而创新和创造有什么不一样呢？创新和创意有什么不一样呢？熊彼特讲的创造是非破坏性的，而创新是对生产力破坏性的革命，比如说农业革命，有了田耕以后在田里无论如何再创造，也就是用锄头、犁这些生产工具，但是一旦创新，拖拉机就出现了，这就是一场革命。计算机是不是一场革命？电力是不是一场革命？蒸汽机是不是一场革命？这些实际上都推动了生产力的不断发展。罗姆也指出，新的创意会延伸出无穷的新产品、新市场和财富创造的新机会，所以新的创意才是推动一国经济增长的原动力。凯夫斯说："创意产业提供我们宽泛的和文化艺术或者娱乐价值相联系的产品服务，文化创意产业当中经济活动会全面影响当代文化商品的供求关系和产品的价格。"到了21世纪，创意产业之父约翰·霍金斯将创意产业界定为"其产品都是在知识产权法的保护范围当中的行业部门"。知识产权有四大类：专利、版权、商标和设计。这样的定义，为创意产业确定了一种生产和活动的认可方式，这个认可方式是什么呢？就是在知识产权四大类的框架下进行的，他是依赖于知识产权国家强有力的保护体制。

世界上真正第一部知识产权法在18世纪就有了，但是发展中国家往往对这个问题不太重视，对于我们的专利、版权、商标、设计的保护力度很差。目前在知识产权局登记的，可能90%以上都是国外公司的专利、版权，因为它是知识经济、服务经济，技术一进入，一旦注册，将来都要得到保护。创意产业是在知识产权保护的基础上，以个人创造性的活动为起源，以文化为核心。

以个人创造性的活动为起源，以文化为核心，再结合先进的技术，并且能够成为生产力，能够创造财富，这样的一种经济形态，叫创意经济形态。我们国家目前这种经济形态好像还没有出现，但这恰恰是我们要努力的方向，发展的空间非常大。

发展中国家能不能够搞创意产业

发达国家是这样,发展中国家能不能够搞创意产业?现在有两种观点,一种观点认为创意产业一定是在发达国家;另一种观点认为,发展中国家也能搞创意产业,这就牵涉到中国能不能搞创意产业的问题,或者说中国只能有几个城市搞创意产业,而绝大多数地区是不能搞创意产业的。这个争论类似于我们能不能搞信息化,而现在看来大家都已经接受了。

联合国很多组织正致力于推动发展中国家的创意经济,通过创意经济来促进联合国千年目标的实现,缩小贫富差别。他们制定了三角形的战略,在拉丁美洲建立创意产业知识产权保护中心,在亚洲建立市场中心,在非洲建立创意产业文化资源的展示中心。为什么要在非洲建立这个中心呢?发达国家,特别是美国作为一个移民国家,没有本土文化,但是它能够通过知识产权保护,用其他国家的文化资源进行产业运作,最后销售给其他国家。反观发展中国家,有的是丰厚的文化资源,但是没有把它变为产业,所以这个展示中心放在非洲,就是提示发展中国家怎样将文化资源最后变成文化消费。联合国要在亚洲建立市场中心,并且希望上海率先来举办全球创意产业博览会。通过三年的筹划,现在这方面已经有了一定的战略布局。

创意经济为高效发展社会主义生产力提供了先进的路径,解析它对中国发展的机遇,尤为有战略意义。如果说中国和发达国家相比,工业化起步晚了两百年,信息化起步晚了50年,而创意产业的起步,从澳大利亚政府1994年提出仅仅晚了10年,这是我们难得的机遇。

创意经济的分类及发展空间

创意产业的发展,其实有两个空间。第一个空间是科学技术,也就是信息革命提供了创意产业兴起的技术空间。现在一些大的城市都做到了三网融合,现在在电视上可以看到IPTV,手机可以连着电话,电话也可以连着电视,出租汽车上可以看移动电视,这些都已经做到了。做到之后,就产生了各种各样的终端品,电视、电脑、手机、MP3、VCD、DVD,以后还会有很多。在三网合一的情况下看到的东西,是多媒体的听觉、视觉、文字,而这些东西都和文化密切相关。信息化的空间其实是很大的,在这个基础上,就出现了很多软件,最大的软件就是WINDOWS,它是一个操作平台,然后在上面还有各种各样的应用软件。有了应用软件之后,就有了很多数字化的服务,比如数字电视、网络游戏、网络学习、网络图书馆、电子政府等等。模拟信号变成数字信号之后,突然间给我们内容产业、文化产业、创意产业增加了很大的空间,但是我们的准备是不足的,我们的人才准备不足,理论准备不足,应用准备不足,体制机制准备不足,各方面的运行都准备不足。问题在于当你准备不足的时候,别人已经准备得很充分,因此就造成这样的现象:路修得很宽,但是走的车都是洋货。公共性的软件还是要的,但是除了这些,有人用他的价值观来开发你的文化资源,最后再销售给你,这样的局面不值得我们作些思考吗?

技术的标准肯定是全球化的,不可能说化学、物理等这些技术标准各国各自搞一套。但是,文化却是百花齐放才能繁荣,所以要保住自己的文化价值,甚至于要对外输出文化。这些靠什么?就是靠开发属于自己的东西,这就是原创,它直接考验着我们有没有原创的能力。技术空间我们已经达到了,但是我们有没有内容的原创能力,形成创意的内容产品?难就难在把文化变成产品。

第二个空间是消费空间。最近我们做了一个调研,在2000名15~30岁人群中调查两类人,一类是小白领,一类是在校大学生,内容围绕创意产业涉及的五个领域:吃、穿、用、听、看。这五个字就把一个人从早上起来到晚上睡觉整个的物质消费、精神消费都概括进去了。在学生样本中,听占了1%,用占了19%,看占了7%,穿是26%,吃是47%。这样的消费结构里,既包括了我们的主流媒体、主流阵地,如报纸、电视,当然也包括了网络。在白领这一块,吃的比例占了51%,听没有变,用是17%,穿是30%。这个消费空间的总数是多少呢?上海大约是233亿。233亿是谁在消费?消费谁的产品?这是个问题。我们发现学生还不太讲究品牌的问题,国外品牌国内品牌基本各一半。但到了白领阶层就有变化,75%追求国外品牌。从这个数字里,我们可以想一想,我们失去了多少市场?

虽说引进品牌是好事,但是这里面有没有核心价值观呢?这也说明发展创意产业很有必要,它既能形成产业,又能够保住文化,还能够将文化变成产品,多好的东西,不消耗能源,也不占用什么资源。就从上海来讲,20世纪30年代已经有了自己的生活方式,西装旗袍石库门等等,到了60年代也有自己的生活方式,绿军蓝装新公房。面临21世纪,如何占领时尚生活空间?这既是一个经济问题,又是一个文化问题,甚至可以说是一个国家安全问题。

创意产业需要有技术的支撑,并且反过来能够推动信息产业的发展。有一些软件开发、有一些网络技术,不应用它就很难发展,这就是一种拉动关系。创意产业注重文化以后,就发展了内容产业。创意产业当然要靠资本运作,把虚拟的变成物化的,这种转换可以促进知识经济。因此,创意产业有三个支撑:文化、技术、资本。可见,创意产业的主管部门不是文化部门,也不是经济部门、产业部门,它是一个跨度非常大的横向产业,我们不能用传统的体制观念、传统的统计观念、传统的行业划分来看待。

科技创新和文化创意的关系又如何呢?科技创新提供了更加高的使用价值,而文化创意能够提高产品和服务的观念价值。作为知识经济的核心,文化创意和科技创新是提升附加值与竞争力的两大引擎,是经济增长的"车之双轮、鸟之双翼"。

举个例子,一把普通茶壶如果成本是20块钱,通过自动化流程生产,前期的电子商务、虚拟的采购、客户端、零库存,再去搞ERP,所有的技术全部用上去,最后结果如何呢?20块的茶壶可能变成10块钱,技术含量再高点就成了5块钱。茶壶是一个消费品,一两把也就够用了。但是,如果一把茶壶除了功能消费,还有一些精神消费的东西在里面,比如把它做成一把老上海人都熟悉的椅子,你也许会想到夏天老奶奶在弄堂口乘风凉、讲故事的情景,这就有了收藏价值,如果我们再请名家刻个字,它就变成了品牌,这个茶壶是某某大师、某某名家给我刻的。于是,茶壶就从20块钱变成1万块钱。这50倍的增长来自什么地方,增长在科技上还是在文化上?我认为是在文化上。

现在讲创意产业就说13个行业,但是这13个行业都很复杂。狭隘地来讲,创意产业肯定是有产品的,创意产品应该是由三样东西组成的:第一样就是策划大纲,我想拍一部电视片,这个策划大纲完了以后就变成了脚本;第二样,这个电视片怎么把它拍出来,就是一个工程计划,这个工程计划也是创意;第三样,有了这个东西,销售给谁,资金从哪里来,怎么推广,投入多少,返回多少,从而形成整个商业运作。这三样东西都是群体性的工作,需要不同的知识结构,但是这三样东西整合起来,脚本加上怎么制作,怎么商务推销,这三本书就可以卖钱了。卖给谁呢,有四种人:第一种,投资者,他有回收,就可以风险投资;第二种,制作人,他可以组织团队来拍摄;第三种,设计者;第四种,发行公司。现在我们的电影就是这么运作的,北京有很多北漂,平时是散着的,哗一下子就拉起来,风险投资、制作团队、发行公司都有了。

创意产业的价值链问题

创意产业的价值链问题也是创意产业发展过程中的一个重要问题。发展创意产业的核心是要构筑创意的产业链,并尽量拓展、延伸,形成规模,才能够取得最大的经济效果。目前创意产业发展,缺什么?缺完整的产业链。所以,必须打造出若干个符合市场规律的完整的创意产业的产业链,并且围绕这个产业链,培养一批富有竞争力的创意产业集群。搞经济的人懂经济规律,文化规律不一定知道;搞文化的人懂文化规律,经济规律不一定知道,这个中间还有什么?还有制作规律,因为创意产业强调个性化,有它的制作规律。这个产业链当中符号的转换太多,构想要转成文字,文字要转成形象,形象要合成技术。

在这个产业链中,文化是核心。这里需要用一张图来说明。

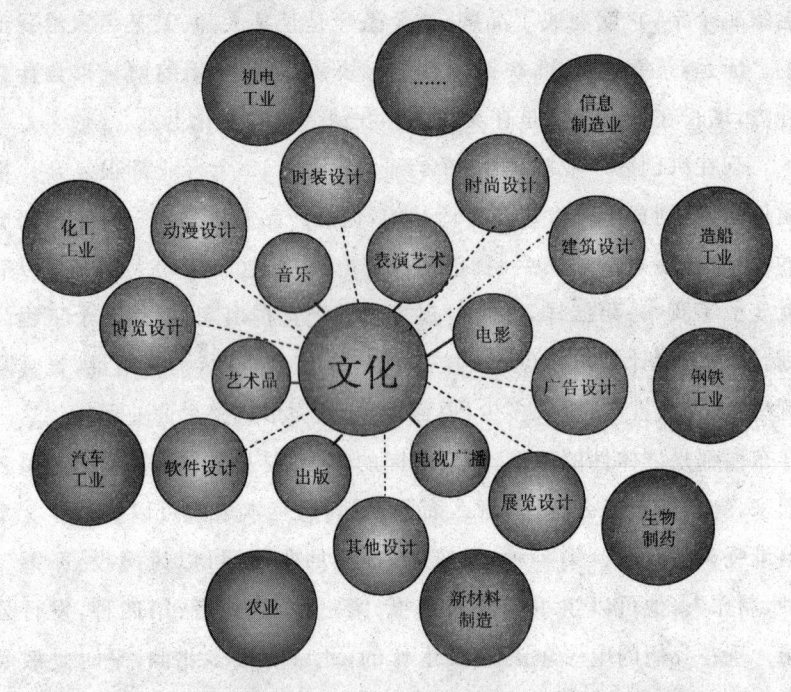

图中各节点:文化(核心)、机电工业、……、信息制造业、化工工业、动漫设计、时装设计、时尚设计、建筑设计、造船工业、博览设计、音乐、表演艺术、电影、广告设计、钢铁工业、艺术品、汽车工业、软件设计、出版、电视广播、展览设计、生物制药、农业、其他设计、新材料制造。

第二个圈是宣传部门所能够管辖的。第三个圈更加涉及时尚和商业领域,而这个圈的空间非常大,但恰恰又是没有行业主管的,交叉性非常大。这个圈实际上牵涉到二产,但又不是二产能够涵盖的。比如说汽车工业,一辆汽车除了技术以外,人们还感兴趣其造型如何,这牵涉到设计,所以它的链是非常长的。传统的一、二、三产体制,划出的就是一个圈一个圈,我在这个圈,就不到能另一个圈去,造成的后果是横向的产业链被切断,而增值恰恰就是在横向的产业链部分产生的,如果这一部分被切断,那是非常可惜的。可以说,我们的制度障碍造成了经济转型问题,造成了产业结构调整问题。

现代服务经济发展的核心竞争力,已经越来越体现在产业的融合上。服务经济产业链的规律表现在一个行业跨度越宽,文化和经济交融越深,产业链拉的就越长,竞争力就越强。那我们需要关注的是什么?应该把我们的注意力转到行业跨度宽、文化和经济交融深、产业链长的那些行业项目上。这里面有商委的责任,有经委的责任,更有宣传部门的责任。

创意产业不仅以创意为核心,制造、销售等环节都熔铸和浸透着创意,而这些环节也能够构成产业链,形成竞争力。大家看创意重要不重要,原创重要不重要,必须用我们的文化来立足世界民族之林,来对应全球化,特别是全球经济的标准化。比如说信息化当中的 CI 论证(身份论证),技术是人家的,这是有国际标准的,你拿不掉的;而认证的国情,整个一套管理系统,这个是文化,是中国的。我们说王选,他的功劳是告别了铅与火的时代,他的功劳更在于用中华民族的文字、世界标准化的技术,自立于民族之林。世界上多少人用电脑,你要在中国用电脑,一定要有汉字,王选就做成了这件事情。

创意产业的增值是可以通过模型来进行研究,它有开环模型,也有闭环模型,是根据系统动力学来建立的。钱学森非常强调开放的系统,就是说用数学模型、计算机仿真来解决我们的社会问题。在这个问题上,学科越交叉就越有生命力。事实证明,文化信息的增值效应是几何数的增长;相反,如果我们仅仅靠大自然的恩赐,能量的增值,它是增长不了的,现在我们国家的一些情况就反映了这个问题。

我们通过文化行业的数据,来套用一系列模型,得出了创意产业的增值比,大概是在1∶8到1∶7,很多经济学家不一定同意这样的观点,但是我们是抽样分析,作为一家之言,而不是作为统计标准。我们看到哈利·波特,他们最后产值的转换,成本和收益同我们这个数字很接近。这是我引用上海经济学家的一个方法,在操作层面可以用什么样的方式让创意产业增值,他讲了四种模式:第一是产业链、价值链定位模式,第二是价值链的延伸模式,第三是价值链的分解模式,第四是价值链的整合模式。

第一种模式,定位模式。定位在哪里呢?内容为王。它主要体现在传媒、娱乐、艺术等行当中,内容的原创能力和资源集成配置能力,成为了一个核心环节。第二是渠道,就是你这个产品的销售渠道,渠道是产业价值当中的重要环节。网络越健全,复制性越大,赢利性越大。第三是媒体推动,在刚才讲的开闭环模型当中,除了网络销售之外,还有一个圈是媒体炒作,媒体炒作之后更能够增长,有媒体它就不需要策划人、中间机构这些中间环节。第四是需求挖掘,创意产业很大程度上是把潜在需求变为现实需求。

第二种是价值链的延伸。价值链的延伸是指企业突破原有的产业界限,在产业链上游和下游进行延伸,获得利润。首先是一个品牌的成熟,本来一件衣服不赋予品牌的时候,它没有成熟效应,一赋予品牌就有成熟效应。比如说像迪斯尼,有了这个品牌之后,可以进行上下游延伸。迪斯尼先是拍片子,第二轮是搞主题公园,第三轮是搞品牌商品销售店,整个成为一个系统。

另外就是掌控终端的模式,刚才讲信息化时我讲到终端,通过终端来满足消费者需求的服务。

随着技术的不断进步,社会分工不断细化,价值链增值环节就变得越来越长,在一个长而复杂的产业价值链上,一家企业要把所有环节都变成它自己的赚钱机会是不可能的,这样整个价值链在生产主体方面就开始分解,一些新的企业就进入了这个价值链,并且在某个价值链上建立起新的竞争优势,使这些环节具有成熟、精湛和交替的程度,这就是价值链的分解模式。我们可以看连锁店,这就是一个很好的例子。讲到要发展服务业,一定要讲到服务外包,那些服务外包是把这个价值链当中非核心、非专业的部分分包出去。

集聚协作的模式,这跟外包模式有相似之处,但是它更强调生产制度和地理环境的聚合。我们看发达国家,知识产权核心技术在哪里?我们曾经为引进了制造业基地而高兴,可是你赚一分钱,他赚一毛钱。我们又说CBD引进来,这是它的核心技术吗?不是的,是它核心技术的本土化。它需要和你本地的制度、文化相结合,所以招了一些本地的人,把核心技术切成一段一段,管理得非常严格,分别各搞一段,组装还是在他们那里。这样集聚协作降低了成本,对于产业链的控制和管理体现了非常高的技术。

第四个方面是产业链整合模式,是按照发展战略,通过整合企业的各个价值活动,重构企业的价值活动,提高企业的整体赢利水平。在这个过程当中,除了生产的价值链之外,还有很多围绕文化和经济、生产、销售、制作这种环节的一些经济活动。比如说兼并、收购,曾经在底层搞的那些硬件、软件的大企业,不管是HP,还是IBM,或者是微软,都在往上走,他们要收购网站,要收购内容。这里有横向收购,有纵向收购,也有混合收购。还有就是虚拟价值链,虚拟价值链是在不同的环节上,企业之间形成战略联盟,虚拟价值链是基于双赢和合作的经营理念,就是把那些分散的集聚起来,扩大市场份额。虚拟价值链,必须有两个前提条件,第一是它的成员组织必须具有核心竞争力,第二是一定要互补。

刚才讲了价值链的操作性,再回到文化上,从价值链的角度来看文化。传统意义上的文化产业,是宣传部门管辖的范畴,影视、出版、表演艺术等等,可以说是传统意义上的文化产业。我们刚才看了市场消费图,如果从经济消费抽样调查来看,管了整个创意产业链——吃、穿、用、听、看的7%。但是由科技开发的各类新媒体,现在处于七管八管状态,谁都在管,但都管不好。现在25岁上下的青年人,可能70%或者80%不看报纸,他们看网络,这是不是一个事实?肯定是一个事实。

还有一块,可能占了50%以上,就是由设计引发的时尚生活消费,这些是指文化的非物质属性渗透在物质属性里。这里用了"渗透"两个字,进入到消费领域,这个消费方式是人们自己拿着钱来买的,所以主管部门不单单是要管,还要懂得文化渗透,要懂得文化产品,要懂得文化消费。研究创意产业,自然就涉及文化安全问题。非物质通过物质的方式向消费者渗透,这样的规律提示我们要维护文化安全,不仅要有我们经常讲的阵地观,还要大力发展创意产业,通过物质化的产业链来体现非物质的属性。在这方面,我们确实要向一些发达国家学习,美国就可以说是"四小成一大",芯片、可口可乐、麦当劳、小老鼠(迪斯尼),东西很小,但都造就了大产业,比军工产业还要大。

当然,我们也要注意创意产业可能具有的负面效应:第一个是企业家的极端商业化;第二个是创意者的极端个性化倾向,也可以说是艺术家的个人自由主义;第三个是消费者的极端炫耀性消费。创意产业必须在"三个代表"重要思想、科学发展观的指引下,构建社会主义和谐社会的核心价值。

创意产业的成功案例

有些案例,是我近几年来一直十分关注的。

第一个是哈利·波特。这个大家都比较熟悉,确实非常成功,从一本书开始,现在到了什么程度呢?原创者过去是个非常穷的单身妇女,现在大概家产有10亿英镑了吧。英国伦敦有10家咖啡馆都在讲自己就是罗琳来写书的地方,也不知道哪个是真的哪个是假的。从一本书开始,出版商到书店,电影到院线,游戏、动漫到网站、零售店,还出VCD、DVD、服装、海报等,全世界都风靡一时。

第二个例子是"韩流"。这是一个文化和经济共融的现象,韩国动漫、青春剧、明星偶像,青年人非常喜欢。他们还有个时尚产品体系,让"韩流"刮得非常厉害。包括整容业,也出了一个韩国标准,讲脸蛋小、五官大,都是有标准的。我们面对"韩流",往往是看到什么就学什么,成了"二锅头"现象,就是你没有原创能力,看了就学,但是却看不到其背后是什么。

金融风暴以前,韩国发展汽车工业、信息工业,金融风暴以后,韩国人痛定思痛,派出了200个青年人到美国去学习,而且就是到那些文化和经济相结合的学校、部门、企业去,学他们的创意产业。学完以后,每人都给了5万美金,让他们在美国当地办企业。10年以后,这些人回到韩国,振兴韩国的创意产业。他们用的是什么?用的是亚洲的美学标准、美国的方法,把美学和经济结合。200人中间几年以后只剩下10个大企业,但这10个大企业撑起了韩国的创意产业。

韩国运用的是这样的战略布局,无论是韩国的动漫、青春剧,还是它的时尚、整容、餐饮业等,核心就是我们亚洲东方的文化美学。这个美学甚至有东方的哲理、伦理道德。《大长今》里,有没有黄色、色情的东西?没有。漂亮不漂亮?很纯洁、很纯情、很漂亮,人们都接受,不管是到新加坡、日本,还是中国,都接受,世界的眼光、本土的审美意识、国际化的运作,他们解决了这个问题。

所以我们说文化和经济共赢,需要宏观战略。创意产业里往往有这样一群人,他们会聚在一起研究一个大型活动,他们在研究的过程中并不是直接进入到设计,或者直接进入到创作,他们的身份都是创意人才。他们做的事情就是我刚才讲的创意产品的策划,也就是三本书的概念,要搞什么样的产品,对象是谁,是什么样的故事,怎么生产,投融资哪里来,形成这三个方案后,可以请大牌的写作、大牌的导演、大牌的演员,还有风险投资等等。戏剧学院有25个专业,最近我跟他们讲要解构,要把写作的技巧、体验生活的技巧和创意的技巧分开来,完了以后把你设计的创意、表演的创意、导演的创意、编剧的创意横向切出来。只有这样,才能占领高端。策划的要素是什么?就是按照创意产业链,按照创意产品的三要素来进行。策划好了以后,再组织团队执行。

按照这样的一种工作方式再来看看成功的案例。被称为20世纪第八奇迹的迪拜阿拉伯塔,设计招标的时候,一个35岁的法国人就画了这么一张图,区区四笔,它其实不是一个设计图,而是一个创意图。我们搞设计、搞演出、搞影视,首先就是要搞创意,首先把创意定位好,然后把各岗位的人请来。最后,阿联酋政府就认了这张图,仅仅四笔的图。随后,整整五年的时间,500多个方方面面的工程师就围着这四笔画,最后使它成了真。

我们再看看2004年雅典奥运会。2003年国际奥委会去检查的时候,场馆还没有造好,人们一度怀疑雅典能否办好这届奥运会。但是当我们在电视上看到开幕式直播时,你肯定会惊叹开幕式上的爱琴海多漂亮,仅仅6分钟又神奇般地消失了。人们一般不太会把这两件事把开幕式联系起来想,但如果它不是在硬件建设的时候就有了软件的创意和策划,那开幕式就不会表现得那么淋漓尽致,产生这样的惊世之作。从中可以看到掌控者的大智慧、大眼界以及大的战略管理。

反过头来就要讲讲我们的奥运会和世博会了。建筑学家搞场馆,艺术家搞开幕式,总之是先造剧场,有了场地之后再请你艺术家来搞开幕式。现在张艺谋就非常头疼,鸟巢里面空间全都框死了,怎么办?

世博会的两个馆,主题馆和中国馆搞了一年零四个月,就是请一批文学家、艺术家、哲学家、经济学家、博览家,搞的就是主题演绎,演绎的就是文字性的主题和副主题。我后来说这些东西写的再好没有用的,为什么呢?一样东西要经过几个符号的转换,你的意念变成你的文字,灯光怎么办?空间布局怎么办?用的材料怎么办?两个小时的空间流量怎么办?视觉形象、听觉形象怎么办?这不是靠文字能写出来的,但是我们一年零四个月就搞这些东西,搞完了以后,设计的人根据这个来都很为难,因为面对的都是一些哲学性很强的东西。我们缺的什么?缺少一样东西,结构设计,实际上就是符号设计。这些主题、副主题,哪些是用文字描写的,哪些是用论坛表现的,哪些是用形象展现的,形象中哪些是用游戏的办法、参与的办法,哪些是用演出的办法,哪些是用展板的办法,要用哪些人力资源,要用多少钱、多少时间,有了这样的东西,然后才能进行设计。现在问题就出在顶端。顶端的概念是传统行业的概念,是我们农业社会、工业社会主管的概念,不是知识经济时代主管的概念。

打造创意城市

　　创意产业的观念提出来以后,创意城市建设的概念自然就成为一个新课题,也就是说当今城市的竞争力,从某种程度来讲是看这座城市的创意能力。今天创意资源短缺,创意重量级的人才匮乏,为了竞争,一个国家、一个地区、一个城市迫切需要创意资本来支持,有了创意,就有财富,就有就业,就有生活质量。在这种创意经济当中,不再是人才去追寻企业,恰恰相反,是由企业决定驻守在什么地方,寻找一个"建筑环境"和一个有高质量人才的宝地,尤其重要的是,人才的质量必须领先于其他地区。

　　上海过去是中国电影的发源地,20世纪30年代,讲起上海电影,就让人想起赵丹、白杨等,上海戏剧学院校园里有一个楼,《一江春水向东流》等就是在那里拍的。现在则出现了北漂现象,前年北京成立了上戏校友会,人数已经达到两三百人,这还是能参加的。为什么上戏培养的人才都到北京去了,因为这座城市的文化创意竞争力强,它的要素完备,有媒体——中央电视台,有资金——风险投资,有政府的主管部门,中央这些部门都在,人才集聚过去。当一批大腕在那里时,下面各行各业就围着这批大腕集聚,写作的、导演的、制作的,一圈一圈围着,所以创意城市很大的特点就是高端人才是不是留在这个城市里。

　　美国哈佛大学的学者理查德·佛罗里达提出过一个"3T理论",3T一个指技术,一个指人才,还有一个就是城市的包容度。这三个方面构成了创意城市的核心竞争力,可以促进创意经济的增长,促进创意阶层的集聚,促进新的时尚生活方式的形成。我们现在有一个国家级的课题《创意经济和中国发展战略研究》,就要涉及创意城市的竞争力指标。

　　创意产业中的企业形态应该怎样看待?我们看到企业形态,属于创意型的,可能都是多元经营的。过去我们的体制,出版就是出版,电影就是电影,这个行当分得非常细。但国外的情况已有很大不同,它有有线电视、有户外广告、有录像带出租、有主题公园、有出版物服务,还有互联网等等,体现了文化的复制性、文化不同载体的消费传输性。我们现在搞的表演艺术,特别是戏曲、戏剧,成本太大了。当然,我不是说不要搞,还是要搞的,但我们要研究怎样把戏台式的生产方式转换成工业化的生产方式,可能在戏剧表演艺术方面要解决这样的课题。

我们经常讲百老汇,百老汇歌剧、音乐剧现在到上海、北京来了,《猫》《悲惨世界》《狮子王》一个接一个,是原创的,但又是复制的。百老汇还是那个团,天天在那边演,但是它在全球搞了五个制作分销公司,亚洲的分销公司在澳大利亚。它看中了中国市场,那么原创的导演、音乐、编舞这些人员就会过来,然后在全球招标,招标之后按照他的模式排,销售的是他的亚洲版本,在欧洲销售的则是他的欧洲版本。他不会只搞一个团,把百老汇的停下来到中国来演出,这就是文化产业的复制性。要办大的文化企业,核心竞争力就在于综合性、多元化。我们可以预计,创意产业将来行业细分,会从传统的影视、出版、动漫等等出来,我刚才说解构,它会变成综合的,但是综合还有问题,还不能体现信息化社会创意产业的经营模式,最后肯定会成为专业化的分工,再横向解构,企业组织可能会变成这样的形态,进行行业的细分。

除了生产型的组织,创意、生产、销售这一类的组织之外,创意城市还要营造另一类组织,就是中介性的组织,比如说形成产业链的中间推销机构、票务公司、美术品拍卖公司。人才推荐、创意评估,这是直接产生在产业链中的。现在大量的缺这些,将来可以做一个调研,一个环节的生产人员,要配多少环节的推销中介人员,那么我们人才培养就有战略了。除了这一层之外,还应该有一批环境建设的机构,比如说专利、法律、标准、知识产权。我们搞房地产了,房地产的法律、中介、律师等等都出来了,我们搞创意产业,这一块东西也要出来。所以它实际上是一个多层结构,我们讲产业链很容易讲现状,但是我们从纵向来说,它是多层结构,是这样一个组织形态。

一座城市要推进创意产业,要从环境、市民和城市服务能力等几个方面来推进。城市的领导者,首先要能通过革新来吸引创意人才。当这些创意人才需要提供服务的时候,任何时候都可以,这里面有两层方面的互动。这些城市往往人口密度大,公共场所功能比较发达,创意人才有集聚区,具有想象力,还有网络技术条件,这样可以形成灵活的社交环境,浓厚的文化背景,大量的多元文化信息,有生活质量,这个生活质量不是说富裕,而是富于变化,因为创意人才不是八小时工作,创意人才是想到工作就工作,想到睡觉就睡觉。只要能够形成这样的环境,那么人才就可以来,不然他就觉得不方便,各类行业、各类人才都有他的生活习惯。

从政府主管部门来讲,应该提高城市的创意危机意识,还要动员全社会尊重并且宽容创意人才,要引进世界级的创意人才,要搭建大平台来进行城市规划,来营造创意城市。我们要有明确的发展蓝图,这座城市要有鲜明的个性,而且要持续地行动,政府也要有决策力,要有有效的政策和机制。政府在创造创意型城市时,主要要把发展任务定下来,要确定重点和难点在哪里。我认为根本的问题在于在知识产权和专利保护上,如果哪一个地方知识产权和专利被侵犯,创意人才很快就会流失。在实施策略的方面,可能要注意的有四个方面,即人才要素、资金要素、产业链要素和品牌要素。

融合、包容、执著、创造力,它们的英文缩写为 ATPC,反映的是我们培养创意人才以及创意人才自我修养的基本要素。

国内外创意产业的发展现状,值得我们关注。英国在 1997 年就制订了"创意英国发展战略"。韩国对创意产业也非常重视,澳大利亚则提出了"创意国家"。再来看看我们国家,北京市在 2006 年的政府工作报告中就提出了制定支持文化创意产业发展的地方法规和优惠政策,可以说非常重视。上海这两年也很重视。现在联合国有一个说法,创意产业方面有一个上海模式,主要体现在七个方面:一个规划、一套理论、一批学院、一批社会团体、一批园区和一批企业,还有一批合作项目。现在上海已经出现了一个局面,叫"两硬一软",有设计创意产业、文化创意产业，还有就是由创意产业协会为骨干的社会服务平台。上海已经把创意产业写到了"十一五"规划当中，也写进了"十一五"的文化发展战略中。

上海市教委对创意学的建造准备三年投600万资金。我们最近还完成了推动创意产业发展思考这个市政府课题，编写了教材，出了一批丛书。上海戏剧学院创意学院成立之后办了很多班，培养创意人才。同时，上海率先在全国成立了创意产业协会，这个创意产业协会四个发起单位，恰恰是一个产业链，有企业，有高校，还有专门搞研究的单位。

我认为上海创意产业有三个阶段：第一个阶段，我们叫"仓库模式"；第二个阶段，在仓库模式的基础上，打造创意产业集聚区；第三个阶段是在集聚区的基础上发展创意产业项目上。现在上海已经有75个集聚区，通过第一个阶段的发展，感觉模式比较单一，本质上还是房地产，无非是优惠政策，艺术家来，租金涨了，然后艺术家跑了。第二阶段我们准备要打造10个有特色的集聚区，比如说有戏剧方面的特色、工艺品方面的特色、影视方面的特色、动漫方面的特色，每一个集聚区都集聚一个特色来做。

这些集聚区里很有特色的是一个戏剧大道。戏剧大道这个集聚区绝对不是人造的，是几十年历史形成的，只不过政府把它组织起来。戏剧大道也是上海戏剧学院所在的地方，有1.5平方公里，在这个区域里有话剧中心、儿童艺术剧院等等，所有戏剧单位都在里面；同时还有十几位名人故居，像巴金、蔡元培等等。总之，从教育到生产，到市场，它都具备了。而且它还客观地形成了九个剧场，把这样一些要素全部集聚起来，就可以挖掘和发扬戏剧艺术，戏剧大道也就这样应运而生。戏剧大道上除了硬件建设，还成立了一个联盟，主要抓原创和精品工程。

第三个阶段，我们希望是项目阶段。我们现在在搞一个虚拟实验室，可以说就是一个项目。这个项目马上就可以产业化了。现在传统的艺术怎么保存，用这个项目就可以永远保存下来。现在已经有两个风险投资等着了，这是文化加科技运作加风险投资，正符合创意产业的规律。

  2005年12月,联合国在上海召开关于创意产业的研讨会,约翰·霍金斯同意每年在上海戏剧学院工作一个月,他也是在多年对中国的接触了解后,选中与上海戏剧学院合作的,因为他认为能在观念、思想上寻找到对接平台。同时2008年创博会,要在上海召开。创博会的核心是什么,就是全球招标创意案例,通过一个好的产业链,推动全球创意产业的发展。

知识产权制度建设与创新型城市战略

吴 汉 东

(2007 年 4 月 6 日)

吴汉东,现任中南财经政法大学校长、教授、博士生导师,教育部人文社科重点研究基地中南财经政法大学知识产权研究中心主任,兼任教育部社会科学委员会委员、中国法学会民法研究会副会长、中国法学会知识产权研究会副会长、中国高等学校知识产权研究会副理事长、最高人民法院特约咨询专家、中国国际经济贸易仲裁委员会仲裁员。享受国务院政府特殊津贴。

著有《著作权合理使用制度研究》《知识产权基本问题研究》(合著)等著作 10 部,在《中国社会科学》《法学研究》《中国法学》等刊物发表文章 90 余篇。论文曾获首届全国优秀博士论文奖、司法部优秀科研成果一等奖、湖北省政府社会科学优秀科研成果一等奖、教育部人文社科优秀科研成果二等奖等。

2006 年 5 月 26 日在中央政治局第三十一次集体学习中主讲"我国知识产权保护的法律和制度建设"。

我今天谈三个问题:第一,知识财产与知识产权制度功能;第二,知识创新与知识产权战略;第三,知识产权制度建设与创新型国家、创新型城市战略。我想用三个关键词来概括我的观点,那就是知识经济、知识创新、知识产权。

知识财产与知识产权制度功能

如何认识和理解知识产权？下面，我从三个层面来阐述我的观点。

第一，从个人层面来说，知识产权是知识财产私有的权利形式。前不久，《中华人民共和国物权法》刚刚通过。《物权法》是用来干什么的？《物权法》保护的是公民、法人的财产，这个财产是有形的动产和不动产，而我今天讲的知识产权，它保护的对象是非物质性的知识财产，就是人们通常所说的知识、技术和信息。那么法律为什么要赋予这些知识、技术和信息以财产的形式，使之成为个人和企业可以自由支配的财富呢？这就在于知识的价值和它对于社会发展的作用。我想用两句话来描述知识在社会发展中的作用。

第一句话，"知识就是力量"。这句话是400年前英国著名哲学家、科学家培根说的。培根这句话完全被18世纪70年代欧洲所出现的那一次伟大的变革所证实，正是以纺织机、蒸汽机、内燃机为代表的近代科学技术将人类社会从农业经济时代推向工业经济时代，所以知识的力量是伟大的。

第二句话，"知识就是财富"。这句话是当今国际社会所形成的共识，它表达了这么一个基本的思想，就是在当代社会财富的构成当中发生了变化：以土地、厂房、资源为代表的有形财产，它的地位相对下降；而以知识、技术、信息为代表的无形财产，它的作用在空前提高，以至于人们讲，在知识经济时代谁拥有知识谁将拥有财富。美国有一个世界豪富的排行榜，在20世纪90年代中期之前，排名前十位的都是石油大王、汽车大王、钢铁大王这些工业经济时代的巨子。但是那以后，开始是芯片制作、软件设计这一类的科技精英，其中我们最熟悉的是比尔·盖茨。比尔·盖茨连续13年位居全球豪富的第一把交椅，而且缔造了一个神话，一个知识创造财富的神话，比如说他旗下的微软公司，培育了200多个百万富翁，这些百万富翁都是工程技术人员。微软公司的市值是美国通用公司的两倍,这足以说明知识是能够带来财富的。

过去很多年前,我总是用这两句话来描述知识的价值和作用,但是最近我有了一些新的思索。作为一个法律人,应准确把握知识的价值,我觉得这个说法不完整、不准确,因此有了我下面两个观点。

第一,"先进的知识才能成为力量"。科技史告诉我们,只有先进的知识才能产生改变世界、推动社会前进的力量。自从英国发生第一次工业革命以来,人类历史上经历过四次大的科技革命。第一次工业革命发生在18世纪中叶到19世纪中叶,被称为蒸汽机和钢铁的时代。第二次科技革命发生在19世纪末到20世纪初,被称为电器、化学与汽车的时代。第三次科技革命就是新科技革命,发生在20世纪50年代到80年代,是以生物工程技术、微电子技术和新材料技术为代表的。第四次科技革命,是从20世纪80年代以来一直到现在依然在进行的以网络技术、基因技术为代表的知识革命。所以说在时代的发展过程中,只有先进的知识、先进的技术才能产生一种变革世界、推动历史前进的力量。

第二,"有产权的知识才能成为财富"。并不是所有的知识都能够成为财产,比如说传统的知识、不符合保护条件的知识、超过了保护期限的知识,它都不能成为财产。我们说知识能够成为财产,关键它是否具备知识产权的形式,所以只有以知识产权的形式存在的知识,才能够成为财产。我们刚才谈到比尔·盖茨富甲天下,成为首富,与其说他拥有知识,还不如说他拥有两项最重要的知识产权:一是微软公司Windows操作系统,这是软件版权,正是因为他拥有软件版权,才使他成为国际软件业的龙头老大;二是微软公司"微软"的商标权。世界十大商标,微软排名第二,第一是可口可乐,身价765亿美元,微软的市值是702亿美金,排名第三是IBM,第四是美国通用,第五是美国的英特尔。

记得2006年胡锦涛访美之前,吴仪打前站,当时中美贸易摩擦非常激烈。据我所知,中美贸易的问题是美国朝野非常关注的事情,美国国会每年的议案许多与中国有关、与中美贸易有关,因为双边贸易中国顺差、美国逆差。中美贸易摩擦涉及两个最重要的关节点,一是人民币汇率,一是知识产权保护。吴仪副总理去美国谈判,同时也带去了160亿美元的大订单,购买了80架波音飞机,购买了摩托罗拉的通信设备,购买了微软公司的正版软件。由此我们可以看出,正是由于比尔·盖茨拥有了这两个最有价值的知识产权,他才能够成为世界首富。在知识经济时代,拥有了自主知识产权,就可以使你在市场竞争中趋于一种优势地位,从而形成企业的核心竞争力,成为最重要的知识财富。这是我谈的第一个观点,那就是知识产权是知识财产私有的权利形态。

第二,从国家层面看,知识产权是政府、公共政策的制度选择,说到底,知识产权也是一种社会政策工具。对于一个国家而言,是不是保护知识产权、对于哪些知识赋予知识产权,或者是授予知识产权,以一个什么样的标准和水平保护知识产权,是一个国家根据现实的发展状况,并且考虑未来的发展需要所做出的一种政策安排和制度选择。我们可以这么讲,知识产权制度是一个新兴的财产权制度。

保护动产和不动产的物权法,还包括债权、继承权等传统的财产权制度,这些制度可以追溯到古代奴隶制社会,但是知识产权是近代科学技术和商品经济发展的产物。一般认为,英国1623年颁布的《垄断法规》是世界上第一部专利法;英国1709年颁布的《安娜法令》,是世界上第一部著作权法;法国在1857年制定的《商标法》是世界上第一部商标法。知识产权制度的历史不到400年,它是年轻的财产权制度,但是必须承认它是制度文明的典范。为什么?因为我们可以看到,知识产权制度对于西方发达国家而言,它在激励科技创新、促进经济发展、繁荣文化与教育方面起到了非常重要的作用。西方发达国家是知识产权制度最早的推行者,也是最大的受益者。我们以近代英国为例,近代英国是欧洲工业革命、产业革命、技术革命的策源地,也是近代著作权法、专利法的发祥地,这些不是偶然的,它们之间是有有机的联系。过去西方的学者,把今天资本主义经济的发展归功于近代欧洲的工业革命,在分析工业革命发生原因的时候,又把它归结为当时英国所出现的科学发现、技术发明、资本和教育的积累,这是一个历史与逻辑的一般结论。但是现在人们对这个结论提出了质疑,主要是制度经济学派提出了质疑,14世纪中叶的中国科学发现、技术发明、教育和资本积累的水平丝毫不亚于英国,那为什么工业革命发生在英国而不是中国,原因何在？制度经济学派有一个非常重要的发现:中世纪中国在向近代中国发展的过程中,缺乏一个必要的前提条件,就是缺乏一个企业家阶层。著名经济学家熊彼特说企业家是创新精神的人格化,中国缺乏一个具有创新精神的企业家阶层。诺贝尔奖金获得者洛斯是美国芝加哥学派的代表人物,也是一个非常著名的经济学家,他有了进一步的发现,他说中国之所以没有企业家阶层,就在于中国缺乏催生企业家阶层的产权制度,这个产权制度包括以私有制为基础的所有权制度,以及更重要的知识产权制度。这是经济学家的分析。下面我从一个法学的角度,来分析在英国发生的制度创新与科学创新之间的关系。英国学者有一个非常重要的史料披露,英国在1623年颁布了专利法,这个法律实施了100年,极大地推动了当时英国工业的发展,包括冶炼、采矿、运输、纺织等等。所以说,知识产权制度对于激励科技创新、推进经济发展起到了重要的作用。

在国际上,企业的生命周期平均都只有12年,超过12年的企业不到20%。但是为什么像英国邓禄普公司、德国西门子公司、美国贝尔公司,能够驰骋风云一两百年？奥秘就在于这些公司的创始人都是发明家,他们用自己的技术去申请专利,取得巨额的回报,来维系企业的可持续发展。我们观察这些跨国公司、这些大企业,它们有一个共同的发展规律、一个共同的发展奥秘,那就是它们都是拥有某一个领域的关键技术或核心技术的专利,拥有国际知名的品牌,这就是知识产权。进入新世纪以来,发达国家,也包括走上新兴工业化道路的发展中国家,都非常重视知识产权的问题,把知识产权看做是迎接知识经济时代征战、争得国际竞争优势的一个政策工具。

根据科技发展水平的差异,我把这些国家分为四种类型。

第一个类型,科技领先型国家,美国无疑是一枝独秀。美国是世界上的超级大国,它的发展,就是以知识产权为后盾,以此提升核心竞争力,维护其贸易利益和技术优势。美国在2000年以后,出台了两个非常重要的政策,一个是《知识产权与通信改革综合法案》,就是研究网络技术对著作权所带来的挑战,由此来制定有效的政策措施;第二个是由美国的专利商标局制定了21世纪战略计划,专门从专利和商标的层面来解决知识经济时代存在的问题。一句话,美国是在国际、国内两个层面以知识产权政策为导向,建立一个公共政策体系,维护自己的利益。仅就文化产业来说,美国是号称"三大片"振荡全球、影响世界。哪"三大片"呢?第一是代表美国饮食文化的麦当劳的土豆片,引进麦当劳的饮食文化是要支付费用的,这里面含有知识产权;第二是代表美国影视文化的好莱坞电影片,这是以著作权为后盾的,《泰坦尼克号》制作费用16亿美元,但版权收入100亿;第三是代表美国信息文明的硅谷硅金片,也就是通常说的半导体芯片,在国际半导体工业领域,美国无疑是半导体芯片生产数量和出口量最大的国家。这"三大片"都是以知识产权为核心。

第二个类型,技术赶超型的国家,欧盟、日本属于此类。这些国家在发展过程中,也是把知识产权制度运作得得心应手。我们以日本为例,日本在20世纪六七十年代,提出的口号是科技立国,或者是技术立国,在这个时期主要是以引进、吸收外国的技术为主。但是进入21世纪以后,日本提出了知识产权立国,特别是小泉政府,在2002年通过知识产权基本法,制定了日本的知识产权战略纲要,而且成立了以小泉首相为部长的知识产权战略本部。专门协调知识产权的国际国内事务,定期召开由内阁成员、企业家、大学科研机构代表参加的知识产权联席会议。一句话,日本要通过知识产权战略来维护它在亚洲经济和科技的龙头老大地位。所以说,中国与西方国家的知识产权摩擦,不仅包括中国、欧盟,还应该包括日本。

第三个类型,引进创新型的国家,韩国、新加坡属于此类。引进创新型国家也是注重知识产权问题的,在这里我着重谈谈韩国。韩国与中国可以说科技创新几乎同时起步,始于20世纪60年代。但是,一个不争的事实是，韩国经过 40 年的奋斗，现在已经进入创新型国家的行列。我们国家的奋斗目标是什么呢？是 2020 年建设成创新型国家。韩国在发展过程中也是注重知识产权保护的，最初在 20 世纪 60 年代，特别是 70 年代，韩美之间知识产权摩擦不断，美国总是通过知识产权这根大棒打压韩国。韩国通过这么几十年的技术创新和产业发展，日益重视知识产权保护问题。2004 年，韩国也仿效日本的做法，在内阁成立了知识产权保护政策协议会。韩国的发展目标是什么呢？可以说是雄心勃勃，它要在 2015 年成为亚洲经济和科技的中心，要在 2025 年进入创新型国家的前列。韩国政府发表咨询文告，认为韩国资源有限，寻求发展之路只有追随一些发达国家，通过知识产权制度来推动科技创新，所以韩国也是以知识产权作为发展的重要政策工具。可以这么说，在知识产权的国际保护问题上，韩国与美国、欧盟和日本的立场基本接近。随着中韩之间贸易的不断扩大，很多有识之士预测，中韩之间的知识产权问题就会引起两国的高度关注，会有一些摩擦，比如说文化领域的韩国文化产品进入中国，引起了"韩流"。这个"韩流"也会带来著作权的问题，会不会有盗版？韩国的一些家电产品、电子产品进入中国市场，会不会出现仿冒？同时就中国而言，中国传统的中药配方被韩国的企业使用，但是标注是韩药，在国际中成药市场与中国企业展开争夺。这些知识产权问题也是值得我们关注的。

　　第四个类型，发展调整型国家，主要指的是走上新兴工业化发展道路的一些发展中国家，巴西、印度、中国属于此类。美国耶鲁大学有一个经济学家提出了"金砖四国"的理论，引起了舆论和一些咨询机构的高度关注。据说，"金砖四国"这个词语在一段时期内成为引用频率最高的特殊名词之一。这四国指哪些呢？巴西、俄罗斯、印度、中国，这四个国家的首写字母合起来是 BRICs。这四个国家不是一般的国家，美国的经济学者认为是金砖。他对这四个发展中国家的发展潜质给予了高度的评价，并做出这样的分析和预测，认为这四个发展中的大国 20 年会超越欧盟，30 年会赶超日本，50 年有可能比肩美国。

从法律的角度来看,印度、巴西和中国都重视知识产权。巴西在国际舞台上极力主张保护传统文化、遗传资源,推动现行知识产权制度的改革。印度与此不同,更多着眼于本国的发展战略,2002年出台了一个关于知识大国的社会转型战略,其中之一就是制定知识产权政策,以此保护本国有优势资源的软件、生物制药和电影。在此之前,印度与美国摩擦不断,盗版假冒的行为泛滥不止,跟美国的冲突是屡战屡败。印度政府痛定思痛,开始重视知识产权的保护,而且是有选择地保护知识产权。现在我们注意到,印度的软件业发展仅次于美国、领先于中国。前年有一个资料,印度软件出口超过200亿美元,中国软件出口只有40亿美元左右。应该说,印度软件业的发展得益于知识产权保护。中国自入世以来,关于知识产权保护的问题已经实现了伟大的转折,从被动安排转为主动安排。中国在2003年成立了以吴仪副总理为组长的知识产权保护工作领导小组,2004年成立了以吴仪副总理为组长的国家知识产权战略起草领导小组,2006年胡锦涛总书记在政治局集体学习会议上强调了知识产权的重要作用,这标志着中国已经非常重视知识产权制度在建设创新型国家的政策作用。胡总书记讲了四个"迫切需要",从国际、国内两个方面,站在战略全局的高度强调了知识产权制度建设的重要性——加强我国的知识产权制度建设,提高知识产权创造、管理、保护与运用的能力,这是增强自主创新能力、建设创新型国家的迫切需要;是完善社会主义市场经济体制、规范竞争秩序和建立诚信社会的迫切需要;是增强我国企业市场竞争力,提高国家核心竞争力的迫切需要;是扩大对外开放、实现互利共赢的迫切需要。

由此我们可以得出一个基本结论,知识产权的问题不仅仅是一个国家的法律问题,在国际层面它是一个遵守国际条约、履行入世承诺的问题,在国内层面它是一个旨在提高自主创新能力、建设创新型国家的重大决策行为。这是我讲的第二个观点,从国家层面来看,知识产权是政府公共政策的制度选择。

我的第三个观点是,从国际层面看,知识产权是世界贸易体制的基本规则。第二次世界大战以来,西方发达国家一直谋求在全球建立一个新的国际贸易体制,这就是以1946年关贸总协定起始,以1995年世界贸易组织为标志的国际贸易体制,这个国际贸易体制我们可以用三句话来描述它的特点:第一,以全球自由贸易为目标;第二,以全面减让关税为手段;第三,以提供无差别的最惠国代表为基础。这是新的国际贸易体制的基本特点。这个新的国际贸易体制有很多的法律制度,这个法律制度是以国际公约的形式存在的,最主要有三大主体制度,那就是服务贸易协议、货物贸易协议和以贸易有关的知识产权协议,知识产权保护因此成为了国际贸易体制的基本规则。

为什么国际贸易跟知识产权保护扯在一块呢？我想有两个方面的原因。

第一,现代国际贸易中技术因素的增长。刚才我谈到了货物贸易,WTO把国际贸易的货物分为三类产品:第一类叫做初级产品,例如农产品、矿产品;第二类是合成制品,就是人工制造的产品,比如说钢铁产品、化工产品、汽车与动力机械、计算机、办公设备、通信设备、衣服鞋袜等等;第三类是其他产品,主要是指黄金饰品和化妆品。在1994年世界贸易组织成立以来,国际贸易发展非常迅速,每年大概以4%～5%的速度在增长。增长最快的是三类产品:计算机、通信设备和半导体芯片。这三类产品是所谓的高科技产品,高科技产品在货物贸易中能够为它的所有人带来高附加值,这个高附加值就是所谓的知识产权凝结的价值。国家知识产权局长田利普说过,我们卖1亿条牛仔裤,才能换一架波音。中国是服装生产量、出口量第一的国家,但是科技含量低,我们花很多钱才能买一个科技含量很高的技术品。这说明在货物贸易中,最有价值的产品是高科技产品,而这个高科技产品是以知识产权的形式来得到保护的。我们再来看国际贸易中的服务,WTO把服务分为11种,包括商业服务、销售服务、建筑服务、运输服务、体育与休闲服务、环境服务、教育服务、金融服务、保险服务等等,这些服务说到底也是一种思想、技术、信息的商业交易,也与知识产权有关。通过上面的分析,我们可以看出,不管是货物贸易还是服务贸易,都是与知识产权有关的。

第二,由于现代国际贸易中,技术优势与成本优势之间的较量和冲突,说到底,发达国家在国际贸易当中拥有的是技术优势。自20世纪80年代以来,以美国为代表的西方发达国家将最新的科学技术引入生产经营领域,用一句形象的话说,他们率先实现了高新技术的产业化和传统产业的高新技术化。

美国有所谓的朝阳产业,一个是以软件、电影、音像、图书为核心内容的文化产业,一个是以半导体芯片、通信、生物制药为核心内容的高新技术产业。朝阳产业在全球贸易当中,必须靠知识产权来维系。它担心的是假冒和盗版。美国在对外贸易中,总是把给予贸易伙伴的最惠国待遇与保护美国的知识产权直接挂钩。知识产权保护是美国的全球战略,而不仅仅是一个国内政策。发展中国家更多的是拥有一种成本优势,丰富的原产料、廉价的劳动力。我认为更多是劳动力的价格优势,低工资、低成本、低社会保障,这种劳动力价格使得我们发展中国家在国际贸易当中取得的只是一种相对的优势。以广东为例,潮汕地区生产的晚礼服,占全球生产份额的60%～80%,但是用自己的品牌和用外国品牌,同样一件晚礼服的价格差价是10倍,甚至是20倍。东莞地区生产的品牌运动鞋,占全世界的2/3,但是我们生产一双品牌鞋所赚取的利润是1美元。这种利润微不足道,我们一直是出大力气、流大汗、赚辛苦钱。国际分工是发达国家出技术,发展中国家出劳力。发达国家和发展中国家的利益争斗,通过长达7年的乌拉圭回合谈判,形成了一揽子协议,这就是我刚才讲到的货物贸易协议、服务贸易协议和与贸易有关的知识产权协议。

知识产权创新与知识产权战略

与贸易有关的知识产权协议规定了七种知识产权,即著作权、专利权、商标权、商业秘密权、地理标志权、新植物品种权,还有集成电路布图设计权,但是我认为最重要是三种,即版权(著作权)、专利权和商标权。

我先谈文化创新与版权战略。我们国家提出要建设创新型国家,提高自主创新能力,建立国家创新体系。创新应该包括知识创新和制度创新。制度创新主要涉及知识产权问题,那么知识创新应该包括两块,一个是科技创新,一个是文化创新。

著作权或者版权,是文化领域最重要的知识产权。著作权一般认为包括两大部分,一个就是作品创造者的权利,像文学家、艺术家他们的权利。这个权利内容非常丰富,从精神权利来说包括了发表权、署名权、作品完整权、作品修改权等;从财产权来说,包括了复制权、发行权、上演权、广播权、信息网络传播权、改编权、翻译权等等。具有经济价值的是作者的财产权。这几年我们国家对著作权的保护是有效的,而且也改变了文学创作领域分配不公的事情。现在著作权改变了创造者与传播者之间的利益结构,开始重视对原创作者的保护。我举一个例子,《茉莉花》是20世纪50年代南京部队的一位作家创作的歌曲,在著作权保护不甚得力的时候,他基本上没有什么收入,这几年得益于著作权的保护,去年的版税收入达102万。凡是商业性的演出唱《茉莉花》,必须给原创作者支付报酬。网络歌曲如果使用了《茉莉花》,也要支付使用费。此外,手机彩铃如果用了《茉莉花》的曲子,也要支付版权费。对于著作权的保护,能够激发作者的创造积极性。

任何一个发展中国家,也包括一些发达国家,都要警惕一个问题,那就是要维护自己的文化主权,要注意本国的文化安全。在文化全球化和文化产业全球化的今天,我们要特别重视文化的发展、文化产业的发展。李长春同志在参观深圳文博会时讲要解放文化生产力、增强文化创新能力,这是因为我们过去比较多的谈到文化产品的民族精神凝聚力,这个必须讲,但是仅仅讲精神凝聚力是不够的,还要讲文化的生产力、文化的创新力。提升文化创新能力、发展文化产业靠什么?重要的是靠著作权、靠版权。

下面谈第二个问题,科技创新与专利战略。专利权是科技领域最重要的知识产权,也是知识产权类型的核心内容,我们讲的科技创新、科技进步、科技转让、科技成果应用都与专利权制度有关。根据我们国家的法律,专利权有三种类型。

第一个类型是发明专利,就是关于产品和方法,或者是其组合所提出的新技术方案,比如说白炽灯、麦克风等,在历史上都是以发明专利存在的。在专利史上,拥有发明专利最多的个人是美国发明家爱迪生,一生有 1500 个专利。当今世界拥有发明专利数量最多的是美国的 IBM 公司,号称"蓝色巨人",在过去 12 年间,它取得了接近 3 万个发明专利,一年的专利许可使用费所带来的利润达 60 亿美元。所以我认为,发明专利是整个专利类型中最具经济价值、最具战略意义的专利。

第二个类型是实用新型专利,产品的结构、形状,或者是其组合提出的新技术,我们称之为小发明创造。WTO 知识产权协定对于实用新型专利没有做具体的保护,但是像发达国家,还有些发展中国家如中国也保护实用新型专利。

第三个类型是外观设计专利,是关于产品的形状、图案、色彩,做出富有美感的新设计。比如说潮州地区过去生产的九制陈皮梅,花花绿绿的包装袋是申请了专利,是外观设计专利。再比如湖北随州出土了战国时期的编钟,于是随州酒厂就生产了一个编钟酒,酒瓶设计成编钟的样子,也是取得了设计的专利。

对于一个国家、一个行业、一个企业而言,专利的保护或者以保护为基础的专利战略是非常重要的,我们衡量国家、城市和企业的经济实力和科技实力如何,一个重要的指标就是靠专利的数量和质量。目前从专利法的发展状况来看,它的保护范围在不断扩大。在 20 世纪八九十年代,由于国际公约的签订,所有的国家包括发展中国家毫无例外地保护药品和化学物质专利,我们国家是 1984 年制定专利法,1992 年开始修订,原来不保护化学物质和药品,因为我们这两类技术比较落后,后来由于中美知识产权冲突,根据谅解备忘录的规定,我们修改专利法,保护药品专利和化学物质专利。在整个 20 世纪 90 年代,这个方面可以说全球的相关规定已经一体化。

　　进入21世纪以来,国际专利制度面临一个新的问题,就是对基因技术是否给予保护?所谓基因技术就是现代生物工程技术,研究的对象是生物体,包括动物、植物、微生物和人类本身。所谓基因,就是一种遗传因子,是一种具有自我繁殖能力的遗传单位。这个基因技术揭示生命奥秘,使人类可以认识生命、改造生命。这个技术能不能得到保护?现在可以这么说,大多数国家,包括中国,都对基因技术给予保护,首先基因方法,比如说基因物质的储存、提取、传播等,这些方法可以取得专利。日本医学专家曾经利用一个无害的感冒病毒,提取出可以治疗癌症的基因物质,发送到癌症病灶上,申请专利获得成功。这叫做基因方法专利,这种方法专利在中国也可以申请。

　　第二类是基因产品专利,包括食品、调味品和药品。上海生物制品研究所克隆了一头牛,叫"涛涛",挤的是牛奶,但是这个牛奶是高蛋白的药用球蛋白,相当于一个中型的生物制药工厂,这也可以申请专利。

　　第三类是转基因的微生物植物和动物专利。前两种生物申请专利,或者是取得植物品种权的保护,都没有任何法律障碍,比如说美国有专门清除石油污染的转基因微生物,这可以申请专利,中国也保护微生物专利。对于转基因的植物在中国不能申请专利,但是可以取得植物品种权的保护。比如南阳地区培育一种转基因彩色小麦,不是金黄色的,而是黑色、蓝色、紫色、咖啡色,可以申请植物品种权。在浙江有一位花卉专家,培育了一种广玉兰,先开白的然后开黄的,一年还可以开两次,这也可以作为植物品种权给予保护。唯独转基因动物,现在中国和大多数国家不给予专利保护,美国是第一个授予动物专利的国家,1988年哈佛大学克隆了一只老鼠叫做"哈佛鼠",申请美国专利得到批准,再到欧盟国家申请遭到拒绝。1998年,欧盟颁布了生物技术保护的指示令,明确规定只要生物技术不违反公序良俗、不涉及疾病的诊断,也可以申请专利,这意味着转基因动物在欧盟国家也可以得到保护。在中国,现在我们还不承认转基因动物的专利。

由此带来一个问题,就是基因技术作为一个高技术,人类还不能够有效地管理和控制,必须要明确有些领域不能给予基因技术以专利保护,比如说克隆人的技术。现在实验室可以复制人,这不是危言耸听。2000年的时候,美国一个州在实验室里将人的早期胚胎克隆出来,有人说存活了两天,有人说存活了12天,科学家害怕就把它给销毁了。如果说存活了14天,可以根据生殖规律植入妇女的子宫,十月怀胎生出来,这个克隆人就是通过克隆技术复制出来的。此外,人的胚胎的商业利用以及有悖于公序良俗的基因技术,都应该排除在专利技术的保护范围之外。

专利技术的发展,总的来说给世界各国带来新的挑战,要回应新技术发展的需要,同时要使专利技术成为本国提升自主创新能力、维护技术竞争优势的一个重要政策工具。这是值得我们重视的。

专利权的功能在哪里?就是合法垄断、赢家通吃,只有第一、没有第二。为什么这么讲呢?两个或者两个以上的人研究同一技术,谁先取得专利权,谁就先取得垄断权,所有的人都不得使用这个技术。所以,在专利权这个问题上,我们用一句形象的话来说,就是一个专利、一个市场。专利权不仅仅使你赢得市场,还可以限制你的竞争对手,人家要用你的专利技术,必须征得你的同意,必须向你支付费用。所以专利战略是知识产权战略当中最重要的一个问题。在全球范围内真正称得上专利强国的应该是美国、日本和德国,他们在每年的专利申请量当中,一直稳居前三。2005年、2006年美国的专利申请量占全球的33.5%。以药品专利申请量为例,美国每年开发新药占全球开发新药的2/3,这些都是要申请专利的。2005年,韩国位居全球第八,中国位居全球第十。2006年,韩国跃升到第六位,中国进入到第八位。所以中国企业的专利申请量,应该说是有成绩、有进步的,但是与创新型国家相比,总的来说还有相当的差距,主要是表现在三个方面。

第一,中国发明专利的授权量不足。自从1985年我们专利法实施以来,中国的企业和个人所取得的中国发明专利授权只有37%。这意味着什么呢？意味着其他的发明专利是为外国公司所取得。所以我们说外国企业、跨国公司在中国的专利市场，对中国企业形成了合围之势，这绝对不是危言耸听。特别是高新技术领域，包括航空航天、高清晰彩电、计算机、通信、生物制药、汽车等这些领域，发明专利都为外国公司所拥有，从80%到90%不等。所以，我们必须高度重视。

第二，中国企业的职务发明专利取得数量较少，只有35%，而国外企业高达85%。职务发明专利是什么意思呢？就是说是由单位提供物质条件，由单位的雇员做出，这种专利的申请权和所有权归企业和公司，所以职务发明数量表明一个企业的研发能力。据统计，中国75%以上的大型企业、95%以上的中小型企业没有专利，或者说没有申请过专利，拥有核心技术专利的企业不到万分之三，这说明中国的企业研发能力不足。

第三，取得国外专利授权的数量太少。中国的企业在国外去申请专利，一年2000件，取得授权不到300件。这是什么水平呢？相当于索尼公司、飞利浦公司、杜邦公司一个企业的水平。所以我想，专利战略对于中国企业来说，也是提升企业创新能力、形成核心竞争力的一个重要方面。

下面讲第三个问题，市场营销与商标战略。商标权是经营领域最重要的知识产权，通过商标，特别是通过驰名商标的使用和推介，可以使企业赢得消费者的人心、占领市场、赢得销售份额。所以我想在商标战略这个问题上，最有价值的是知名品牌、是驰名商标。对于城市、行业、企业来讲，驰名商标战略或者是名牌商标战略是非常重要的。在一个知名品牌的背后，往往是一个有生命力的企业、是一个有竞争力的行业、是一个有经济实力的城市、是一个有国际影响的国家。

我们现在谈世界十大驰名商标。大家都知道，美国是世界上最大的品牌大国，在过去国际中介组织评选的世界知名品牌一百强当中，中国无一入选，这反映我们品牌方面与国外的差距。我们可以观察外国公司的企业进入中国市场有一个三部曲：第一是20世纪70年代，中国刚刚改革开放，外国商品进入中国市场，那时是卖洋货；80年代三部外资企业法律颁布,外国人投洋钱;90年代洋货照卖、洋钱照投,但是更重视技术和品牌的输出,也就是专利权和商标权。以可口可乐为例,可口可乐在80年代市值320亿美元,90年代市值450亿美元,进入21世纪它的身价飙升到765亿美元。可口可乐在中国没有输出一条生产线,不投入一分钱的现金,但是它凭借两样知识产权,与百事可乐占领了中国软饮料市场的半壁江山:一是它的技术秘密配方,这里面我们只知道有苏打水、碳酸、咖啡因,还有5%不知名的东西;二是它的商标,使可口可乐成为国际型的饮料。所以说知名品牌的商标战略,对于一个企业的可持续发展的战略意义是非常重要的。

中国现在的商标申请量逐年飙升,但是真正称得上国际知名品牌的商标并不多见。我以为,主要存在三个问题。第一,中国企业的知名商标在海外屡屡被抢注,大约有15%的商标被海外企业抢注,包括联想、海尔、狗不理、同仁堂等等,中国企业要走向国际市场必须要拿"绿卡",什么意思呢?就是要取得这个国家的商标注册保护,这方面注重不够。第二,中外合资企业绝大多数使用的是外国品牌,高达90%,只要一合资中国民族品牌就没有了,比如说安徽滁州生产的电冰箱,当年扬子风靡全国,作价9600万入股,但是代之而起的是西门子。中国的民族品牌在合资以后,实际上被打入冷宫。第三,中国出口外贸企业200强,75%使用的是外国品牌,我们是加工贸易定牌生产。

这些问题都是值得我们重视的。在这里我想特别说一下索尼公司。索尼在20世纪50年代引进了美国的一个半导体晶体管技术,研发了便携式的收录机。当时美国公司说你一年生产10万台,我全部购买。条件是什么呢?要打他们公司的品牌,他说索尼公司名不见经传,但是索尼公司的老总说,30年前你们的品牌也是没有人知道,但是我们索尼品牌准备营销50年,争取成为国际知名品牌,他拒绝了成为一个定牌生产商。不到30年,索尼公司已经成为亚洲最知名的品牌之一,进入国际知名品牌百强之列。我想中国的企业家应该有一种战略的眼光、一个国际的视野,精心培育民族品牌。

知识产权制度建设与创新型国家、创新型城市

对于中国来讲,知识产权制度是一个舶来品,它在中国只有100多年的时间。一般认为,1897年清政府颁布的《振兴工艺给奖章程》是第一部专利法;1904年颁布的《商标注册试办章程》是第一部商标法;1910年颁布的《大清著作权律》是第一部著作权法。这是清朝政府实施新政向西方学习的结果,也是帝国主义列强打破闭关锁国强加于清政府的结果。知识产权制度在以后的北洋政府、民国政府也有,但是由于当时政治动荡、经济凋敝、科技落后,知识产权法律没有什么实施的效果。新中国成立以后,也有保护知识产权,但是我们没有一部称得上是法律、法规的制度,是靠行政规章给予保护的。

中国的知识产权立法的开始,应该是改革开放之后。1982年制定了《商标法》,1984年制定了《专利法》,1990年制定了《著作权法》,1993年制定了《反不正当竞争法》。入世之前,对这几部法律进行了重大的修改。现在的知识产权保护制度,可以说符合国际公约的要求,完全履行了入世承诺。前世界知识产权组织主席说:"中国用了不到20年的时间,走过了西方发达国家一两百年才能够完成的知识产权立法进程,这个成就是举世瞩目的。"现任国际知识产权协会主席、美国斯坦福大学教授博顿说:"发展中国家与发达国家的差距,不在于知识产权制度本身,而在于运用这个制度的经验。"这说明什么呢?说明我们制度本身很先进,但是我们运用制度的能力不够。

我们作为一个发展中国家,已经失去了从低水平保护到高水平保护、从选择保护到全面保护这样一个漫长的过渡期和准备期,我们一下子要与国际惯例接轨。政府的有关部门,特别是我们的企业,为此准备不足、经验不够,因此国家启动知识产权战略,要从政府、地区、行业和企业四个方面着手,提升我们的知识创新能力,形成我们的核心竞争力,建设创新型国家。在这里,我想讲三个方面的问题。

第一个问题,什么是创新型国家?所谓创新型国家,指的是以知识创新(包括科技创新和文化创新)为基本政策,提高自主创新能力和形成国际核心竞争力的先进国家。一般认为属于创新型国家的大概有20个左右,包括美国、德国、芬兰、瑞士、日本、韩国等,这些所谓创新型国家有四个衡量的指标:第一,科技进步对于经济发展的贡献率,一般要达到70%以上。中国多少呢?中国科技进步对经济发展的贡献率接近40%。第二,研发的投入占GDP总量2%以上。像美国、日本达到2.2%,韩国达到2.4%,以色列达到2.8%。中国多少呢?中国的研发投入在2005年达到了GDP总量的1.3%,去年增加到1.4%,差距依然较大。第三,对外技术的依存度,一般不超过30%。像美国、日本对外技术的依存度只有2%,中国达到了50%以上。第四,凡是创新型国家在美国、欧盟、日本所取得的专利数量要达到90%以上,而中国取得的海外专利授权每年只有300件左右。由此可见,我们距离创新型国家的差距还是不小。

第二个问题,中国为什么要走创新型国家的发展道路?因为我们有两条路,是不能走也走不了。第一是不能走资源耗费型的发展道路,我们不能靠牺牲环境、耗费资源、劳动力密集型来参加国际的分工与协作,这不利于中国未来可持续的健康发展。中国资源有限、人口众多。我提供一些数据:首先土地资源和水资源,我们人均耕地只有世界平均水平的1/3,淡水资源人均占有量只有世界平均水平的1/4;能源资源方面,我们石油人均占有量只有世界平均水平的18%,天然气更少,只有13%;另外矿产资源,50种主要的矿产资源,人均占有量只有世界平均水平的40%~50%。这样的国情决定中国不可能走资源耗费型的发展道路。靠加工贸易、靠耗费原材料、靠污染环境、靠劳动力密集型来发展我们的经济、赢取外贸的利益是不可取的。第二是不可能走技术依赖性的发展道路,西方发达国家不管是出于维护其技术优势的利益考量,还是出自意识形态的政治偏见,都不可能将技术转让给我们。以通信为例,第一代是模拟通信,外国公司赚取了中国市场3000亿元人民币;第二代数字通信,赚取了中国5000亿元人民币,技术还是人家的。大唐电信与重庆邮电大学正在研发第三代移动通信标准,外国公司知道之后,马上表态,可以好好谈,将专利技术许可费降下来。还有意识形态的偏见,在冷战时期,有一个所谓的"巴统联盟",对当时的社会主义国家实行战略物资和军事技术的禁运,涉及 12000 种。冷战结束之后有所谓的"瓦森纳协议",对敏感国家包括中国,禁止高技术、关键技术的转让。在这样的情况下,提高自主创新能力、走创新型国家的发展道路,是必由之路。

第三个问题,知识产权在走创新型国家道路当中扮演什么样的作用?提高自主创新能力、走创新型国家的发展道路,跟知识产权有什么样的关系呢?知识产权是起着一种制度保证与支撑作用的。刚才我通过英国、美国和韩国的例子都表述了我的基本观点。我们可以看到,一个企业必须拥有一些代表性的技术,才能够称雄于国际企业界,才能够独步于市场。而这些技术优势都是以知识产权为表现形式的,像索尼公司的微型电子技术、英特尔公司的芯片制造技术、飞利浦公司的光学介质技术、微软公司的 Windows 操作系统等等,这些技术都表现为专利、表现为版权,是以自主知识产权的形式存在的。因此我们衡量一个企业、一个行业,乃至于一个国家的经济和科技实力的时候,一个重要的考察指标就是自主知识产权的数量和质量。

创新型城市的建设,对于创新型国家具有什么样的地位和作用呢?我认为,创新型城市是建设创新型国家的基础。广州是全国知识产权示范城市,立志要建设成创新型城市。把知识产权示范城市和创新型城市的目标联系在一起,是一个明智之举,这是因为中国的 GDP,70% 以上来自于城市;中国的税收收入,80% 以上产自于城市;中国的科技力量,90% 以上集中于城市。所以说创新型城市的科技与经济实力,是与这个国家的竞争力、影响力紧密联系在一起。因此,我提出以下三个方面的建议:

第一,以知识产权创造为支撑,形成城市创新产业。国外有很多这方面的例子,像美国的硅谷地区、日本的关西地区、德国的巴登富腾堡地区,都是通过知识产权来形成一大批在全国,乃至在全球有影响的创新型产业。创新型产业,我认为包括高新技术产业和文化产业。

第二,以知识产权保护为支撑,营造城市创新型环境。现在知识产权在全球范围内大概控制了1万亿美元的有形的货物贸易和无形的服务贸易。知识产权保护的状况如何,是衡量一个国家、一个地区的投资环境、外贸环境的重要指标。在一个地区,不允许盗版、假冒行为的存在,是与这个城市的国际形象有关系的,是与这个城市营造投资环境、外贸环境有关联的。

第三,以知识产权的管理、运用为支撑,构建城市的创新政策体系。我主张建立一个以知识产权为导向的公共政策体系,这个公共政策体系包括了科技政策、产业政策、文化政策、教育政策、外贸政策、投资政策等等,形成一个推动自主创新、形成自主知识产权这样一种良好、有效的政策体系。

与听众的交流

提问:请问怎样防止泡沫知识产权?

吴汉东:我们不要到4月宣传知识产权的时候,搞一些泡沫知识产权。现在知识产权垃圾已成为外国公司对中国设置专利陷阱的手法,也成为中国一些不良企业骗取政府资助的手段。据我所知,一些外国公司和合资企业将外国的垃圾专利在中国进行申请,蒙混过关。一些企业为了骗取政府的资助,就将一些无用的技术垃圾申请专利,即使拒绝也可以赚取代理费和申请费。我想自主知识产权千万不要在数量上过多地做文章,而应该在质量上下功夫,要像防止泡沫经济一样防范泡沫专利、泡沫商标。

提问:知识产权制度与政治改革有何关系?

吴汉东:在我看来,知识产权制度应该在公共政策体系层面来把握,我刚才讲了与科技、文化、教育、外贸、产业、投资等这些政策息息相关,如果说要与政治稍微沾一点边的话,我主张知识产权的管理机关要进行机构改革。现在我们知识产权管理是政出多门,知识产权局实际上是一个专利局，版权事务又分别由新闻出版署和文化部分管，植物品种这一块分由农业部和林业局管理。我们应该把知识产权的行政管理部门实行适当的归并，在行政管理和行政执法的有效性方面做一点文章，如果说跟政治沾一点边的话，我认为是机构改革。

提问：请问大学在我国知识产权创新战略中能够起什么样的作用？地方政府、国家政府又能够起到什么样的作用？

吴汉东：其实，不管是美国还是日本，都非常重视高等院校在科技创新、专利权的取得方面扮演的重要角色。先讲美国，美国的"拜多法案"实际上是政府资助高等院校创造的科研成果在专利权归属方面的重大改变。过去是政府出资，高校发明，专利权归政府，这不利于调动高校的积极性，也不利于科技成果的转让。这项法案的关键点，是将政府出资、高校研究的成果所有权、转让权完全给学校，这是一个非常明智的举措。在日本，小泉政府定期召开知识产权协调会议，也包括高校在内，充分重视高校在科技创新方面的积极性。中国是一个什么样的问题呢？中国的高校在这个方面作为不大、意识不够。我给大家举一个例子，中国每年发表的科研论文的数量，全球排名第六。这些科研论文实际上很多具有应用技术价值，但是我们重视科研论文的发表，而忽视科研成果的应用，科研成果转化为应用技术的转化率不够。另外，国家要重视对科研院所、大专院校的科研投入，高校要重视把你的科研成果转化为应用技术。我觉得从这两个方面努力，高等院校在科技创新方面将会发挥更为积极的作用。

人文精神与中国社会转型

周国平

(2007年5月25日)

周国平,1945年生于上海。1967年毕业于北京大学哲学系。中国社会科学院哲学研究所研究员、哲学博士。著有学术专著《尼采:在世纪的转折点上》《尼采与形而上学》,随感集《人与永恒》《风中的纸屑》《碎句与短章》,诗集《忧伤的情欲》,散文集《守望的距离》《各自的朝圣路》《安静》,纪实作品《妞妞:一个父亲的札记》《岁月与性情——我的心灵自传》,以及《周国平人文讲演录》等,译有《尼采美学文选》《尼采诗集》《偶像的黄昏》等,作品以文采和哲思赢得了众多读者的喜爱。

中国社会的转型

现在中国处于社会转型时期,我的理解主要就是经济转型,计划经济转变为市场经济。从20世纪80年代初开始,这个过程就一直在进行着,但是这个过程很艰难。比如说诚信问题,缺乏诚信,出现了严重的腐败,大家都看得到,可以说是比较广泛的腐败,包括老百姓最痛恨的教育腐败、医疗腐败,这些现象都是在转型过程中出现的。

这就提出了一个问题,市场经济、经济转型不仅仅是一个经济问题,实际上它背后应该是有一个思想的指导,一个思想的支柱,而我们这方面是比较缺乏的。西方成熟的市场经济搞了几百年，但是他们的市场经济不是凭空而来的，而是有很坚实的基础。什么基础呢？就是他们长期法治的基础，法治社会。法治社会背后是什么基础？就是人文精神，古希腊以来的人文精神，作为他们市场经济强大的思想背景。我们在这方面是需要补课的，如果这个课不补，我觉得转型是有困难的。

这个问题，我们100多年前实际上已经遇到。那个时候我们实际上已经有过一次社会转型，那时候也是试图要搞现代化，也是困难重重。开始的时候认为中国主要是一个落后的问题，经济和军事实力落后，很贫困，老是受帝国主义的欺负，所以我们一定要在经济和军事上赶上去。但是一个甲午战争，我们强大的海军跟比较弱小的日本海军一打，我们全军覆没，这才知道问题不在经济和军事，就开始反思，认为是在制度上，我们制度不行。日本有明治维新，引进了西方的民主制度，我们没有，我们要改变，要搞君主立宪等，政治体制要改变。

但是政治体制改变也是困难重重，当时的思想家、学者基本上得出一个共同的结论，中国的问题在于国民素质太差了。当时梁启超认为，中国的主要问题是中国人的公共道德太差。坚持这一看法最典型的是严复。严复这个人对西方是很了解的，他曾在英国留学两年，后来潜心做翻译事业，把他认为重要的一些西方政治学名著翻译过来。他跟西方人接触非常多，他有一个强烈的感觉，中国人如果国民素质不改变的话，什么都是空的。最后他得出一个结论，中国的根本问题在于民力、民智、民德太差，也就是国民的生命素质、智力素质、道德素质太差，只有改变这三项，中国才有希望。严复不主张革命，也不主张急急忙忙引进西方的民主制度，因为中国人素质太差了，所以首先要把中国人的素质提高。他主张缓慢地渐进地改良，他最后比较保守就是因为这个原因。实际上，他改变中国的愿望非常强烈，但是最后还是很失望。

现在我们面临同样的问题，要建设一个成熟的市场经济，从计划经济转型到市场经济，同时也要实现从人治到法治的转型，思想上也要有一系列的转变。

人 文 精 神

我所理解的人文精神,主要是西方的人文精神。作为市场经济和法治社会的思想资源的人文精神,到底是什么呢? 简单地说,就是以人为本、尊重人的价值,这是他们讲的人道主义,以前我们也翻译为人文主义、人本主义,其实都是一个意思,这是西方长远的传统。

怎么样才算是尊重人的价值呢? 人身上有什么价值应该得到尊重? 我觉得人身上有三个最宝贵的东西:第一是生命,没有生命什么都谈不上,所以生命是一个人身上非常宝贵的价值;第二是头脑,人是有理性的,有思维能力的,这是人优越的地方,动物是没有的;第三是灵魂,头脑和灵魂是不一样的,头脑是思考,去认识外部世界,灵魂是一种追求,一种内心的追求,一种价值上的追求,所以人不光是认识世界,要对付这个世界,然后维持自己的生存,人不仅仅是这样,如果光是这样的话,人还会感觉很不满足的,他有精神追求,要活得有意义。这种对意义的追求,也是人特有的,我把这种对意义的追求称为灵魂,就是灵魂的追求,和理性是两回事。

尊重人的价值,就是要尊重这三样东西,尊重生命的价值、尊重头脑的价值、尊重灵魂的价值。实际上,这跟严复说的很相近。严复说要提高民力,国民的生命力,这就是生命的价值;民智,实际上就是相当于头脑;民德,相当于灵魂。所以,下面我想从三个方面来说人文精神。首先是尊重生命的价值。我觉得尊重生命价值,和我们转型的关系特别密切。尊重生命的价值,实际上这样一个理念,是一个自由法治社会建立的根据,是一个目的。为什么要建立一个法治社会,为什么要搞市场经济,都是为了尊重生命的价值。第二是尊重灵魂的价值。实际上,灵魂的价值谈的是一个信仰的问题。我觉得现在社会存在最大的两个问题。一是秩序的重建,要重新建立秩序,原来是人治,和计划经济相适应的是人治,是靠行政命令来指挥这个社会的,现在就不能这样了,实际上现在靠人治的话是对市场经济的一种扰乱,是妨碍了秩序的建立,所以要从人治转型到法治。原来的秩序已经不行了,不能用了,要新建立一种秩序,而这个法治的秩序实际上跟尊重生命的价值有关。二是信仰的重建,这是非常重要的。一个社会没有秩序、没有信仰,这是非常可怕的,而我们现在面临的正是这样一种状况。第三是尊重头脑的价值,这涉及文化的重建。

尊重生命的价值

第一个问题,我想讲一讲尊重生命的价值。生命是最基本的价值,对于每一个人来说,你只有一条命,只有一次活的机会,死了以后再也不可能复活。当然有的人相信宗教,可以轮回,或者是可以永生,到天国了。但是如果没有这种信仰的话,按照我们现在的理解,一个人只能活一次,只有一个人生。所以对于每一个个体来说,生命是他最宝贵的东西,这一点是毫无疑问的。另外,生命是人生所有其他价值的一个前提,你没有生命其他价值都谈不上。曾经有一个学校要搞生命教育,我觉得挺好的,让我题词,我当时就写了三句话:"热爱生命是幸福之本、同情生命是道德之本、敬畏生命是信仰之本。"

怎么样才算尊重生命呢?一是要尊重自己的生命,这个话说起来容易,其实真正尊重自己生命的人并不是太多。怎么样才算是尊重了自己的生命呢?首先要远离那些不健康的生活方式,比如说吸毒、纵欲、过劳。我就有个毛病,老开夜车,每天都是两三点钟睡,其实就是在糟蹋自己,我自己也明白,很多有作为的人英年早逝,其实就是累死的。往往我们平时不知道,感觉没有什么,不会想到会有那么严重的后果,后果一旦来临就来不及了。因此每一个人都应该提醒自己,要珍惜自己的生命。我相信一个人的寿命基本上是固定的,你可以活多少年,这是冥冥之中已经确定的,要延长是很困难的,但是你很容易把它缩短,你没有活够你的年份,那就是你自己没有珍惜。

另外，我觉得应该要享受生命。你只有一次生命，为什么不享受它？人的生命本来所具有的需要、本能的东西，都是健康的，是不应该受谴责的，人健康的欲望都应该得到满足。但是我觉得这里面有一个问题，怎么样才算是真正的享受生命？现在许多人不知道怎么享受生命，他们以为他们在享受，其实不是。生命本身的需要和那种物质的欲望其实完全是两码事，生命本身的需要是很单纯的，相反那些物质的欲望其实是社会刺激起来的，并不是生命本身所具有的，生命对物质的需要其实是很有限的。现在很多人在满足自己更多的物质欲望，在消耗自己的生命，把自己的生命完全投入到去赚钱、花钱，以为这就是享受，其实我觉得不是。

我自己感觉，人生最享受的，比如说爱情，和家人在一起的那种亲情，这些都是生命本身的享受，另外享受健康、大自然这些东西。你需要很多钱吗？并不需要很多钱。如果把你一生所有的精力去赚很多钱，然后消费它们，其实这很累，和生命本身的享受关系不大。中国的道家很讲究这一点，他们懂得什么是生命本身的东西，什么是外在的东西。庄子他们说，不因为物质的东西来妨碍自己生命本身的东西，道家是很强调这一点的。

还有一点，就是对自己的人生要负责任，要实现自己的生命价值，这也是尊重自己生命很重要的一个问题。我们活在这个世界上，是有很多责任的，最重要的责任是什么呢？是对自己的责任，对自己人生的责任。你想一想，我在这个世界上只能活一次，我死了没有人能够代替我重新活一次，如果我这一辈子虚度了，没有人能够真正安慰我，说什么都是空的。人生的责任只有我自己来承担，其他的责任在一定的意义上都是可以分担的，或者可以转让的，只有一个人对他自己人生的责任，既不可能分担也不可以转让的，完完全全要自己承担起来。

想到这一点，每个人对自己的人生都应该严肃，不能虚度。人的其他各种责任，其实都是以对自己人生的责任为前提、为基础的。我不能想象，一个人对自己的人生不负责任、无所谓，怎么过都行，这样一个人会对其他的事情负起责任、对家人负起责任、对自己的下属负起责任吗？不可能。你真正的责任心，就是考虑到这个事情在你人生当中是很重要的，是和你的人生意义直接联系在一起的，只有这样才会真正负起责任来。我们往往容易把责任看成是外在的东西，比如说一个单位里当了一个头，你觉得承担了一定的责任。你从事了一个工作，你觉得对工作有责任。这当然对，但是我觉得我们有时候应该跳出来，应该想一想自己的人生应该怎么过才有意义。也许有时候是这样的，你现在做的事情，对你整个人生没有意义，那你应该重新选择，真正从自己人生的意义出发选择自己应该做的事情，这个时候你绝对会对这个事情非常负责任。当然，如果你觉得对你的人生没有意义，甚至是一种损害，你应该拒绝，你不应该负那种责任。我觉得应该考虑你怎么样过自己的人生，对自己的人生有一个整体的考虑，怎么过有意义，然后安排具体的事业。

另外就是尊重他人的生命，尊重别人的生命。人因为是一个生命体，他就有两种情感，一种就是你可以说他自私，人都是自私的，比如说写《国富论》、《道德情操论》的英国哲学家、经济学家亚当·斯密，他把问题说得很清楚，他说每一个个人，都是生物学上的个体，作为一个生物学个体，必然是利己的，因为他作为一个生命体来说，必然是趋利避害、趋乐避苦，对生命有利的东西就喜欢，不利的东西就要逃避，这是一种本能。对这种本能上的东西，你不能做道德上的谴责。同时，他又是一个个体，作为个体来说，不管说对别人关系怎么好，怎么爱别人，但是你还是跟别人隔着一层的，你还是一个个体，他的感觉，你去体会也好，但是还不是你的感觉。他举了一个例子，比如说一个人你认识，和你关系比较远，他死了，当然你会难过，但是这种痛苦不如你自己牙痛时的痛苦，你想牙痛是多么小的痛苦，你想人死了是多么大的事，但是因为你是一个个体，你的切身感受，你的小痛苦的感受还要强烈得多。从这一点来说，人都是自私的，都是利己的。他认为对此不应该去谴责，而应该顺应这个东西，因为人是自私的、是利己的，每一个人他实际上对自己的关心要超过对别人的关心。世界上所有的人对他的关心，也不如他对自己的关心。既然如此的话,那么我们就让他自己去关心自己好了,我们创造一个制度、创造一个环境,能够让每一个人去关心自己。但是人还有另一面,亚当·斯密说是同情,同情也是人的天性,可以说是第二天性,第一天性是利己,第二天性是同情,人不光是利己的,人还会去体会别人的感情,能够推己及人,看到别人痛苦,然后自己就会感觉这个事落到我头上,我也会很痛苦,人会有这种东西,这是同情心。这个同情心是非常重要的,无论是中国的哲学家,还是西方的哲学家,都认为道德是从同情开始的。亚当·斯密说,同情是人类所有道德的基础。他把人类的道德分为两大类,一种叫做公正、正义,简单说就是不能对别人做坏事,不能损人,相当于孔子所说的"己所不欲,勿施于人";另外就是仁慈,不光是不能损人,而且要帮助别人,别人有了困难,你要去帮助他,对于弱者你要去帮助他,这是仁慈。这相当于孔子所说的"己欲立而立人,己欲达而达人"。

其实,中外哲学家都是有一些共同看法的。孟子也有类似的看法,孟子说恻隐之心,仁之端也,就是你对别人的同情心,这是道德的开端。他说人人都有这样的感情,比如说看见一个小孩,在井边,马上要掉下去了,那时候你心里会非常难受、非常着急,因为什么?因为你是他的父亲吗?并不是。因为你跟他有什么利益关系吗?也并不是,只是推己及人,你会想到自己掉下去非常难受,所以你感觉他掉下去也会非常难受,你要把他救起来。实际上人和动物之间的差别是很小的,就那么一点东西,用他的话来说恻隐之心、恭敬之心、是非之心等等,就是很小的一些东西,但是发展它,人就伟大了,如果那么一点东西,你任它最后没有了,就跟动物没有区别了。同情心也是中外哲学家非常强调的,是道德的开端、道德的基础。对于生命的同情实际上就是善良,我认为善良是人的最基本的道德品质。其实从人来说,我觉得从天性来说,人都是善良的,没有那么恶,我相信孟子的说法,孟子是性善论者,人都有善的苗头。但是这些东西,需要一个好的社会环境让它发展,在一个不好的社会环境里这些东西就会泯灭,越来越没有,人越来越不善良,或者说越来越不敢善良,因为善良的人倒霉。在那样的社会里,善良这种品质就会越来越少,同情心就会越来越少。那样的环境,我说这是不适合人待的地方。为什么要建立一个法治社会?我觉得实际上是要建立这样一种社会环境,尊重人的生命价值,保障人的生命价值。

现在在善良这个问题上、人和人同情这个问题上,现在社会的现状挺让人寒心的。如果要追溯它的根源,我们这个民族、我们这个文化传统里,对于生命价值的尊重这一点是始终没有建立起来的。当然像我刚才说的,孟子强调同情是道德的开端;而且儒家伦理最强调的就是仁义道德,仁就是讲同情,人和人之间的爱。实际上我们可以想一想,秦朝之后两千年的专制社会,我们社会中有其实没有这种仁爱。老百姓的命是不值钱的,不光是老百姓的命了,无论是什么人,就是达官贵人,在皇帝面前也是命不值钱的,让你死就死。以前封建社会,大臣得罪了皇帝,下场是极为悲惨的,经常是满门抄斩,一杀就是一家人,这是经常发生的事。

在专制社会里个体生命价值等于零,一点价值也没有,这里就有一个矛盾,儒家伦理是说人和人之间要有同情、要有爱,可是结果我们这样一个封建制度实际上一点爱也没有,没有同情、没有爱,生命完全没有价值。我觉得儒家伦理本身是有毛病的,我刚才说实际上人有两种本性,第一本性是利己、是自私、是爱自己的生命,第二本性才是推己及人,对他人的生命有同情。儒家伦理的问题在哪里?我就觉得它就是对第一个问题,人的利己这种本能它是否定的,人都不能爱自己,不能爱自己的生命,不能去追求自己的利益,如果你去追求自己的利益,你就是小人。

在这个问题上,儒家里我觉得荀子是比较对的,荀子说过君子和小人都是好利恶害、趋利避害的,但是君子和小人追求利益的方式是不一样的,君子是讲道理、守规则的,而小人是不守规则的。他说,人人都是要追求利益的,但是只有唯利是图才是小人。他的这种观点在儒家伦理是不占主流的。你要有一个同情心,因为所谓的同情心就是推己及人、将心比心,如果说一个人他对自己的生命都不爱,他怎么可能去对别人生命发生同情呢？不可能的。一个不爱自己生命的人，实际上我可以说他是一块石头，他不可能对别人有同情心的。如果一个社会里，都不允许每个人去爱自己的生命、追求自己的利益、实现自己的生命价值，每个人的生命价值都是等于零，都可以随便取消，这样一个社会人们对于生命的感觉是麻木的，有一种普遍的麻木，这样的社会必然是缺少同情心的。我觉得这是儒家伦理的一个问题，它否定了利己，没有办法去推己及人了。

另外，在推己及人时也有问题。按照孔子的说法，叫做"能近取譬"，能够从自己的身边了解道理，中国的儒家伦理比较重视家庭、家族、父子关系，伦理就从这里开始。那么这样一个结果，最后仁就归结为两条：一个是孝，父子关系，儿子要忠于老子；另外就是忠，父子关系在社会上的一个放大，就是臣民要忠于君主、皇帝。结果整个形成了中国一个宗法等级秩序，皇帝一个人是最高的，就像严复说的，中国没有国，整个国都是皇帝的家，皇帝一家的。在皇帝面前，所有的人都是奴隶，都是他的子女，因为他是皇帝，他是老子，其他人全部就像是一个家族一样，必须要听老子的，父命子死子不得不死，君命臣死臣不得不死，个体生命没有价值。

我说中国的人治实质上就是这样，实际上是一个宗法等级制度，这个东西的流毒很重，我们可以想一想对生命价值的蔑视，包括后来的历次运动，都非常严重。这些历史已经翻过去了，但是这个问题没有根本解决，对生命价值的尊重现在还没有真正确立起来。对生命价值的不尊重在当前的市场化环境里又有了新的表现，如果说以前在权力面前生命等于零的话，那么现在在很多场合是在金钱面前生命等于零，为了赚钱不顾人命，现在这样的事太多了，包括医院的见死不救，现在有些人，尤其是穷苦农民，家里有了一个重病人，只有一个办法，就是等死，没有别的办法。

但是这个现象是不是责任在市场呢？我觉得责任不是在市场。同样搞市场经济的西方很多国家，他们没有这样的事。万一出了一件这样的事,那是特大新闻,全社会愤怒,肯定要追究法律责任。

我在北京,因为我在《新京报》给他们开专栏,他们给我订了这份报纸。前不久有一件这样的事,城管去执法,违章建筑,确实是违章建筑,在街旁边,原来的房子旁边又搭了一个裁缝铺,一个外地的女裁缝在那里,城管开着车去拆房子,那个女裁缝就特别着急。当时就求,当然不行了,她就晕倒了,那个房主是一个懂医学的老太太,她一看这个女裁缝大小便失禁了,就知道事情不好,非常危险,求求城管,因为他们有现成的车在那里,赶紧送医院,要不然来不及了,城管说这不是我们的事,我们是执法的。后来这个女房主就在街上拦出租车,出租车都不停,最后她没有办法,就跪在马路中间拦出租车,最后拦上一辆,最后这个女裁缝送到医院,已经没有气了,还是死了。我还看到一个报道,是四川的事情。有一个女的是吸毒的,她有一个三岁的女儿,有一天她把女儿关在家里,给女儿买午餐吃。出去的时候给警察看见了,警察就把她抓起来了,要把她送去强制戒毒,她就哭诉说孩子在家里,就让我回去给她安排好,能够让我的姐姐来看她。警察说不行,她说那你给我姐姐打电话吧,警察也不管。最后押送她去戒毒所,路过她的家门口,她哭着要进去,警察也不让。17天之后,邻居闻到臭味,打开她家的门,孩子早就死了。

这些对生命冷漠的现象,已经是让人很难容忍了。怎么样解决这样的问题,当然开展生命教育是一个办法,现在很多地方在开展生命教育,教育大家尊重生命、爱惜生命。但是我觉得光凭教育不能解决问题,这整个是一个社会环境、社会秩序、社会制度的问题。所以我就说,实际上希望,应该寄托在建立一个真正的法治社会,真正依法治国。

西方市场经济的基础是法治社会,为法治社会奠基的理论,是英国的古典自由主义理论,由洛克、休谟、约翰·穆勒、亚当·斯密这些人所建立的一套理论。这套理论的出发点是什么呢?就是要保障生命的权利。建立法治社会,它的出发点就是要保障生命的权利,要保证生命的价值真正得到尊重,要保障每一个人的生命价值都真正得到尊重,就是要建立这样的社会秩序。要寻求最大限度地保障生命权利的社会秩序,这就是法治,法治就是这样的秩序。

洛克可以说是法治社会这套理论的奠基者,他在《政府论》里说道,政治社会的目的就是保护天赋人权,就是保护老天给你的权利、给每一个人的权利,这个权利是什么呢？他列出三条,生命、自由和财产。生命是最基础的,要保证生命的权利,就应该给他自由,真正去实现他生命的价值。为了保证生命的权利,还要从经济上争取自己的利益,得到的财产,要保障财产权,因为生命是要靠财产来维护的。所以他提出这个口号,法治社会的目的就是为了保护生命、自由和财产,这些都是天赋人权。

英国古典自由主义理论最基本的道理,其实很简单,归纳起来就是两条,一是个人自由,一是法治。我刚才谈到亚当·斯密对这个东西的论证,他讲的道理就是这样的,每一个人他都是一个生命个体,他都是利己的,所以我们应该顺应他,创造一个条件,来建立这么样一种秩序,在这种秩序里每个人都可以争取自己的权利,争取自己的利益,每个人都应该是自由的。但是,你是利己的,别人也是利己的,所有的人都是利己的,这就产生了一个问题,你利己的时候不能妨碍别人利己。你要让每一个人的利己都能够得到实现,那怎么办呢？就要有规则,就是每个人都可以争取自己的权利、争取自己的利益,但是不能侵犯他人的利益。利己是允许的,是应该得到鼓励的,但是损人是不允许的,损人是必须禁止的,如果发生了是要受到惩罚的。

实际上法治社会的基本道理就是这样的,就是允许利己,但是要惩罚损人。按照经典的说法,就是说一个人只要他的行为仅仅涉及自己,那么他拥有完全的自由,任何人包括政府,不能对他强制,只要是他自己的事情,任何人不能强制他,这就是个人自由的原则。同样,任何人不能去侵犯他人的自由,不能去强制他人,这就是法治的原则,规则下的自由,每个人都是自由的,但是是规则下的自由。规则是什么呢？规则实际上也是根据保护个人自由来制定的,你不能侵犯他人的个人自由,这就是规则。政府的责任是什么呢？政府就是要保护所有个人的自由,要防止侵犯他人自由的事情发生，如果发生了，政府就要代表法律去进行惩罚，这是政府的责任。

如果每个人都可以自由地争取自己的幸福、自己的利益，同时不允许对他人进行侵犯，如果发生这种侵犯生命权利的事情，就必然得到惩罚，这样的一个社会，应该说是既充满活力，同时又是非常有秩序的，这样的社会应该说是最合乎人性。这就是我对法治社会的理解，我读他们的书的理解。

法治社会当然要有政府和法律，这些规则最后通过立法机构，制定为法律，法律的执行需要有政府，但是研究法治社会的理论家特别注意一个问题，法治社会必须有政府，但是政府一旦存在，它就非常有可能去侵犯个人的自由，因为它权力大。法治理论特别重视防范政府对个人自由的侵犯，防止强制的发生，凡是有悖于这个目的的，虽然是立法机关颁布的，也是非法的，法律的核心是保护个人自由；强调法律是普遍性的原则，不是针对具体的个人和事情，在法律面前人人平等，任何人没有特权；强调法律至上，政府必须受法律的支配，为了保证这些原则的实行，所以非常强调三权分立，立法、行政、司法，这样才能使我们的法律的制订不受行政的干预，同时能够监督政府对法律的执行。

市场经济跟法治社会有什么样的关系呢？市场经济要真正成功，要建立起一个有秩序的成熟的市场经济，有赖于法治社会的建成，两者是互相依存的。和我们以前的计划经济相对应的是人治，那是靠行政命令，行政官员发布指令。那么和市场经济相对应的，必须是法治社会，如果还有人治在里面干扰的话，就会影响市场经济本身秩序的建立。市场经济不是无序状态，是一种规则下的自由，是一种秩序。主要的规则有两类，在法治社会里私人领域和公共领域的界限分得很清，私人领域受到法律的保护，公共领域法律要求每个人都要承担责任。具体到市场经济领域，私人领域受到保护的，首先就是财产。所谓的市场经济，就是允许每个人凭自己的能力、凭自己的运气争取自己的利益。

我们鼓励大家凭自己的能力去争取自己的经济利益，这个经济利益最后体现为什么呢？财产。如果财产不受到保护，可以任意地被剥夺，那所谓的经济自由其实是空话。我费了天大的劲，我凭自己的能力赚来的，你随便可以拿走，有什么经济自由？所以私有财产是必须要保护的，如果不保护私有财产就没有市场经济，市场经济就完全是空的，不可能维持下去。你看所有实行市场经济的西方国家，必然把私有财产神圣不可侵犯写在他们的宪法里。这个问题我们现在基本上也已经解决了，保护财产包括私有财产，已经写入了我们的宪法。现在《物权法》通过了，保护私有财产作为国家的法律已经确立了。当然，离实践中真正做到，其实还是有距离的。现在我觉得民营企业家其实挺困难的，其财产权利经常受到各种名目的侵犯。私人领域里最重要的就是财产，也包括知识产权。

公共领域的规则主要是税收，国家拿了税收用于行政、国防、公共安全、医疗、教育、社会救济等等，当然这里面就有一个合理使用纳税人钱的问题，税收合理地使用，做好公共事业，这是政府应该向公众、纳税人负责任的，这也是规则的一部分。另外环境保护、生态保护、资源保护、文化遗产保护、自然遗产保护等等，各种资源的保护，这也是一个很重要的规则。从我们国家现在的情况来看，这些地方其实问题都比较多。

我看到一个统计数字，中国环境可持续指数，2005年的统计，144个国家里占到第133位。世界卫生组织2005年的统计，空气污染最严重的城市有十个，中国占了七个，北京也在其中。这些问题实际上都是市场经济要守规则的地方，开发商为了自己的利益，和某些官员勾结起来，任意破坏环境、破坏文化遗产，这种现象太多了。

关于守规则的问题，公共领域和私人领域的划分问题，梁漱溟说过一句很到位的话。他说，在西方，公众的事情大家都参与做主，而个人的事情大家都无权过问，而我们中国正好相反，个人的事情大家都有权过问，公众的事情大家都不管，公共领域和私人领域都没有真正形成。这几年情况好多了，改革开放之前，个人的事情那是谁都能管，首先是行政当局，你的上司，有权来过问你的个人事情，什么事情你都要跟他汇报，而且你单位的其他人都可以检举你,完全你私人的事情都可以管你,现在这方面的情况好多了。随着市场经济的发展,受法律保护的私人领域是在逐渐地形成。

西方的历史,市场经济秩序是自发形成的,它在那个漫长的过程里,逐渐地形成了一些规则,互相要守信用、等价交换等等这些规则,逐渐地形成了。用亚当·斯密的话来说,就是看不见的手,大家都在追求自己的利益,但是只要同时如果发生了侵害别人利益的事情,就会受到谴责。这样的情况下大家慢慢都会守规矩了,就会形成一些规则,最后的效果是最好的。市场经济的规则是生长起来的,并不是政府制造起来的,政府的责任是保证这个规则的遵守,惩罚违反的人,为个人和企业从事经济活动、展开公平竞争,创造一个良好的环境。像自由主义哲学家斯宾塞就说过,政府的责任不是为公民提供幸福,政府没有这样的责任,政府的责任是保护人们追求幸福的自由,你让大家都去争取幸福,你去保护这个自由,如果受到侵犯的话,对那些侵犯的人进行惩罚就行了,不要政府自己去提供幸福,你也提供不了。

西方长期的传统,尤其是英国,就是政府不参与、不干涉经济活动,只是管裁决纠纷,就是管法律,另外就是收税。中国的情况不一样,中国从秦朝开始就是政府管一切的。在政府管一切这样家长式的管理秩序,完全是人治的秩序下,市场经济的秩序是不可能产生和形成的。我们现在的问题,从清末民初之后,开始搞市场经济,中华人民共和国成立之后中断一个时期,现在又开始,怎么继续推向前,这是我们面临的问题。

尊重灵魂的价值

现在我们这个社会,普遍感觉道德水平很低,很多人不讲道德,另外就是缺乏信仰。人是应该有信仰的,应该讲道德的,因为人是有灵魂的。所谓人有灵魂,就是说人是有一种精神上的要求,他并不仅仅是要过一种物质生活,按照人的本性来说,是不愿意这样过的。人的这种对精神上的要求,应该可以说是人身上的神性,人为自己创造了一个上帝,基督教相信有上帝,其实这是因为人身上有这种追求,有这种神性,这种神性一定有一个根源,所以就创造了一个上帝,必定是有一个来源的,那么这个来源可能就是上帝,这个宇宙同样有精神性的本质,就把它叫做上帝吧。人的这种灵魂的追求,如果用别的理论如进化论是解释不了的,猴子怎么变人的,我们可以用进化论来解释,人的大脑怎么产生,也可以用进化论来解释,人的大脑为了适应外界复杂环境,人用自己的头脑去对付,头脑就越来越复杂,最后就形成了大脑。你可以这样来解释,但是人的灵魂追求,进化论没有办法解释。

往往是这样的,有精神追求的、对意义的追求看得很重的人,其实从进化的角度来说、从生存斗争的角度来说,往往也许是不利的,一个人太看重这个东西,往往在实际生活中会倒霉,不一定是有利于生物学意义上的生存。历来的哲学家,尤其是西方的哲学家,或者是基督教的神学家,他们想象有一个上帝,有一个最高的精神世界,其实很大的程度上是为了解释为什么人会有这种精神上的要求。我想一个人,我们不管相信不相信基督教,信不信某一种宗教,但是我们起码要承认这一点,就是人确实向往一种更高的生活,比纯粹的物质性生活、世俗性生活更高的生活,你承认了这一点,应该说你就是一个有信仰的人。

人有神性,最突出的表现就是道德的。人身上的这种神性,这种精神上的追求和要求,正是人高贵的地方。关于这个问题,讲得最好的可能就是德国的哲学家康德。康德讲人是有尊严的,人身上是有神性的,他是怎么说的呢?他认为人实际上就是两部分,一个部分人是活在现象世界的,作为现象世界的人是肉体,是跟其他的生物差不多的,你是要服从自然规律的,是不自由的,你饿了就要吃,你欲望都要得到满足,这是生物性的规律,你没有办法,你是不自由的。但是人还有另外一个方面,就是人是有灵魂的,人是活在本质世界、本体世界,不光是现象世界,作为本体世界的人是自由的。从哪里看出是自由的呢?他说人可以为自己的行为立法,规定你应该怎么样去做,怎么样做是对的、怎么样做是错的。作为生物学意义上的人是不可能这样做的,完全是自然来支配他的,但是作为一个道德的人,他是可以为自己的行为立法,而且人为自己的行为立法,和自然的法则往往是相反的。

自然法则要人利己,要为自己的利益趋利避害,但是作为道德的人、本体世界的人为自己立的法是要爱别人、同情别人,做的事情要符合道德,用康德的话来说,你这个行为,你做的那个事情,如果说全世界每个人都按照你这样来做的话,也都是正确的,这个世界会变得更好,你应该这样去行动。所有的人都按照你这样做法来做,人类世界会变得更加美好,实际上当你做一件事情时,你的行为可以推广,可以作为榜样。从这一点来说,人是自由的,人的高贵就是在于这里。

康德提出了一个很著名的命题,就是人是目的,永远不能把人当作手段。他说的人是目的,就是作为本体世界的人,作为灵魂的人。人有两个部分,一个是比较低级的部分,是生物学上的人,另外还有一个精神的人,这个精神的人是人真正本质所在,这才是真正的人,这个人是目的。你永远不能把这个人作为手段,无论是对自己来说,还是对他人来说都是这样,你对自己来说,你永远把自己更高级的部分,更作为人的部分,灵魂的这个部分,当作目的,你不能为了比较低级的部分、生物学的部分、肉体的部分,为了它你就出卖你作为灵魂的部分,你就不要那部分了,把它作为手段了。

把高级的部分作为手段去为低级部分服务,你就没有把自己当作目的,就把自己当作手段了,不能这样做。对他人来说也是这样,你要把每一个人都看做是一个灵魂的存在,别人是有灵魂的存在,你要尊重他,把他当作目的,你不能把他人作为满足自己的欲望、自己的利益的手段。当你这样做的时候,你实际上把他人作为手段了,而且不光把他人当作手段,你是把人性中高级的,真正人的部分,作为手段了,你是贬低了所有的人,也贬低了你自己。如果一个人不尊重他人的尊严,你是不尊重所有人的尊严,包括你自己的尊严。

真正讲道德的基础,我觉得真是灵魂的高贵,是人的尊严。这一点我们以前强调得很少,我们讲道德,往往容易从意识形态着眼,一些具体的道德规范,爱国主义、集体主义、守纪律等等,这些东西都是表面的东西,而且在我看来它还不是真正的道德,它是意识形态。真正的道德应该建立在人性的高贵上,对人的尊严这种意识上,这是真正的道德,这是道德的根,人要活得高贵,活出人的尊严。我说的高贵,就是能够意识到、而且在行为上体现出人的尊严,这是一个大写的人,是一个精神性的人,不光是肉体的人。我相信灵魂高贵的人不但是尊重自己,而且一定是尊重别人的,高贵的人有一个特点,就是待人平等,把所有的人看做是有尊严的人,必然对人平等。其实一个人尊重他人,也就是尊重自己,一个尊重他人的人,他在这种尊重中就体现出一种自尊来,体现出一种人的尊严来。

高贵这样一个价值,在我们这个时代谈得很少,我们说的高贵都是物质的高贵,豪宅、名车,好像那就是高贵,那算是什么高贵,不过是钱多一些而已。有一些人是精神上的贫民,我们应该做精神上的贵族,做精神上的富翁。欧洲中世纪这是非常重要的概念,人首先要活得高贵,你看真正的贵族,其实灵魂上也是很高贵的,他是非常有尊严的。法国革命的时候,路易十六被判了死刑,他的夫人上绞刑架的时候,不小心踩了一个刽子手的脚,她本能地就说了对不起,我觉得这就体现出了一种尊严,我死的时候仍然有一种尊严,我尊重你,这里面正是有一种自尊。

从道德上来说,人的尊严这个观念是非常重要的。我们现在都讲中国的诚信是一个大问题,因为市场经济中最重要的道德规范就是诚信,没有诚信就不可能有健康的市场经济。中国诚信的缺失是一个老问题了,儒家虽然强调仁义礼智信,但是,我看那个"信",往往是放在"忠"后面,"信"这个东西,是服从于等级秩序、服从血缘关系,摆在次要的地位。我自己认为,中国的传统里还是缺少个人的尊严,每一个个体都是具有尊严的,这个观念我们确实是缺乏的。诚信的问题不是从今天开始的,清末民初,当时严复谈得很多,他说中国人在一起往往喜欢斗心眼,玩技巧,互相之间不信任,他举了一个例子,比如说书生去考试,那是科举考试的时候，到了一个考试的地点，场所非常脏，或者觉得考官很不公平，考生都有意见。大家说明天开始我们都罢考，都不要来，大家都说好了，回到家里，第二天他就想，他们都不去，我去，我就不是百分之百考上了嘛，到了那里一看，个个都来了，每个人的想法都一样，都觉得别人不会去，自己去。约定的事情，违反了之后自己能够得利益，就必然去违反，没有诚信可言。

他说，我们中国人听到别人说他不老实，会骗人，不感到羞耻的。西方人最羞耻的，就是说他撒谎了、不老实，这是终身的耻辱。一个人如果这样被人说很难受，如果是被诬蔑的，是会暴跳如雷的。他说中国人不一样，如果说你撒谎，他不会很生气，因为中国人以撒谎为有本事，以守信用为笨拙。他说结果西方很多好东西到了中国之后，就完全变质了，比如说，公司制度是西方非常好的制度，但是到了中国之后，哪怕是两个人办公司也是互相欺骗。这个问题，实际上很多西方的哲学家、思想家也有提到过，中国人的诚信缺乏问题。法国哲学家孟德斯鸠在《法的精神》里说到过，中国人的生活以礼为指南，但是他们是地球上最会骗人的民族，没有一个经营贸易的国家敢于相信他们，在中国用暴力夺取是禁止的，但是靠狡诈欺骗得到的是许可的，中国人都互相提防，生怕受骗。

德国大哲学家韦伯谈到，中国人之间的一切信任，都建立在亲戚式关系的基础上。这句话真的是点中了中国人的要害，中国人也有诚信的时候，但是这种诚信主要是限于熟人社会，而且是服从宗法关系。我就觉得我们要分析起来，为什么诚信会缺乏，有两个根源。一个就是从制度层面来说，市场经济的秩序没有形成，我们的诚信以前都是熟人社会，小村庄、小地方、小镇，互相大家都认识，这个时候欺骗别人不好意思，而且你骗了一次，就是这么一个小范围，人家以后不来买你的，你就没有生意了。所以在熟人社会里，我们以前的道德还能管用，宗法关系的道德关系还能管用，但是到了开放社会，大规模的市场经济，你就不能靠这种熟人之间的关系了，你必须要靠规则。

另外一个根源，从文化层面来说，就是人的尊严观念缺失，你说什么是诚信,诚实守信用,也就是说我跟你打交道的时候,我把我的真实想法都告诉你,这就是诚实;并且我告诉你我一定会对它负责的,我一定会做到的,这就是守信用。当我对你这么说的时候,我是很自尊的,自己是作为一个有尊严的人跟你说的。同时,我是非常尊重你的,是把你看做一个有尊严的人的。所以,诚信的关系,实际上是建立在打交道的双方所共有的人的尊严的意识基础上,如果没有这样的意识,就不可能有诚信。

中国的道德和西方的道德有一个很大的区别,西方人的道德实际上它是一种宗教,是有宗教背景的,他要对上帝负责,上帝无所不在、无所不知,我所有的行为上帝都知道,所以我在上帝面前一定要做得好,哪怕在没有任何人监督的情况下,上帝监督着我。这是跟西方哲学传统有关系的,他们的哲学是所谓形而上学,要追问世界的最高本质是什么。中国的哲学是比较局限于社会的层面,中国最主要的哲学是儒家哲学,儒家哲学可以说是一个道德哲学、伦理学,儒家的道德主要关注的问题是什么呢?就是怎么样能够维护好这个社会的秩序,这样一个宗法等级的秩序。

我们以前的信仰严格来说是意识形态,是解决社会层面的问题,不是解决形而上层面的问题。现在到了改革开放、市场经济时代,这个问题就暴露出来了,我们不能再用意识形态来指导我们的人生了。在这样的情况下,信仰的问题我觉得就要交给每个个人了,你每个人要自己去解决信仰问题了,你每个人要自己去解决人生意义的问题,活着到底为什么。

总的来说,我认为这是一种进步,按照本来的意义来说,信仰应该是每个人个人灵魂中的事情,它不应该是一个社会统一规定的事情。但是现在我们遇到了这样一个问题,因为中国没有自己的本土宗教,没有自己形而上意义上的信仰。怎么办?我就说其实这个东西就是个人解决的问题,有的人信了基督教,真诚地相信,也可以,有的人相信了佛教,有的人什么宗教都不相信,但是很严肃地对待人生问题,自己在思考。比如说我,我什么宗教都不相信,但是我在很严肃地思考这些问题。对于我来说，哲学就是一种方式，哲学本身还不成其为信仰，但是是走在信仰的途上，思考人生的根本问题，为什么活着。我觉得这样都是可以的，只要是认真的、诚实的，都是可以的。

现在这个时代，有一些人信宗教，其实他也不是真正相信。所以我说有没有信仰，你不能根据是不是相信宗教，信某一种宗教来判断，信宗教的人里有有信仰的人，也有没有信仰的人，不信宗教的人里同样也有有信仰的人，也有没有信仰的人。很多人相信佛教，有些实际上是在谋利益，前几年我到过普陀山的寺庙，那是一个很壮观的佛教寺庙，当时和尚都在那里做法事，中间休息时他们出来，有一个小和尚坐在我旁边休息，我问做法事挺累的吧，他说是啊，赚钱真是不容易啊。他很可爱，很诚实就说了，他把这个事当作职业了，你可以看到佛教里的一些人，以宗教为职业的人，他们并不是把它当作信仰，真的是把它当作一个谋利的事。我就知道一些和尚，所谓的高僧，他们奔走于权门和豪门之间，为自己谋利益，赚大钱。两年前我陪西藏的一个活佛去五台山，这个活佛从来没有出过西藏，没有到过内地，他的理想就是要去五台山一趟，前年我的朋友就帮助他实现了这个理想，陪他一起到了五台山。他看到的景象是什么样的景象呢？五台山是藏传佛教、汉传佛教都有的，这些喇嘛在做什么事呢？有的打手机、有的打台球，真的是乱七八糟。我问他有什么样的感想？他说有两点：第一点我实现了自己的梦想来到了五台山；第二点我不知道这些穿着跟我一样衣服的人，在这样嘈杂混乱的地方，怎么想佛的道理，他说想不明白，觉得这些人不可能这样做。

有些人烧香拜佛，有一个很实际的愿望，就是要求佛为他们做什么事、实现他们什么愿望，用中国作家史铁生的话来说，他们在向佛行贿，这就不是真的信仰。真正有信仰，就是看重灵魂的生活，另外一点，就是要有做人的原则，你要相信人身上是有神性，不光是有动物性。你不能亵渎了你身上的神性，不能亵渎了人身上的这种尊严，要有所敬畏，有些事情是不能做的。

与听众的交流

提问: 记得罗曼·罗兰曾经说过,真正的英雄是那些在看透生活真相之后仍然热爱生活的人。您在探讨人生真谛的路上,面对种种困惑,怎么做到不愤世,不嫉俗?

周国平: 我想我还没有做到这一点,我仍然还在奋斗的路上。我觉得尼采给我很大的启发,应该说我天性比较悲观,这和我的性格有关。我从小很内向、很敏感,受了挫折,自己不能发散出去,非常难受,很早就考虑死亡的问题,很早就有绝望的感觉。自从我知道有一天我也会死,变成什么都不存在了,永远不存在了,我真的就觉得生活很虚幻,就有这样的感觉。

我小学的时候就有这种感觉,所以应该说我是一个比较悲观的人,我和尼采比较共同的就是这一点。但是我不甘心,一方面我觉得人生是很悲观的,在最后的结局是很悲观的;另一方面我真是觉得人生太没有意思了,我太愿意经历人生各种事情了。这种喜欢我觉得可能不是一种理论的东西,而是一种本能,我想这还是说明我还是很有生命力的,我还是很爱人生。这两种矛盾的东西,就促使我去思考。我想我其实还是在矛盾中间,一方面我可以说看到了人生的真相,所谓的人生真相,可能就是像尼采说的那样,人生从终极的角度来说是没有意义的,不过是那么一个过程,个人来说是这么一个过程,活一场,死了不存在了。就人类来说,许多科学家、哲学家都已经断言,人类是要走下坡路的,最后是要灭亡的,大自然是这么规定的。当然这很漫长,但是是必然的路,如果从这个角度来说没有意义,人生背后的真相确实就是这样的。

但是,我想人生就是两个方面,尼采说的那样,这是对人生命力、意志力的考验,当你看到人生的真相,仍然可以无畏地跋涉在虚无的荒原上,这就是一种考验了。最后我想说的,其实这个问题不是一个理论问题,因为我还是尘缘未尽,还是喜欢人生,生命的本能在起作用,我就是爱这个人生。所以不管最后理论上我看到人生如何虚无,我仍然是爱这个人生,因为这种爱,所以我能保持我这样的状态。这有什么好处呢?我看到人生虚无之后,在我执著喜欢人生、热爱人生的同时,能够保持一种超脱,这可能是悲观的那一面带给我的好处,我再热爱人生,我也看到它是有限度的,因为这个限度,我不会太沉溺于里面,一旦我遇到了挫折、遇到了苦难,我能够跳出来看,不过如此,最后结果是一样的,这一点算不了什么。我能这样看问题,有了超脱的一面很重要,反而可以保持一种比较好的心态,不容易被生活打败,能够让我继续爱人生,我想这是一种辩证的关系。

提问:西方的人文观念,它讲得更多的是权利、平等、自由等,我们儒家的人文思想讲得更多的是义务、规范。西方200多年来解放了人的思想,使人的创造力得到了充分的发挥,但是其实这并不利于社会的凝聚,而我们中国的儒家思想却实现了我们中国几千年的统一,您觉得在21世纪是不是已经轮到西方向东方儒家学习了?

周国平:现在有很多人有这样的说法,说西方文明遇到了危机,要靠东方文化来拯救他们,我觉得这种看法没有多少根据。以权利为本位的文化要让位于以义务为本位的文化,也没有道理。其实,这两种文化比较起来,我觉得以权利为本位的文化是更加对头。要说社会秩序的问题,其实我认为西方社会很有秩序,比我们更有秩序,社会基础更稳固一些,建立在个人自由的基础上,有规则,这样的秩序是更好的一种秩序。

虽然我刚才说了很多西方文化的优点、西方人文文化的优点,但是,人类社会越往前走,它并不是说越靠近西方文化,或者越靠近东方文化,而是越来越把各民族好的东西,把它融合起来,应该走这样的一个方向。实际上也是这样,越来越全球化的时代,文化的交流最后的结果,是各个民族好的东西,越来越成为全人类的精神财富,应该是这样的一个方向。

中国社会经济可持续
发展的几个问题

厉以宁

(2007年6月4日)

厉以宁,1930年出生于江苏省仪征市,北京大学教授,享誉海内外的著名经济学家。1988年至2003年任全国人大常委,现任北京大学社会科学学部主任、光华管理学院名誉院长,十届全国政协常委、全国政协经济委员会副主任。

他提出的股份制改革理论、中国经济发展的非均衡理论,以及对"转型"经济的研究,对中国经济的发展产生了深远的影响。1990年后主要著作有:《非均衡的中国经济》《走向繁荣的战略选择》《中国经济改革与股份制》《股份制与现代市场经济》《经济学的伦理问题》《环境经济学》等。因其杰出贡献而多次获奖,包括中国经济学界的最高奖"孙冶方经济学奖"、国家中青年突出贡献专家证书、"金三角"奖、国家教委科研成果一等奖、环境与发展国际合作奖(最高奖)等。

中国的社会经济要实现可持续发展,必须解决好六个方面的问题。

就 业 问 题

中国社会经济可持续发展要解决的第一个问题,是就业问题。谈到可持续发展,必须将就业问题放在最重要的地位。就业或者说充分就业,是任何一个国家宏观经济政策的第一目标。社会的稳定是发展和改革的前提,而就业问题事关社会的稳定,所以失业问题在中国显得特别重要。上世纪70年代末,这一问题就已经出现了。

当时是什么情况呢？大批的知识青年从农村、从生产建设兵团返回城市,失业非常严重,所以那时中央决定要解决失业问题。1980年4～5月,在中共中央政策研究室和当时的国家劳动总局开经济学家每周座谈会的时候,我在会上首先提出了股份制是解决就业问题的很好办法。当时为什么这么讲呢？因为增加就业就要增加投资,国家又没有那么多钱,因此采用股份制的办法扩大生产规模、扩大企业、兴建企业,就可以容纳很多人就业。中央采纳了这样的政策,在1980年夏天召开的全国劳动就业会议上,股份制问题就被提出来了。这以后,我们一直把充分就业看做是政府应该实现的目标。我们今天讲小康、谈和谐、说安居乐业,都离不开就业。在中国,就业问题最重要的是必须要做到机会的均等,大家都站在一条起跑线上。

谈就业问题,我们自然联想到教育问题。教育的不平等引起就业的不平等,就业的不平等引起收入的不平等,而收入不平等引起生活的不平等,生活的不平等引起下一代的不平等。所以,就业问题实际上跟教育问题是结合在一起的。我们现在所做的还不够,还要进一步合理配置人力资源,做到人尽其才,在合理配置人力资源的基础上提高效率。合理配置人力资源,其中就包含了应该把就业问题放在首要的位置。中国现在的失业问题,其原因何在呢？失业可以分成不同的类型,大体上是两种:一种是总量失业,就是经济中没有那么多工作岗位,人找不到工作;第二种是结构性失业,往往人找事、事找人,两者并存。为什么两者并存呢？主要是结构上的问题,寻找工作的人的技术水平达不到岗位的要求,岗位上又找不到合适的人,这是结构性的失业。

针对这两种不同的失业,我们应该采取不同的方针、不同的办法。解决总量失业问题,其中很重要的一条,就是经济要增长,因为新的工作岗位是在经济增长的过程中出现的。经济生活中假定岗位不够,无论如何社会中的失业问题都会存在。解决结构性失业问题的办法,主要是靠职业培训、再就业训练,特别是要大力发展职业技术学校,其中包括民办学校。办民办学校最大的受益者是谁?是国家,因为国家不要拿那么多教育经费出来,就能够培养出人才。有了民办学校,很多学生想提高自己、想学技术、想找工作,通过民办学校就能够达到这个要求。所以民办学校的最大受益者,是我们的国家、我们的社会,要大力发展民办学校,包括民办的职业技术学校。

中国农村中存在着隐蔽性失业。什么叫隐蔽性失业?就是表面上都是有工作的,但实际上是人浮于事的。农村中的多余劳动力处于隐蔽失业状态,是一个蓄水池,只要是城里容易找工作,出来的人就多,城里工作不好找,相对出来的人就少一些。如何把农村的劳动力引到我们将来的经济增长中,充分发挥人力资源的优势,这是我们长期工作需要注意的问题。

当然,就业问题的解决不是很容易的。经济学有一个规律,就是经济增长和就业增长是不对称的。怎么叫经济增长和就业增长不对称呢?主要原因是每一个单位人力资源都有一些富余,每个人都没有开足自己的马力。一旦订货增加,经济上去了,短时期内不会增加新劳动力,原有的劳动力就能发挥潜力。所以经济增长到一定时期之后,就业才会相应增长。也就是说,就业的增长是滞后的。我们懂得这个道理之后,就不能放慢经济增长速度。经济增长速度放慢了,就业问题就不容易解决。

在谈到中国的就业问题时,有一个观念一定要清楚。"减员增效"是我在上世纪 90 年代中期提出来的,这是一个不正确的口号,因为减员增效是一个微观经济问题,应该由企业来提出这个问题。宏观政府的任务是实现充分就业,尽量解决就业问题。政府不应该提出减员增效这个事情,这是企业的事情。从宏观上讲,减员是不增效的。为什么呢?主要是因为减员之后人力资源的闲置,是宏观效率的损失,没有充分利用人力资源,所以宏观上讲不增效。从微观上讲,减员能否增效,视各企业的情况而定。企业认为条件成熟了,多余人员有安排了、有出路了,减员必然增效。假如多余人员没有出路、没有安排，减员就不一定增效，反而会增加企业内部的矛盾，甚至会引发一些不安的事情。

我们国家已经提出了积极就业政策，把扩大就业放在了社会经济发展的突出位置。与就业问题或者失业问题相联系的，是社会保障问题。如果就业问题和社会保障问题能够同时解决的话，那社会就可以达到稳定。

解决就业问题的具体方式何在呢？首先，也是当前最重要的，是消除零就业家庭。什么叫零就业家庭呢？就是一个家庭中没有一个人就业，夫妇两个都下岗了，或者孩子又下岗了。消除零就业家庭要靠全社会的共同努力，政府要起到应有的作用。现在有一些地方政府已经采取了一些积极措施，比如说你这个企业能帮助解决一个零就业家庭的就业问题，解决一个岗位，有一个人就业，就给你免税多少，或者给你额外的补贴多少，用这种办法来鼓励企业更多地从零就业家庭招收所需要的人。解决零就业家庭的就业问题，还有一个很重要的问题，就是要加大就业培训工作。就业培训的对象既包括新就业的人，也包括已经下岗的人，下岗者就业得接受再培训。

在这个过程中，我们需要注意，将来能够大量吸收就业人员的是民营企业。根据 2005 年我们的调查，大概每年新增加就业人员当中，70%是由民营经济吸收的。后来我们又看到一个材料，说已经达到了 75%。由此可见，民营经济的发展是解决当前就业问题的一个重要渠道。

解决就业问题，还要鼓励自行创业。我前不久到辽宁阜新市考察，这是一个煤矿城市，经过多年开采，煤矿资源已经渐渐枯竭，所以这里的下岗，不是单独一个人下岗，而是一个矿全部下岗。一个矿可能是好几百人或者是上千人，全部下岗怎么办？所以就采取了一个办法，利用阜新较为丰富的土地资源，盖了很多塑料大棚，每一个下岗工人一个塑料大棚，养花、种菜或者种蘑菇，这样就安置下来了。我去看的时候，过去的矿工问我他们是工人吗，我说过去你们是工人，但是现在你们不在矿上采煤了，也不在矿务局里拿工资了，所以你们现在不是工人。他们又问是农民吗,我说你们也不是农民,因为你们没有宅基地,又不是农村户口,你们还没有土地承包权,但你们是新兴的农业经济中的从业人员。每一个塑料大棚实际上都是面对市场的一个个体农业种植户,在你们当中,通过这种自行创业的方式,将来说不定可以解决很多人的前途和发展,你们可能成为种植大户、养殖大户。听了我的话,他们就笑了。这个例子说明,要改变就业观念。就业观念的改变是我们当前让更多下岗的人能够找到工作的一个重要方面,因为观念改变了,我过去在矿务局是煤矿工人,每月领工资,现在我自己生产,虽然你帮我盖了塑料大棚,但是一切要靠我自己,我是市场中的自行创业者,经验不够要靠我自己积累,技术不够我要接受培训。我们需要有更多的自行创业者。前不久报纸上登了大学生毕业之后卖肉的事,这没有什么奇怪的,反而是好事情,表明就业观念在改变,这对解决中国的就业问题有好处。通过自己的努力,也许他卖一阵子又不卖了,又找到其他的工作了,或者又有其他创业了。在这个问题上,需要强调的一点是,对于自行创业的,对于下岗职工的培训,国家税务部门应该做出更大的努力。比如解决零就业家庭的就业问题,就有一个减免税的措施。对于自行创业,在一定时期内可能也要采取类似的税收优惠措施。当然,小额的贷款同样也是有用的。总之,我们应该千方百计让社会上有更多的人就业。

通货膨胀问题

中国社会经济可持续发展要解决的第二个问题,是通货膨胀问题。

社会经济要可持续发展,应该保持物价的基本稳定。物价的基本稳定关系到千家万户,特别是低收入者,尤其是靠低保维持生活的人,他们经不起物价上涨的冲击。按照经济学的理论,3%以下的物价上涨率是社会可以承受的,但通货膨胀特别是急剧通货膨胀需要避免。物价基本稳定除了能够保证低收入者的生活有保障之外,对经济的长远发展也有好处,可以让社会保持稳定的预期。什么叫稳定的预期呢?就是我对于这个前景，基本上可以估计到。假定一个社会缺乏稳定预期，比如说出租房子的人，我今天跟你订合约租房子，一个月几百块钱，物价一涨之后我就亏了，所以我不忙跟你订那么长，我跟你订三个月，预期缩短，租房子的人就感觉非常为难了。物价的稳定对于广大靠工资收入的家庭也是有利的，因为工资的增长是随物价同步增长的。但工资的增长毕竟也有一个滞后期，不是说物价在涨，你的工资也在天天涨，这是不可能的。只有物价涨到一定时期，感觉不行了，工资才会有一个调整，所以工资的调整是滞后的。物价基本稳定了，广大工资收入者的生活稳定才有保障。

现在这个阶段，怎么防止通货膨胀呢？假定已经有物价上升的趋势，我们该怎么来解决呢？

物价的上升，有多方面的原因。固定资产投资规模过大，这是投资拉动了物价上涨。这一点，2007年"两会"期间很多代表都反映了这个问题，就是固定资产的投资是不能够过快、过猛的，需要政府采取适当的紧缩政策。最近中国人民银行提高存款准备金率，提高贷款利率，并相应地提高存款利率，这都是货币要偏向紧。最要紧的问题，就是通过这些措施，对固定资产投资过快加以抑制，因为固定资产投资过快，对于通货膨胀的影响是很大的。信贷投放过多，也会拉动物价上涨，所以信贷要控制在一定的规模。信贷投放不完全是固定资产投资，也包括了其他方面的信贷。外汇储备过多，也是引起物价上涨的原因。外汇储备过多跟物价上涨有什么关系呢？外汇储备是企业创汇，创汇以后把它卖给人民银行，人民银行就把外汇作为外汇储备收下来了，但是给企业的是人民币，所以外汇储备过多实际上是表明了我们人民币投放过多。现在是12000亿美元的外汇储备，就是一比七点多计算的话，大概有八九万亿的人民币投放到市场中。我们一定要考虑我们的外汇储备保持多少才是合理，在经济学界讨论这个问题时有两种不同的意见。第一种意见认为，外汇储备要有一个合理度。国际上有一个惯例，就是3个月的进口额加上到期外债本息偿还额，他们说假定根据这样的标准计算，我们今天有7000亿美元储备就够了,何必保持那么多呢?保持那么多,一方面是资源的闲置,因为资源闲置就是浪费;另一方面,人民币投放量过大。另外一种意见认为,外汇储备多没什么不好,中国有13亿人口,一平均的话,每人的外汇储备就不多了。日本的人口只有中国的1/10,可是其外汇储备只比我们低10%多。我们的人均比日本少那么多,我们有必要来减少外汇储备吗?我的意见是,中国的外汇储备额已经占世界第一位了,去年年底超过了一万亿美元,我们要保持这个地位,不要再丢掉这个地位。老百姓对什么三个月进口额,还有加上外债的到期本息偿还等等,都是不懂的。他就觉得,我们本来是世界第一位的,现在怎么又降到世界第二位,或者第三位,这怎么行呢?他就会觉得中国的经济出现了问题,从而丧失信心等等。因此,既然保持了第一位,就不要丢掉了。而且我们已经超过居于第二位的日本10%以上,那就保持这个差额,就是说我们始终要领先10%多的差额,你涨我也涨,你不动我也不动,我就领先你这么多,短期内你赶不上我。再多余的怎么办?花掉,没有必要保留比这个更多的外汇储备了。这一观点是我在去年年底提出来的。多余的外汇储备怎么花掉?进口设备,进口我们所短缺的原材料和能源,加快国内的技术创新,鼓励企业向外走,对外进行投资。这样的话,就可以保持合理的外汇储备。现在我们的外汇储备过多,这也是造成人民币在外面流通量过大的一个因素。

除了这些主要原因,还有一点,就是农产品的价格上涨。最近大家关心的猪肉价格上涨、鸡蛋价格上涨,根据我们的讨论,这在很大程度上是季节性的原因。按照经济学里的蛛网理论,农产品的生产一定是有周期的,以前粮食价格下跌,猪养得多,后来饲料价格上涨,再加上其他的各种费用上涨,养猪就划不来,于是就少养猪了。猪肉价格上涨不要紧,国家可以动用一些猪肉的储备。最近我刚刚从河南回来,河南是国家养猪基地,一听说大城市肉类紧张,河南马上向外调猪。只要全国调动起来,动用一些库存,运输跟上,这个问题是可以平息的。如果平息不了,就给低收入者以一定的补贴,因为他们的生活要过下去,不能让低收入者吃不上肉了，所以低保的部分还应该适当地增加。

从长期来说，我们怎么在经济增长过程中保持物价的稳定呢？主要是落实几项重要的措施。

首先，要继续实行稳健的但可以稍稍偏紧的货币政策，但是重点是优化信贷结构，让每一笔贷款能更加有效。优化信贷结构就包含一个意思，该保的保、该压的压。有保有压，就能够让货币供应量保持在经济增长所需要的一个水平上。

第二，要严格土地的审批制度。严格土地审批制度跟物价的上涨有密切的关系，固定资产投资规模过大，最原始的那一环，土地是不是经过了审批程序？违法占地既违背了国家的土地政策，又造成了固定资产规模的过大。严格土地审批制度，可以在一定程度上控制固定资产投资的规模。另外，严格土地审批政策保障了耕地的供给。国家已经定了，在目前的情况下一定要保护现有的耕地，18亿亩耕地是一条红线，不能再少。假定耕地越来越少，那我们怎么来供应国内13亿人口对食物包括粮食、肉类的需要？我们要有严格的土地审批制度，从源头上控制固定资产投资规模过大，防止耕地的减少。

第三，要增加农产品。人民生活的必需品粮食、油、肉、菜等，都应该增加供给。人民生活水平提高的表现之一是消费量的增加，比如说可能吃肉更多一些、吃蛋更多一些、喝牛奶更多一些。需求在增加，供给相应也要增加。为了保证农业的生产，国家应该对农业有更多的投入。农田水利建设是保证农业稳产高产的重要条件，而水利的投入应该加大。一些必要的生产资料的供应、种子的供应、柴油的供应、塑料薄膜的供应、化肥的供应等等，也必须增加，这样才能保证农业的稳产增产，抑制生活必需品农产品的价格上涨。

第四，要保持外汇储备的合理水平。根据我的意见，我们就保持在现有的这个水平上，跟第二位的国家保持一定的差距，多余的就花掉，这样的话既能够保证我们技术进步的需要、保证原材料的供应，同时也能够使得我们换取外汇储备时投放的人民币数量有适当的控制。

另外，金融体制的改革应该深化，要严格信贷纪律，违规的信贷一定要查处。当前存在的一个突出问题是，企业尤其是中小企业、民营经济融资困难，农民要小额贷款也难，但市场上的资本量比较大，民间资本很充裕。如何把市场上充裕的民间资本和融资难问题合并解决，能否利用民间资本，通过金融渠道、金融机构的增设，解决企业融资难的问题，这是我们所需要考虑的，这只有靠金融体制的改革来解决。比如说农村小企业贷款难、农民贷款难，农村信用社就要改组、要重建，应该鼓励、支持民间资本进入农村信用社，这就是我们现在需要做的一项改革。从事小额贷款的银行现在在试点，乡镇银行的资本金200万元人民币，能不能扩大试点，让更多的地方建更多的乡镇银行，以此解决乡镇企业的融资难问题呢？融资难还有一个原因是担保问题，怎么样为小企业、农民等贷款户贷款呢？贷款得有担保，但农民的房子不能抵押，因为宅基地不是你的，是公有的，你只是有宅基地上的房子，你没有地怎么好抵押呢？像这样的问题，需要进一步研究。能不能通过其他的办法，比如农民实现互助担保，那家的确困难，想借一点钱办养猪场，十家共同为那家提供担保？还有，在工商联的帮助下，成立企业之间的担保基金，等等。我们把解决融资难的问题跟解决民间资本富余的问题结合起来，既可以防止资本的过剩，又能增加供给，因为融资难问题解决之后，无论是民营企业、中小企业，还是农业生产户等等，都可以增加供给，而增加供给将有利于物价的基本稳定。

自主创新问题

中国社会经济可持续发展要解决的第三个问题，是自主创新问题。

自主创新问题是可持续发展中的一个突出问题，而且越来越重要。中国的经济现在是高速度增长，但还能持续多久呢？有外国人说奥运会开完之后中国的经济就会滑坡，还有人说中国经济高速增长顶多再几年，高速增长只是昙花一现。对这些问题，我们必须认真分析。

按照经济学来讲,7%以上都是高速增长。那7%以上的高速,我们还能维持多久呢？这就要看中国现在工业化正处于什么样的水平上。我们把经济发展分成前工业化时期、工业化前期、工业化后期和后工业化时期四个阶段。前工业化时期也就是传统经济时代,这一阶段中农业占的比重很大,工业占的比重很小,服务业占的比重也很小。在这个阶段当中,经济不可能高速增长,因为农业是不可能连续高速增长的。因此传统经济阶段经济都是低速增长,甚至有些年度是停滞不前的。在工业化前期,农业在GDP中的比重开始下降了,工业的比重上升了。只要有投资,有产品又有市场,工业就可以高速增长。所以在第二阶段中,经济是可以高速增长的,但是这时服务业和第三产业占的比重仍然较低。在工业化后期,农业的比重继续下降,工业的比重有所上升,但比较趋于稳定,而第三产业则以更快的速度在增长。在第三阶段中,经济是可以高速发展的,因为它依靠工业和现代服务业这两个产业共同带动经济增长,然后转入到第四个阶段。在后工业化阶段,也就是工业化完成之后的阶段,农业比重已经很小了,工业的比重占第二位,但是保持在相对稳定的状态。在这一阶段中,经济是难以高速增长的,能维持中速增长4%~6%都不容易,一般保持在低速增长,能达到3%就不容易了。

现在中国处于什么阶段？中国正处于工业化中期,也就是经济正在从第二阶段开始向第三阶段过渡。工业化完成的标志是什么？工业化完成的标志是先进的成套装备制造业的建立。举一个例子看,现在很多企业都要更换设备,新建的工厂要购买新设备,很多企业购买先进设备。为什么呢？因为他们的设备是90年代初引进的,当时对环保的要求不像现在这么严格,当时对资源消耗率也不像现在这么重视。现在如果不更换设备,在竞争中就会处于不利地位,甚至会被淘汰出局,因此要更换设备。一想到购买设备,首先想到的是到德国、日本、法国买,还是到美国、英国买,就很少想到上海、沈阳、广州或者武汉买,因为中国先进的成套装备制造业还没有建立。现在提出要振兴东北老工业基地,就是要重振我们的成套装备制造业,而且是先进的,任务是非常艰巨的。既然我们处于工业化的中期，正在从第二阶段向第三阶段过渡，进入第三阶段之后，我们还有很大的空间，也就是说可以预言，在今后二三十年内中国经济保持7％的增长速度是没有问题的。二三十年之后，也就是我们进入了第四阶段，经济增长率自然会下来，但是也不会像西方国家下降的那么多，因为我们有广大的国内市场。

我们要注意到，增长前途中有三大障碍，我们能不能够越过这些障碍？第一个障碍是环境承受能力，环境能够承受多少我们的经济增长？增长过程中不断有废水、废气、废渣，环境承受不了怎么办？环境是我们跟子孙后代所共享的，这个问题不解决，我们的增长就会遇到障碍。第二个障碍是资源供给问题，因为我们的资源供给是不足的，我们的土地资源是有限的，耕地、土地使用越来越紧张，淡水资源也是有限的，淡水资源现在很明显的问题是，除了北方水少了之外，全国许多地方的水都脏了，这个问题怎么办？还有能源供应的问题，最近河北唐山发现了一个大油田，这对我们整个的需要来说，仍然是不够的。如何克服资源供给的障碍？一方面要靠制度，土地要严格审批，不准乱占土地，不准违章建筑。另一个方面要靠科技，努力提高单位面积产量，单位面积产量上去了，土地问题就相对缓解了。解决淡水资源问题同样也要靠制度，比如说严格的节水制度，对于水的定价，你浪费了水就要付出高价，但这还不行，还要靠科技，比如说南水北调。最近我到天津去考察，海水淡化问题现在有希望突破了，海水淡化已经降到四块多钱一吨水了，再能够降一些，到三块多钱一吨水，海水淡化就可以大量应用了，沿渤海湾周围的辽宁、河北、北京、天津、山东的用水问题，通过海水淡化就可以解决了。海水淡化还有一个副产品，盐化工业发展起来了。我们用更好的科技，在缺水地方能够发现水源，打深井等等。石油勘探还不够，我们在陆地上打井，如果能打更深的地方，可能会发现更多的油气，也可以通过更多新的勘探方法来找油气。此外，我们要充分利用太阳能、风能、潮汐能。这样的话，我们就能够解决问题。第三个障碍是自主创新问题，没有自主创新，我们在国际竞争中是站不住脚跟的。现在我们的自主创新和发达国家是有很大差距的,这里有三个数据:我们的出口产品中拥有自主知识产权的品牌不到 10%;我们对外技术依存度高达 54%;我们的出口量中 57% 来自外资企业。这三个数据表明,跟世界水平相比,我们在自主创新方面是很落后的。我们现在很多生产是贴牌生产,到珠江三角洲看看就知道了。贴牌生产,利润大部分是别人拿走了,专利是他的,又不给你,钱他赚了,污染留在了国内,用的能源是中国已经紧张的能源,我们只能取得加工利润。加工利润有多少呢? 3%～5%。这个情况能继续下去吗?中国要成为世界的工业大国、工业强国,靠贴牌生产是无法完成这个任务的。环境障碍现在人们已经意识到了,最近太湖事件更是引起全国的警觉。资源供给不足的问题,我们在日常生活中也体会到了。但是对自主创新的迫切性,现在认识得还不够。

自主创新该怎么做呢?分成两个部分:国有企业谈国有企业的,民营企业谈民营企业的。

国有企业现在已经总结出一些模式,大体上通过三个办法来解决。第一种模式是以大带小,因为国有企业现在都剩下一些大型的、特大型的,特大型的可以以大带小,以大型国有企业为核心,按照产业链分工带动中小企业共同进行技术创新。第二种模式是以大型国有企业为骨干,建立某一个行业的产业联盟。第一种情况是产业链,第二种情况是行业联盟,跟第一种不同,有共同的产品标准,这个行业的企业共同开发技术。第三种模式是在大型国有企业下建立子公司,子公司吸引其他企业包括民营企业和其他国有企业参加,这样的话,子公司共同开发技术。国有企业的自主创新现在大体上有这三种模式,大型国有企业可以根据自身情况确定选择其中一种模式。

相对来说,民营企业在自主创新方面有它的优势。第一,它是自己承担投资风险,敢于决策、敢于承担实验失败的责任。我是老板,我们投资者都商量了做这个实验,想创新不失败也不可能,也许会失败很多次,我们共同承担责任,因为我们是自己投资的,这个机制是国有企业所没有的。第二,民营企业的机制比较灵活、决策比较快,能够适应市场的变化,能够抓住机遇,而且它还有激励机制,一激励研究成果就出来了,这是国有企业不如它的。第三,民营企业能以多种方式实现自主创新,可以去购买别人已有的科技成果,在此基础上再做实验;可以根据现在的技术发展情况,采取跟其他企业合作、合资等多种办法。民营企业虽然在自主创新方面有它的相对优势,可是也有它的不足之处。首先,民营企业人才相对缺少,现在民营企业招人,采取激励机制,但是很多问题没有解决。根据我们在一些地方进行的调查,民营企业不能解决人事档案问题、户口问题、福利问题、职称问题。技术人才需要职称,民营企业没有办法给他职称。另外,民营企业一般很少或者比较少像国有企业一样,搞产学研的结合。国有企业可以发挥自身优势,跟高等学校、科研究结构搞产学研结合,但是民营企业要走产学研的道路,困难比国有企业大。还有,根据截至目前我看到的材料,民营企业不重视知识产权的保护。它的知识产权被别人偷窃了,打官司很麻烦,这一点不像国有企业,国有企业如果有一个专利受侵害,可能就直接告了,因为自己是国有企业,这是国家的东西。另外,它也不重视别人的知识产权。民营企业经常发生这样的事,一方面不知道如何用法律来保护自己的知识产权,另一方面也不尊重别人的知识产权。

自主经营、自负盈亏是民营企业的相对优势,机制灵活也是它的相对优势,但是民营企业一定要建立自己的制衡机制,民营企业发展快,决策马上就可以做,效率很高,这当然是机制灵活的表现,是好的一方面,但是单凭创业者的经验,经验可能是财富,也有可能是包袱、是误导、是陷阱。现在的决策过程是相当复杂的,需要民主决策,如果没有制衡,决策快、效率高,损失会有多大啊!大家知道,制衡可能会降低效率,但这是为避免发生更大的损失而必须付出的代价。一个重大的投资决策要商量,大家来评这个决策对不对。很多企业的失败恰恰是因为重大决策的失误,我对民营企业讲要关心失败,不要光想着赚钱,因为你决策快,可能赚钱,但是也有可能因为一个重大决策的失误而前功尽弃,企业一垮不可收拾。我给你们讲一个故事,这个故事说明人们对于损失的关心往往大于对收益的关心。在一个公司里,老板叫职员到其办公室去。职员去了,老板对他说,你这个月工作干得特别好,所以我额外奖励你一千块钱。好,就把一千块钱递给职员了。职员谢完往口袋里一放就走了,回家吃饭的时候对老婆讲了,我们老板说我这个月干得特别好,给我额外奖励了一千块钱。于是把钱递给老婆,老婆一数只有九百块钱,怎么搞的,职员就想了,是老板递给我的时候少放了一百,我不好意思数,还是我路上掏东西丢了?这一夜都为一百块钱的损失睡不着,没有想到自己还得了九百块钱,九百块钱的喜悦没有了,都在懊恼这一百块钱怎么丢的。可见,人对损失的关心往往大于对收益的关心。民营企业如果没有制衡,可能就会有更大的损失,所以一定要建立决策制度,这样的话民营企业就可以走到一个正常的发展轨道,这对自主创新是有利的。

循环经济问题

中国社会经济可持续发展要解决的第四个问题,是循环经济问题。

循环经济是我们当前要大力提倡的。增长中有障碍,比如说环保的障碍、资源的障碍,在这样的背景下,我们就提出了大力发展循环经济。

循环经济包括四个过程,或者说四个环节。第一个环节是资源的高效利用。这是指的要节约资源,对共生的矿、伴生的矿,不能像过去一样,只采最主要的矿,其他的不要了,要综合利用,尽量利用资源,延长产品的寿命。第二个环节是减少废物的排放,生产消费过程中都会有废水、废气、废渣,要减少排放量。第三个环节是把废物最大限度地转化为资源,比如说废水、废气、废渣中可以提炼、回收一些有用的东西,能利用的东西尽量利用。第四个环节是对实在不能再用、再回收的废水、废气、废渣,特别是废渣,应该做无害化的处理,不能随便乱丢,或者挖一个浅坑埋了,因为如果是有辐射性的,那样绝对不行。

我们现在要大力发展循环经济,就要在这四个方面努力。我们需要做的首先就是制度建设。为了发展循环经济,我们应当有一系列的制度建设,这是可持续发展中不可缺少的一环。第一,要实行严格的技术标准,禁止环保不合格的项目开工,不能允许对人体有影响的不合格产品进入市场,要限制一次性消费品的使用。举最简单的例子,筷子是用木材制作的,一次性的筷子实际上是对资源的浪费。对于不合标准的企业要淘汰,该关闭的关闭。第二,生产者责任延伸制度,生产者的责任不是说产品出厂就行了,责任是会延伸的,假如出了不合格的产品,要负责回收回去,包括包装物的回收,所有这些,都是生产者的责任,不是产品出厂就完事了。第三,法律责任的追究,生产者出了什么问题要负法律责任,产品进口者出了什么问题也要负法律责任,不能把国外有毒、有害的产品运到国内。第四,要实行严格的经济考核制度,包括资源的产出率、废物的利用率、主要污染物的排放指标、废物的无害化处置率。所有这些,都是制度建设。

国家应该在财政包括专项基金方面,支持循环经济的技术开发,该免税的免税,该减税的减税,要制定合理的定价制度,特别是资源定价方面。比如说水资源,超量的应该多收费,这对于限制一些高耗能的企业是有用的。要大力发展新能源,包括利用太阳能、风能、潮汐能等。要发展现代服务业,最要紧的是两个,一个是物质回收行业,物质回收行业越来越重要,包括大量的生活废弃物、生产废弃物能够回收,这是一个庞大的行业,这个行业要发展起来。另外要发展租赁业,既然要节约资源,有些产品不用买的,就可以租。当然,还要发展公共的参与意识。

扶贫开发问题

中国社会经济可持续发展要解决的第五个问题,是扶贫开发问题。

1988年6月,时任贵州省委书记的胡锦涛同志到贵州最贫穷的毕节地区考察,他请国务院批准建立了毕节实验区。毕节实验区以扶贫开发、生态建设、人口控制为三大主题。扶贫开发问题不是单独的,它必须跟生态建设结合在一起,不顾生态建设乱开发,会造成更坏的后果。由于当时人口出生率非常高,所以毕节把三大主题结合起来。根据毕节的经验,最重要的有两条,一是增加自身的造血功能,而不是单纯地靠输血解决;二是把当地的资源优势发挥出来,使资源优势转化为现实的经济优势。毕节实验区成立了19年,钱伟长先生担任了十来年的专家顾问组组长,后来年纪大了,90多岁时退下来做总顾问,专家组组长由我兼任。这几年,我每年都要到毕节去,这里可以总结出一些对中国的扶贫开发、可持续发展有用的经验。2008年是毕节实验区成立20周年。从经济发展来说,毕节在贵州省已从最后一位上升到现在的第三位。我们正在总结毕节的开发扶贫经验、生态建设经验、控制人口的经验,最要紧的经验,就是三大主题不可偏废,这样才能把贫困地区发展好。

这里一定要懂得因地制宜的道理,不能搞一刀切。搞一刀切,全国一个模式,这是不行的。全国有60多万个村啊,应该根据自然条件、农民收入、集体积累等多方面因素,分类指导,该下山的就要下山。像毕节最穷的一户住在高山顶上的,生活条件不好,公路也没有办法修上去,当地的生活还困难,干脆就迁移下来,迁移下来就行了。全国各地该迁移的就迁移,像北京市怀柔县最北边靠着河北的一个乡,叫喇叭沟门满族自治乡,这个乡有300平方公里土地,但是只有8000人口。这个乡全是树,属于国家自然保护乡,历来是最穷的乡,因为人都住在山顶上。这里的人是随清朝入关而进来的,就是给皇帝看树的。后来北京市政府下决心,全部迁移到山底下来,帮助他们盖房子,比原来的盖得大,因为多余的房子可以作为家庭旅馆,办农家乐。城里人在这里吃和住,村民就有收入了,就封山育林了,山下人的生活也好了。我到那里看了,家家都有彩电、电冰箱、洗衣机,有的还有小汽车,至少都有手扶拖拉机。乡政府开座谈会时,农民都来了,七嘴八舌话很多,说愚公要移民不要移山,移山把植被都破坏了。所以一定要迁移,迁移就富了。浙江省有条件,所有住在山上的人都下山建新村,浙江省政府为此还下了红头文件。所以该迁移的就要迁移,这样的话我们才能够真正把一个地方的人民生活水平不断地提高。还要发展特色农业,比如农民下山以后,有的办农家乐,怀柔县一些村子,就是靠发展特色农业和办农家乐致富的。特色农业要根据当地的情况来做,重庆有一个乡种柑橘、种花椒树,一个村都富了。但更重要的是要坚持改革,首先要改革的是城乡二元体制。计划经济体制有两大支柱:一是国有企业体制,二是城乡二元体制。国有企业经过这么多年的改革,大部分都已经改了。城乡二元体制是计划经济时代才有的,户口分为城市户口和农村户口,城乡之间不能自由流动。这样一来,城乡生产要素的流动就断绝了。从过去一些年看,城乡待遇是不公平的,城里的小孩受义务教育,国家财政拨款建校舍,国家财政经费中给教员发工资,而前些年农村的校舍都是农民自己集资盖的,农村的老师都是代课老师,是靠农民给他们发工资的。前几年一个农民进城打工,证件必须要齐备,包括外出务工证等等,如果没有这样的证件,在城里被抓住就被遣送回家了,叫"三无人员"。但是城里人到农村租个房子养病、看书、画画,没有人押回家的。

50年代中期以后,《人民日报》就有社论提出要改革城乡二元结构体制、建设社会主义新农村。60年代初也有社论,到70年代初还有这样的文章。当时为什么提建设社会主义新农村呢?是为了巩固城乡二元体制、巩固计划经济体制。这些农民都住在农村,是农村户口,给你把路修好、房子盖好,就别做盲流了,盲流就是盲目流动,不按计划流动。现在中国的户籍制度正在改革,我们鼓励有条件的农民不断进城。今天中国要发展,就必须使户籍制度从二元逐步走向一元化。今天提出建设社会主义新农村,是在改革城乡二元体制的条件下,加快改革、促进生产要素的流动、发展农业生产、提高农民收入、改变村容村貌、精神文明建设、民主管理建设等等,多方面合作,是本着科学发展观来搞的。今后住在农村的人,可以是一个务农者,也可以是一个务工者,在农村的乡镇企业做工、当职员,也可以是经营者、投资者,可以迁移进城,只要你符合条件,比如说在城市里有固定住所等等。这些都是在逐步改变的,我们对这个问题应该有这样的看法。

扶贫开发也应该从这方面来考虑。在当前,农民的外出务工是有积极意义的。农民要增加收入，其中很重要的一条就是外出务工。贵州毕节地区之所以这几年发展这么快，很重要的因素是向外面输出劳动力。在毕节的农村，我看到墙上有大标语，写着"不读完初中不外出务工，还得继续培训"。当地领导干部讲话时说："你们到外面去，希望你们成功，在外面安家，把家乡人也带出去。"湖南攸县是一个很典型的脱贫致富县，这个县在80年代时就有一批人在当地学了驾驶技术，到深圳开出租车，也因此带动了沿公路两边、城区等地小饭馆的生意。攸县的老乡来这里开饭馆了，出租汽车停在这里就有生意做了，家乡的猪、鸡、蔬菜也源源不断的往深圳运。我最近到攸县调查，深圳70%的出租车是湖南攸县人开的，全国其他很多城市的出租车也是攸县人开的，包括西藏的拉萨。我去攸县时，县委书记请我想办法，说他们的劳动力不足了，劳动力都去深圳了，这里很多工厂要开工了，还要到其他地方招劳动力。

中国农村出来打工有三个高潮。第一个高潮是80年代中期，出来的是壮汉，有力气、身强力壮的，但是都没有文化，出来都是干力气活，他们的目标很简单，在外面赚几个钱回家盖房子、讨老婆。到90年代初第二个高峰出现，珠江三角洲等地建立了一些劳动密集型的企业，比如电子产品厂、玩具厂、服装厂等等，需要大量的少女，于是第二个高峰是少女外出，她们的眼光高了，找对象就要找城里人，至少也是跟她一样从农村出来的有文化的打工人，是将来有前途的人。第三个高峰出现于90年代后期，少男出来。我在湖南湘西几个县考察，农村里只有读初中以下的女孩子，以及三十多岁的妇女，其他的都出来了。

在深圳的八卦岭，我们曾经去调查过一对打工的年轻夫妇。要不要小孩呢？暂时不要。为什么不要小孩呢？晚上还要学电脑呢。将来要小孩吗？要，顶多一个，一定要让他读大学，我们这一辈子耽误了。所以观念变化了，出去成家也好，回来创业也好。整个中国农村的变化应该这么看，这对中国的扶贫开发是非常有利的，扶贫开发就要通过这样一些途径来做。

农业产业化问题

中国社会经济可持续发展要解决的第六个问题,是农业产业化问题。

农业产业化是发展现代农业、建设新农村很重要的一环。农业产业化主要有两个含义:第一个含义,以市场为导向,对一个区域的农业实行专业化生产;第二个含义是农工商一体化、产供销一体化。农业产业化的法律根据一是农村土地承包法,二是农民专业合作社法。最近,我在广东徐闻、重庆等地进行了农业产业化的调查。

农业产业化大体分为四个模式。

第一个模式是订单农业模式。就是一般讲的"公司+农户"的模式,公司下订单给农户,农民按照你的订单进行生产。这个模式很多地方都在推广,但是它有一个问题没有解决,那就是中国的农业需要规模经济,而订单农业农户承包土地十来亩,劳动生产率受到限制。我到吉林去调研,吉林是生产玉米的大省,当初实行的是订单农业的模式,每一个农户有十来亩地,跟公司订合同了。当地农民告诉我,玉米基本上是分三大类:第一类是蛋白质含量高的,适合于做饲料;第二类玉米是淀粉含量高的,适合于做工业原料,比如说做乙醇;第三类是糖分含量比较高的,是甜玉米、糯玉米,适合人们吃的。公司跟农户都签有合同,可是蜜蜂传花粉是不管的,到处传,全杂交了,公司说这不符合我原来的标准,于是就要降价。这怪谁呢?怪蜜蜂。还有一个例子,也是我在吉林考察时遇到的,田里有一种害虫叫玉米螟,怎么办呢?就要到农科站花钱请他们放赤眼蜂,专门消灭玉米螟。有一户农户被玉米螟危害,忍痛花钱请来放赤眼蜂。赤眼蜂不认这是谁的田,到处吃,不管是谁的田里的玉米螟都消灭了。于是这户农户心里不平衡了,你们也出点钱吧,但是人家不管,它要消灭我田里的玉米螟,我也没有办法。于是这个农户心想,我宁愿明年庄稼被虫吃光了,也不花钱请人来放赤眼蜂。

第二个模式是"承包大户"模式。农民出去打工了，你们把土地交给我，我来种，我付租金给你们。这样土地就集中在种植能手的手上。我们去湖北考察，种水稻一家一户都赔钱了，水稻充其量种两季，产两千斤才多少钱啊？很多家人的生活依然挺穷，那就把土地转包给种植大户，出去打工，现在在湖北，种100亩土地就有钱赚了。实际上，这个模式在今天的中国还是有用的。当然，不是说这个模式就特别好，但至少还是有一定用的。

第三种模式是"龙头企业＋农民合作组织"。农民合作组织是现在自下而上新兴的。根据我们的考察，农民合作组织有三种类型：一种叫紧密型的农民合作组织，就是农民土地自愿入股后出去打工，家属在家；第二种类型是半紧密型的，不是土地的使用权入股，而是用资金入股，土地还是一家一家在种，资金入股之后组成一个农民合作组织，帮助大家组织生产资料供应、运销等等。第三种类型是松散型的，一般都是用协会的方式。我到甘肃定西考察，那是最穷的地方之一，现在发展也挺好。那里的协会很多，苹果协会、养鸡协会、马铃薯协会等等。组织协会有好处，订单农业模式下，农民要跟公司打交道，现在是协会出面，公司加协会加农户，还帮助运销，就知道价格是怎么样的。这种形式，农民专业合作社也是可以采取的。

第四种形式是"公司直接经营模式"。在广东就有例子。徐闻县是很干旱的，所以土地产量很低，一些公司向农民租地，给好几百斤谷子，你要出去打工，几百斤谷子够你安家，不要谷子也行，按当时市价给多少钱。你不出去打工，你跟我订合同，你做我的合同工，几百块钱一个月，发工资给你。农民工说这好啊，我出去打工了还有土地租给你，还有好几百斤谷子，我不出去打工，我一个月还有好几百块钱的收入呢。于是，土地就连成片了。徐闻郊外有上万亩的一块地，种的是菠萝，灌溉式的，种得非常好，一望无际。那个地方插了一个牌子，改了一个名字，叫"菠萝的海"。大家有机会也可以去看一看，那里的菠萝做罐头出口，农民收入也提高了。

农业产业化使农民真正提高了农业劳动生产率,现在农民中包括乡镇企业都需要企业家,现在最缺的是企业家。企业家是什么人呢?按照教科书的讲法,就是有眼光、有胆量、有组织能力的人,但是还不够形象,我讲一个故事给大家听。一个宠物市场卖鹦鹉,这个鹦鹉值多少钱呢?值 2000 元,因为它会两门外语,英语、日语,会说"谢谢"、"你好"、"再见"。有一只值 4000 元,因为它会四门外语,英语、日语之外,还会德语和法语。还有一只鹦鹉更贵重,值好几万呢,因为那两只鹦鹉管这只鹦鹉叫老板,它站得高、看得远,"会用人"。所以我们要有这样的企业家,中国的农业产业化才会实现。但是基本的管理也一定要做好,如果基本管理做不好,你还是当不了企业家。

我再讲一个故事。动物园里有一块地方,关着袋鼠,用铁丝网围着。第二天早上管理员一看跑掉一只袋鼠,哎呀,袋鼠怎么能跳这么高呢,就把铁丝网加高。第二天早上一看,又跑了一只,于是继续加高铁丝网。晚上袋鼠就在笼子里笑了,你不把门插好,光把铁丝网加高有什么用呢。所以企业家要把基本的管理做好,这样我们的农业现代化才有基础了。

最后,我想做一个小结。我是研究发展经济学的,发展经济学归根到底是四个基本原理。第一个原理,就业是靠就业扩大的。这个话什么意思呢?一批人就业了,他就有收入,他要消费,别人就就业了,别人有收入花掉,另外的人就有就业了,所以就业是靠就业扩大的。第二个原理,富裕是靠富裕带动的。因为同步富裕是不现实的,共同富裕是我们的目标,但是富裕总得有一部分人先富起来,起示范带动作用,所以富裕就带动了富裕。第三个原理,繁荣是靠繁荣支撑的。经济要走向繁荣,内需要扩大,人民的购买力要提高,下一次繁荣就有支撑了,因为投资资金有了,消费扩大了,内需扩大了,整个经济也就带动起来了,所以繁荣是靠繁荣支撑的。第四个原理,和谐是靠和谐积累。每一个人自己从身边做起,这样,从家庭的和谐、社区的和谐、单位的和谐、城区的和谐,一直到社会的和谐,和谐是靠和谐积累的。我想这四句话,实际上是概括了发展经济学的道理。

让我以一个故事作为结束。一个小孩子在路上走,遇到一个神仙。哎呀,神仙爷爷,请你告诉我,什么是天堂,什么是地狱,我听大人老是讲这四个字,我始终没有弄清楚。神仙说,你跟着我走就懂了。于是小孩子就跟着神仙走,遇到一个大房子,左右各一大间,神仙说我们先到这一间看一看吧。门一打开,高台上放着筷子,三尺长的筷子,下面是长桌子一排一排的,上面放着鸡鸭鱼肉,门打开放进一批饿汉,三尺长的筷子夹起来无法把食物送到自己的嘴里,于是坐在地上哭。神仙说,看到吧,这就是地狱。我们到另外一间房子里,同样的情况,一批饿汉在那里吃得兴高采烈,你夹给我吃,我夹给你吃。他说,你看到了吗,这就是天堂。一个社会,如果人们只顾自己,那么人们在这个社会里实际上过着地狱的生活。一个社会必须建立在互助、互信、互爱的基础上,互相帮助、互相信任、互相爱护,这就是我们所说的天堂般的生活。中国的民营企业家尤其要懂得这个道理,因为你今天的成就,当然跟你个人的努力分不开,但如果没有社会的环境你能这样吗?没有国家的政策你能这样吗?所以应该回报社会,承担社会责任,这样才能更好地实现社会经济的可持续发展。

与听众的交流

提问: 世界银行把对中国经济 GDP 增长率的预测调整了,认为中国经济目前还没有过热。请问您对此怎么看?

厉以宁: 关于经济增长率的预测和测算,全世界许多机构都在做。对于中国,世界银行有它的调查,有它的统计数字和分析,但都只能供我们参考。关于中国经济是不是过热的问题,我想,固定资产投资规模过大引起了物价的上涨,我们要防止这一点。不能说现在中国经济已经普遍过热了,但要优化投资结构,防止固定资产投资规模过大。

提问: 我非常认同、非常喜欢您最后说的那个关于天堂和地狱的故事。我是专门研究快乐经济学的,我的问题是,在现在这样一个货币经济的模式下,整个社会都是功利性的经济,我们如何实现这样一个互信、互爱、互助的和谐社会?您有没有很具体的方案?

厉以宁:市场调节是第一只手,通过市场的无形的手,通过供求关系起作用。第二只手是政府的有形的手,通过法律、政策来起作用。难道仅仅只有这两只手、这两种调节吗?不一定,还有第三种调节。人类社会少说也有几万年了,在漫长的时间里,既没有市场,也没有市场调节,也没有政府和政府调节,但是人类社会仍然延续下来,靠的什么调节?靠的是道德力量的调节。道德力量的调节,其存在时间远远比市场调节和政府调节要久。有了市场调节、政府调节,仍然需要道德调节,因为在有些地方,政府的力量是鞭长莫及的,市场经济的力量也达不到。社会生活是一个大领域,交易活动只是一个部分,交易活动中是市场在起作用。非交易领域,比如说家庭关系、家族关系、街坊邻居关系、同学关系、师生关系、学术活动、公益活动、社交活动等等都是非交易领域,是不按市场规则办事的。政府调节只规定大框架,所有的活动不能越过法律的界限,大量的非交易活动要靠道德力量来调节。在没有市场调节和政府调节时,道德力量的调节是唯一的调节。有了市场调节,同样需要道德力量调节,因为有了道德力量,市场调节就会更加有秩序了。有了政府调节,同样需要道德力量的调节,因为这样政府调节就会更加有效率。今天,在市场调节、政府调节之外,我们还要有道德力量调节。道德力量调节靠什么?靠校园文化建设、企业文化建设、社区文化建设,还靠自律。我相信,在今后的生活中,我们要有三种调节并重。

提问:请您谈一谈中国社会经济可持续发展与教育的关系。

厉以宁:这是一个非常重要的问题。以人为本首先就是对教育而言的,因为教育不仅关系到知识,而且还包括道德方面,我们需要培养的,不仅是有知识,而且应该是有道德修养的人。我国的教育今天存在一些问题。第一,应试教育带来的弊病太大了,我们强调要发展素质教育,培养学生不仅是为了考试,更重要的是素质的提高。第二,教育经费还不足,1986年我主持全国"六五"计划的全国教育经济学研究,就提出教育投入应该占 GDP 的 4%。这么多年过去了,这个目标还没有达到,所以一定要增加教育的投入。第三,我们应该让更多的低收入者能够得到受教育的机会,所以中央正在采取一系列措施,比如给农村学生免学杂费等。但是这还不够,要发动全社会的力量,帮助贫困家庭的孩子能够上学。我们在广东调查时得知,中国移动这几年帮助广东一些贫困地区的家庭助学,起到了很重要的作用。我们要让全社会都来关心这个事情。推行素质教育、增加教育经费的投入、让更多的孩子享受教育方面的机会均等,这三条是中国教育最重要的。

21世纪科学健康的生活方式

殷 大 奎

(2007年8月24日)

殷大奎,从事医疗工作50余年,呼吸系统疾病专家,曾任华西医科大学副校长、中华人民共和国卫生部副部长,现任全国政协委员、卫生部健康教育首席专家、中国医师协会会长、中国健康教育协会会长、中华健康快车基金会副主席兼秘书长、中国健康教育与健康促进协会会长。

曾参与主持制定或修改我国卫生行政法律、法规以及规章制度,主持或参与处理国家重大突发卫生事件(包括重大疾病)的预防、控制工作。对呼吸系统疾病、重大传染病、突发公共卫生事件处理及健康保健工作具有丰富的经验。主编《21世纪的家庭保健》《常见病、多发病的防治》《不同年龄、不同人群的保健》《运动与养生》《饮食营养与健康》等系列健康科普《家庭医学全书》共12册。在国内外发表医学专业学术论文120多篇、管理专业学术论文200多篇。其中医学专业学术论文获得省、部级科技成果一等奖1项、二等奖2项、三等奖2项。撰写的《健康在你手中》一书获得了国家科技进步二等奖。

今天应邀来与大家进行有关健康生活话题的讨论,我觉得这是一件非常有意义的事情。

我在卫生部当了八九年的副部长,2001年退下来。作为一个大夫,我曾经治疗、抢救过很多病人。我从中悟出一个道理：如果只治不防，那就越治越忙。很多病应该早期干预，把健康维护好，把亚健康调整好，不让它发展到疾病。我们长期以来在疾病防治方面采取的是下策，等到发了病才医才抢救。不可否认，生了病以后必须进行治疗。但是等到发了病才医治，经济上、心理上、生理上花的代价太大了，同时也给家庭、给社会带来了很多的问题。

我们对待健康，一定要把它当做一种资源很好地管理，对影响健康的因素早期给它干预，这样的话我们才能够真正达到维护自己健康的目的。现在我国国民的期望寿命是 73 岁，比建国前 35 岁翻了一倍多。但是很可惜，我们健康的期望寿命现在还不是太高。什么是健康期望寿命呢？比如说我们期望寿命是 73 岁，我们就希望在结束这一生时，生命的质量高，生活水平好。而现在 73 岁的期望寿命中，大概有接近 10 年甚至超过 10 年的时间，健康状况很差，虽然没有死，但是不能自理，甚至变成植物人，要人来照顾，患者非常痛苦，一些病人甚至采取跳楼自杀等办法，我想这种情况是大家所不希望的。国际上现在提出了健康期望寿命，就是除了要活得长，还要活得好。从政府这个层面讲，我们要从法律、法规、政策、社会环境诸方面，造成一个氛围，让健康知识能够变成我们自己主动的、积极的行动，从而改变我们的生活方式。

21 世纪科学健康的生活方式

政府、社会，包括个人，都应该对健康给予一些投资，把健康管理好。什么叫健康？我在这里简单地说一下。1948 年，世界卫生组织提出："健康是一种个人的躯体、精神与社会和谐融合的完美状态，并非仅仅没有疾病。"健康是指生理、心理和社会适应三个方面良好的一种状态，而不仅仅是没有疾病，或者是身体健壮。半个世纪以来，社会变化很大，很多东西都进行了修改，但关于健康的定义没有做更多的改变。近些年来，有人提出了"健康道德"，健康的概念就从原来的一维概念变成了三维或者是四维,生理、心理、良好的社会适应能力,还包括道德健康。

健康是我们每天生活的资源,但并非生活的目的,健康是个人能力的体现,这是世界卫生组织在1986年重新强调的一个问题。任何资源都是有限的,都需要管理,都需要我们投资。要把健康当成一个资源,很好地管理,不要浪费,不要损害,不要忽视。世界卫生组织研究结果提示,人的健康和寿命60%取决于自己,15%取决于遗传,10%是社会因素,8%是医疗条件,还有7%是气候影响。遗传、气候、医疗条件、社会因素等,对健康有没有影响?有影响,但整个加起来是40%,60%都是跟自己不良的生活习惯有关系。所以,我曾写过一本获得国家科技进步二等奖的书——《健康在你手中》,书中提出"最好的医生是你自己"。

当然,这是从整体的健康概念来说,不是指某些疾病。有些疾病是百分之百的遗传,比如说血友病。一般人外伤出血很快就会自行凝固,这是机体自我的保护,但是血友病人是缺乏这种能力,这种疾病跟遗传有关系,而且很特殊,是由母亲传给儿子,不会传给女儿。血友病人的皮肤如果被割或者碰破了,就会出血不止,这时就必须要输入凝血的Ⅷ血因子。

糖尿病有遗传因素,肿瘤也有遗传因素,包括广东人容易得的鼻咽癌、地中海性贫血,也有遗传因素。遗传在健康当中是有很大的影响,但是它在整个的健康预期寿命中占的比例只有15%,60%都跟生活习惯有关系。

美国CDC(美国疾病预防控制中心)有一个报告,如果美国男性公民不吸烟、不过量饮酒、合理膳食、经常有规律地锻炼,寿命就可以延长十年。后来,它说得更通俗一些。

第一,**每天三顿饭都要吃**。在座各位检查一下,有没有每天三顿都吃的,有不少人不吃早餐。

第二,**特别要吃早餐**。晚餐相对吃得比较少,晚上这么十几个小时,到第二天早上又几个小时,能量都不够了。像开汽车一样,油都没有加足,效率就成问题。由于这么长时间没有吃,中午这一顿必然是过量,容易造成肥胖。这么长时间不吃,胆汁的分泌,包括胰腺的分泌都会造成影响,容易患上胆囊的疾病,如胆结石等。另外这么长时间不吃,即便不过食,还是吃一般的量,但是身体的吸收率高了,也容易造成肥胖。有一些女性说早上不吃可以减肥,这是完全错误的,所以一定要吃早餐。

第三,**每周至少三次半小时以上的活动**。如果活动太少了,比如说20分钟以内,消耗的是肌肉的糖元,20分钟以后才开始消耗脂肪,所以你要减肥,至少要坚持半小时以上。

第四,**每天保证七到八小时的睡眠**。我看很多人都保证不了,睡眠是非常重要的。当然,睡眠还分高质量和低质量,用快速眼动实验和慢速眼动实验,有一套检测的方法。但是不管怎么样,要保证睡眠七到八小时。

第五,**不吸烟**。

第六,**饮酒适量**。

第七,**保证身材比较均匀**。

这样就可以保证寿命延长十年,其实就是这么简单,没有什么诀窍。

健康的十项标准是:一是有充沛的精力,二是可以应付日常工作,三是不感觉过度的劳累,四是态度积极,五是乐于承担责任,六是不挑剔,七是善于休息,八是睡眠好,九是应变能力强,十是能适应外界环境的各种变化。

在计划经济时期,老一点的同志都有感受,虽然比较贫穷,工资也很低,但生活比较平稳。现在是市场经济社会,我们面临竞争、社会压力以及一些不良的习惯和行为,在这种情况下,良好的社会适应能力是很重要的。比如说你在单位是一个好的公务员,你在家里要做一个好父亲、做一个好儿子、做一个好丈夫,都要做得好,这就很不容易。有些人单位的工作做得非常好,但是孩子就是管理不好、夫妻之间的关系就是处理不好。

另外,今天你是公务员,可能由于年龄关系或工作需要,或者是其他的原因,你可能失去这个工作,这就需要有一个很好的适应能力。什么事情你都要很好地去做,更何况我们还要处理复杂的人际关系。现在不管是哪一个年龄组,从幼儿园到小学、中学、大学、研究生,进入工作,然后中年、老年,可能有很多以前我们不会遇到的问题。良好的社会适应能力是考验人健康与否的一个很重要的标准,是能够抵抗一般的小伤小病、感冒,体重适当,身材均匀,眼睛明亮,牙齿清洁没有龋齿,肌肉丰满,皮肤有弹性等。这是我们根据世界卫生组织对健康的要求,结合各个方面的情况提出的这么几个标准。

从躯体来说,健康有五方面的内容:吃饭有食欲,能够很好地享受这一餐饭;走得快,行走自如,步伐轻快;思维敏捷,说话流利,表达正确,口齿清楚;入睡快,睡眠质量高,第二天醒来之后不感觉疲倦;还有就是没有便秘,便后感觉比较轻松。

从心理来说,健康要求三个良好:第一,要有良好的个性,心地善良,乐观处世,为人谦和;第二,观察事物比较客观,有良好的自控能力,能较好地适应复杂的环境变化;第三,良好的人际关系,助人为乐、与人为善,人际关系比较好。这三点在现代社会是非常重要的。

关于亚健康

这些年亚健康提得很多,据有关资料统计,现在真正按照世界卫生组织的健康标准,健康人不超过15%。真正有各种疾病的大概也占15%,也就是说70%的人处于健康和疾病之间,这种第三状态我们称之为"亚健康"。

亚健康的表现是五花八门的,以前大夫都认为是神经官能症、植物神经紊乱、更年期综合症,或者是人际关系的问题。但是据我们的观察,这实际上是很多疾病的前兆,是我们由于各方面的原因,造成对健康的危害,还没有到达发病的程度,这些我们统称为亚健康。如果我们能够很好地认识亚健康、正确地处理它,就可以使亚健康的人不发展到疾病的状况,恢复到健康的状态;相反,如果我们重视不够,大量的亚健康人群,可能就是疾病患者的"后备军"。

对大夫来说,这是一个观念上的变化。以前一个病人来,比如一个女性病人说这段时间我睡眠不好,简直不想吃东西,吃东西就肚子胀,心跳,手心发热,脾气很躁。根据这些医生给她做一系列的检查,各个脏器都没有什么问题,医生说你是健康的。实际上,这些症状,包括有一些体征,是客观存在的,脸红就是脸红,心跳就是快,但是一查没有什么问题。这一类的人群特别多,表现是五花八门。这是由于生理、心理、社会,以及不健康的生活方式行为,使肌体处于疾病和健康之间的中间状态,这种状态我们称之为亚健康。中国社会科学院在"人才发展报告"中指出,七成人有过劳死的危险,如果中国知识分子不注意调整亚健康状态,不久的将来,2/3 的人可能会死于心脑疾病等。亚健康有生理的原因如更年期、超负荷工作,有心理原因如心理紧张、压抑感,必有生活方式的原因为吸烟、酗酒、饮食不当、不运动等。在预防和治疗上,主要还是调整心态,保持良好的习惯,要合理膳食、松减压力。传统的中医药在这个方面有相当大的优势,调整机体各个方面的功能,使你能够恢复状态的平衡。传统中医药对亚健康是非常有优势的,现在一些好的保健品,也主要用在亚健康人群中。

健康的四大基石

世界卫生组织提出,健康有四大基石:第一,合理的膳食;第二,适量的运动;第三,戒烟限酒;第四,心理平衡。如果大家在这些方面做得好了,我们的健康就可以大大提高一步,我国国民的健康素质也会大大提升。

第一,合理的膳食。

食物是身体能量和营养的来源,我们靠它来维持生命活动和体力活动。如果不吃东西,生命就会停止,更不要说劳动了。营养素从宏观来说,包括蛋白质、脂肪、碳水化合物。微量的营养素包括矿物质和维生素。矿物质比如说常量元素和微量元素,很多微量元素,比如说吃的盐里加了有碘,还有锌、镁、钙等。维生素包括脂溶维生素和水溶维生素。人体所需要的能量,主要来自食物中的维生素,比如说一克蛋白质产生4000卡热量,一克脂肪产生的热量要比蛋白质和糖多一倍多。

什么叫合理的膳食?现在有人提倡素食,对肉食全部都排斥,这对身体是没有好处的。有一些人基本上不吃蔬菜水果,一天到晚都吃油荤大的肉,这也是不行的。人类的肠子介于草食动物和肉食动物之间。人在进化的过程中,要求吃混合性的食物,以草食为主,另外还要吃肉食。

我在卫生部花了七年时间,找了很多专家研究、制定中国居民平衡膳食指南。指南以一个宝塔来说明,从上往下看,最上面是油脂类的东西,大概一天半两;第二是奶类和奶制品、豆类和豆制品;第三类是像鱼虾、蛋类;第四类是蔬菜、水果;第五类是主食。这个宝塔,塔底是主食,塔尖是脂肪。现在不少的年轻人是倒过来的,基本上主食不太吃了,都是吃上面的第一层、第二层、第三层,这是不对的。这个指南是专家根据中国的情况,同时参考国际上的膳食指南定出来的,符合我国的实际情况。但是很可惜,很多人没有看过这个东西,有些看过的人也没有照这个来办。

再就是关于油的问题,油多油少都有害,每公斤食物中含半克到一克脂肪就比较适宜。80%的胆固醇是肝脏产生的,剩下的是从食用油类获得。按功能来分,脂肪有中性脂肪、类磷脂、磷脂。中性脂肪是供热的,还有保温的作用,我们的正常体温是37度,特别是冬天比较冷,主要是靠脂肪来提供热量;它还有支撑脏器的作用,包括各个脏器之间相对的固定。杀猪时剖开猪的腹腔,里面就有油,我们称之为大网膜、小网膜,就是起到一个储能、保温、脏器固定的作用,否则脏器在里面,你一动就乱七八糟,那就会影响它的功能。我们的神经、关节,都有脂肪垫在那里,起到很好的固定和维护功能的作用。

还有磷脂,这也是很重要的。很多内分泌激素都是跟脂质有关系的。我们一定要纠正现在有一些人脂肪吃不得的说法,说脂肪是百害无一利，这是不对的，但是也不能吃得太多。另外，脂肪也可以改善口感，有时候愿意吃，特别是胖的人，吃这个就是特别香，没有这个就不香。

胆固醇是身体的异体脂肪，要通过血液输送到全身，形成蛋白质胆固醇混合体，就是为了将脂肪输送到全身，但是光靠脂肪不行，要跟蛋白质结合在一起，我们称之为脂蛋白。什么是低密度、什么是高密度？我们现在查血脂，关键看高密度和低密度。高密度脂蛋白我们称之为好蛋白，低密度脂蛋白我们称之为坏蛋白，我们希望高密度脂蛋白高，低密度脂蛋白低。

什么叫动脉硬化？动脉本来是很有弹性的，由于代谢紊乱使脂质沉淀在动脉血管壁上，所以我们叫动脉粥样硬化，动脉壁上有斑块在里面，动脉就变硬了，通道变窄了，变硬了舒张的功能就不好，管道窄了血流受阻，就容易堵塞了。所以心肌梗塞，就是因为心脏的冠状动脉通道窄了，不通了。心脏缺血，心脏这个"发动机"就不转了。

大脑是需要氧气量最多的一个器官，而且储备的能力很差，它平时在有氧的情况下产生一种 ATP，使正常的脑子里水电解质平衡很好地动。如果一旦缺氧，这个 ATP 就不能产生，整个酶的活性就不行了。ATP 涉及很多生理上的东西，比如说细胞内低于细胞外，我们要打到细胞外就要靠泵。这泵就是 ATP，如果脑子缺氧，ATP 就缺乏。细胞内的钠离子到不了细胞外，最终的结果，就是脑子水肿，最后就完了。

那么我们怎么合理膳食呢？中国营养学会推荐了八条膳食指南。

第一，食物要多样化，不要挑食。日本人寿命是全世界最高的，而且健康的期望寿命也是最好的，原因就在于很重视饮食。日本家庭主妇第一个责任就是让丈夫、孩子吃好，我不是提倡女同志都这么做。我只是说，一天30种食品要保证，如果吃到30种食品，基本上不需要补充什么，日本的饮食餐就是每一样都是一点点，品种多。第二，粗细搭配。第三，饥饱要适当，不要吃太多，也不能太少，更不能暴饮暴食，很多疾病都是因为暴饮暴食，包括心梗、肠梗阻、急性胃扩张等等。第四，三餐要合理，早中晚的比例就是3∶4∶3的比例。我再次提醒大家，不吃早餐是不好的。第五,植物性脂肪要占总脂肪的 1/3。第六,少吃盐,世界卫生组织提出一天盐巴的量控制在 6 克,最近又提出一个新标准,减少 1 克,每天 5 克。吃盐多了,血容量增加,心血管负担重,对肾脏、胃也不好。第七,少吃甜食多吃鱼。第八,少饮酒。

按照美国最新版的饮食指南,食物种类要多样化,多吃蔬菜、水果。女同志中年以后适当地多吃一些豆制品,因为它含植物的雌激素,对调节内分泌有好处。人工补雌激素最近在国外争议较大,有人说它跟乳腺癌等有关系。

要保持健康的体重,体重指数要适当。体重指数就是用体重(公斤数)除以身高(米数)的平方,19~24 最好,24~29 超重,30 为肥胖,到了 40 是严重的肥胖。如果 15 就太瘦了,很危险。现在有女性说要骨感,但太瘦的话对人体的影响是很大的,三年困难时期不少人就是营养极度缺乏引起"骨感",然后死了。现在国外模特界就提出太瘦了的不要,因为骨感引导人们一种不健康的生活方式。

现在人们强调低脂肪和低胆固醇,特别是要限制饱和脂肪酸,这主要是吃动物脂肪,限制反式脂肪酸。反式脂肪酸实际上就是加了氢分子,使不饱和成为饱和的,在这个过程中不饱和脂肪酸发生了结构性的转变,由天然的顺式变成反式,所以称它为反式脂肪酸。为什么要这样呢?因为饱和的程度高了以后,性质稳定,不容易被氧化,延长了食品的保质期,可以在温暖、潮湿的环境里,保存一段时间不变质。反式脂肪酸是一种垃圾食品,对人体是有害的。商家是从商业的角度,因为它可以延长保质期。

要限制糖的使用,它缺乏营养,而且热量高,吃了以后很容易肥胖。限制盐分的摄入。适度地饮酒。

这是美国合理膳食的标准。我们有一些同志做到了,有些同志没有完全做到,我们就应该朝着这个方向走,中国营养学会提出的标准和美国的合理膳食标准,可供我们参考。

第二,要适量地运动。

运动对健康有好处,每周三到四次有规律的运动,可以减少70%的意外死亡,而且可以使身体年轻10岁到20岁。运动对心脏可以增加泵血的功能,更加轻松地增加泵血量。有一些体力劳动者,特别是以前划船的船工,肺活量非常大,心缩很慢,血管回心血量也非常好。运动还可以改善胆固醇,特别是增加高密度脂蛋白、降低低密度脂蛋白,对骨头也有好处。现在很多女性一天到晚就是吃钙,不好好吃饭,不运动,也不晒太阳。整天吃钙,你的骨头也是没有办法硬起来的。野外的动物骨头特别硬,就是它们活动量大,又晒太阳。所以一定要活动,要晒太阳,要合理饮食,什么都吃,光吃钙,骨头是吃不硬的。此外,运动对预防糖尿病、缓解压力、改善睡眠、提高免疫力都很有好处。一位诺贝尔奖金获得者经过研究,认为一氧化氮可以在心血管里作为信号分子,参加运动的人在体内可以充足地产生一氧化氮,可以防止中风等疾病的发生。

现在大家提到有氧运动和无氧运动,这两种运动都是好的,但是我们更提倡有氧运动。有氧运动就是发生于持续运动大的肌群,是有氧条件下的运动,特别是快速行走、慢跑、骑自行车、游泳等,非常有好处,不是太强烈,心肺、肌肉得到适量的锻炼,呼吸、心跳加快,能够加强肌体耐力。我建议大家多做这些运动。无氧运动可能使肌肉产生乳酸,使肌体痛,强度很大的运动氧气供不上,形成无氧代谢,形成乳酸,这个乳酸刺激你肌肉产生疼痛,不让你再做下去了。所以凡是运动之后,一身都很疼的,这时就要控制运动量了,否则就对身体有害。举重对身体有没有好处?也有好处,但是由于我们平时锻炼比较少,是在无氧代谢下进行的,因此要尽量减少,特别是有原发疾病的人,就不要做这种爆发力的运动,它可能会对身体造成危害。

有氧运动应该掌握哪些原则?首先是因人制宜、因地制宜,量力而行、循序渐进、持之以恒。有人说生命在于运动,但是要适量运动。每一个人都不一样,老年人、中年人、孩子,男人、女人,身体好、身体差的,一定要结合自己的实际情况,不要一天吃一个大胖子。我有几个好朋友,就是因为在这个问题上过了一点火,很可惜就去世了。还有冬天在跑步机上锻炼,室内二氧化碳浓度高,氧气少,拼命在那儿跑,结果没有锻炼到身体,把自己跑死了。剧烈的、过量的运动对身体一定是有害处的,比如没有身体条件不要去跑马拉松,否则会造成猝死。

选择自己喜欢的、适宜的而且是可行的运动,强度要逐步地增加,不超负荷,什么叫不超负荷?如果在运动的时候,你跟旁人对话有一点困难,说话有一点气喘,这个量就有一点过度了,你就不要再进行了,要减下来。运动的强度要适中,运动停止之后,我们在 10 秒钟之内,心率根据你的年龄判断,170 减你的年龄,比如说我 70 岁,我停止运动 10 秒钟之后,心率达到 100,这就可以。这一点是容易办到的事情,这就是适度了。时间每次 30 分左右,最好能够坚持 30 分钟以上,但是一定不要出现那些症状,20 分钟内锻炼消耗的是肌肉里的糖元,超过了 20 分钟才消耗脂肪,所以我们的活动尽量要求半小时以上,特别是减肥的同志。如果你实在 30 分钟坚持不了,当然中间也可以休息一下,但是总的运动时间不能减,最好能够达到每周三到四个小时,频率每周至少三次,而且坚持要做放松运动,要有一点准备,不要一上来就做运动。

第三,戒烟限酒。

吸烟的危害是全身性的,主要有三大危害。第一大危害是尼古丁。尼古丁是你成瘾的主要原因,你吸烟之后血液里会增加一种东西,你戒不掉,到时候就想抽,就是因为尼古丁起作用。第二大危害是一氧化碳,烟里的一氧化碳不要小看它,一支烟燃烧的时候可以放 1000 毫升烟雾,其中就包含近 400 毫升一氧化碳。一氧化碳与血红蛋白的结合率,比氧与血红蛋白结合力高 210 倍,而且结合得很紧,所以一氧化碳为什么容易中毒,就是这个道理。一氧化碳先把血红蛋白结合了,氧气就没有办法跟血红蛋白,结果造成严重缺氧。现在还有人说过滤嘴好,那也要看什么样的,加一个质量不好的过滤嘴,燃烧的时候更容易产生更多的一氧化碳,还不如不要后面的过滤嘴呢。第三大危害是焦油。香烟含有 4000 多种有害的物质,其中有 40 多种是强烈的致癌物质,是在美国列为 A 类的致癌物质。根据 2006 年卫生部公布的数据,现在癌症最多的是肺癌,然后是消化道,即食道癌、胃癌、肝脏癌、结肠癌等,这几种癌症占了总死亡率的76%。肺癌在整个国家占癌症死亡的第一数,尤其是大城市,吸烟是罪魁祸首。

焦油里面的致癌物质非常多,尼古丁是造成吸烟成瘾的原因,一氧化碳是造成缺氧,焦油致癌。中国是香烟最大的受害国,请大家记住吸烟危险指数"400"。什么意思呢?每天抽20支,连续20年,凡是超过危险指数的,就要警惕,每年你至少检查一次身体,最好半年查一次,因为肺癌的倍增时间是4个月。现在孩子们抽烟已经提前了4年时间,这是很坏的消息。每天吸烟2包以上的,比不吸烟的人,得肺癌的可能性高65倍以上。从健康的角度,我要提醒大家,在我国慢性阻塞性肺病大部分都是跟抽烟有关系,如慢性支气管炎、肺气肿、肺心病等。

被动吸烟的危害不亚于主动吸烟。现在,我国法律在这方面已经更加严格了。但是,要完全消除被动吸烟的危害是很不容易的。有研究结果表明,接近10万名不吸烟的妇女发生癌症的情况,丈夫不吸烟的妻子发生肺癌的危险性是1,丈夫中度吸烟妻子发生肺癌的危险性是1.61,丈夫重度吸烟妻子发生肺癌危险性是2.8。

凡是烟草都有害。现在烟草有几种,一种是叶子烟,一种是雪茄,一种是香烟,还有最近刚出来的所谓无烟香烟。一些烟草商看到现在禁烟越来越严格了,就搞一种没有烟的香烟,世界卫生组织马上表态,说无烟香烟同样是有害的。烟草都是有害的,但最有害的就是大家抽得最多的、见面就发的香烟。叶子烟农民吃得多,对口腔的刺激大,所以在农村口腔癌的发病率高。我们经常看到抽叶子烟的老头子到处吐口水,是因为叶子烟刺激口腔吐口水。抽雪茄对身体也有害,雪茄的生产是非常复杂的,我去古巴时看过雪茄的生产流程,有接近400道工序。而抽雪茄不是一支一次抽完的,一般抽几口拿特殊的剪刀剪掉。雪茄有害,但是还不如我们现在抽的香烟。有人说吸烟无害,还举出很多老人吸烟却长寿的例子,比如张学良吸烟,但活到100多岁。这些只是个案,张学良做保健的时候我们没有看到。有一些人吸烟是摆设,吸到口里就吐出来,有些人吸得很深,每个人吸烟的习惯都是不一样的。

还有人说吸烟有贡献,国家烟草税一般每年占国家税收的10%左右,一年几千亿,2007年估计接近4000亿。但是请大家注意,国际权威组织指出,烟草对健康的危害费用是20年前烟草税收的2.8倍。比如说现在是3000亿,那么20年以后要支付3000亿的2.8倍,即8400亿用于健康。因此从长远来说,这是得不偿失的,还不要说烟草引起火灾等问题。

有人说长期吸烟不能戒烟,戒烟要犯病。戒烟是很痛苦的,这一点不可否认,但是不能因为痛苦就不戒。世界卫生组织提出,不管烟龄多长,早戒比晚戒好,戒比不戒好。戒烟在早期可能有一些不适应,就是想抽,心理上不平衡,然后可能就产生这样或者那样的问题。但是一般戒烟后睡眠改善了,咳嗽少了,胃口好了还发胖,三到五个月之后就慢慢恢复正常。

世界卫生组织做了大量的观察,戒烟后虽然在一短时期内可引起身体不适,甚至有一些发病了,但绝不是因为戒烟而发病的。有些是到这个时候该发病了,戒烟成了诱因。但是,不能因此就说戒烟不好。就像预防小儿麻痹症的糖丸,可以预防很多小孩不得麻痹症,但是可能100万或者200万的小孩有一个出现糖丸性的小儿麻痹,但是你不能说因为这样,就不给小孩吃这种糖丸吧。

关于饮酒的问题,现在我们一年的白酒消费量可以灌满西湖。从有利的方面看,一般认为酒对身体有一定的好处。少量饮酒对防止动脉硬化有一定的作用,可以增加一些高密度脂蛋白,还可以刺激组织纤维蛋白,防止血液凝块的发生。老年人可以适当地饮一些酒,舒经活血等,中医所说的有一定的理论基础。

但是,饮酒弊大于利。酒的主要成分是酒精,是仅次于烟草的第二大杀手。过量饮酒对人体的全身都有影响,特别是肝脏、心脏、肾脏和生殖系统等。美国医学中心用CT检查发现,长期饮酒的人大脑开始萎缩,神经细胞受损,记忆力下降,58%有肝硬化,等等。饮酒会使血液中维生

素 B_{12} 降低,容易得贫血,也会使维生素 B_1 下降。酒精中毒开始是兴奋,然后是昏迷,最后是死亡。酒精与很多癌症是有关系的,另外酒精还可以使糖耐量不稳定发生。

有一些人能喝酒,有一些人不能喝酒。有一些人喝了脸红,有些人喝了之后脸不红,但是很容易中毒。关键是两种酶的作用,有些人这两种酶的活性很强,喝了酒很快就代谢了。女性整体来说是不会喝酒的,但是有一些女性这些酶特强,喝酒特别厉害。一些人一种酶强另一种不强,喝了乙醇在乙醇脱氢酶作用下,酒就很快变成乙醛,但由于乙醛脱氢酶活性不强,不能使乙醛分解成二氧化碳和水,结果乙醛在血中增高,心跳就加快,脸就红了。喝酒还影响性功能,对肝脏也有影响,因为饮酒之后会使甘油酸酯高。饮酒会增加抑郁,容易引起自杀。如果有人患了乙肝、丙肝、肝功能不太好,喝酒就容易促发肝硬化和原发性肝癌,因此特别要注意。

我接下来谈适量饮酒的问题。世界卫生组织提出安全饮酒量,是就整体来说的,平均每周一个男性不超过 21 个标准量,女性不超过 14 个标准量,实际上女性从整体调查来说,对酒精更敏感,对酒精的耐量不如男性的。对一个能喝酒的人,男性最好一天控制在 20 克到 25 克。相当于多少呢?大概是啤酒 500~750 毫升,白酒不超过 1.5 两,葡萄酒 250 毫升。当然,最好是不喝酒。世界卫生组织开始时提倡不饮酒,因为酒进入身体对身体都是有损害的,考虑了很久之后提出限酒,因为要让人们完全禁酒太难,少量饮酒还是有一些好处。世界卫生组织提倡的是适量饮酒、反对酗酒。我希望大家尽量不要饮酒。

第四,心理平衡。

根据调查,办公室里每 10 个人就有一个患抑郁症的,或者是焦虑症的,或者是体力透支的。美国抑郁症经济损失每年达 440 亿美元,在欧盟这个病高达总人数的 4%。我国人群精神病患病率 15%,有 1400 万重症精神疾病,也就是精神分裂,老百姓称之为疯子;因行为障碍受困扰的 17 岁以下青少年有 3000 多万;全国抑郁症患者 3000 多万;各种老年性痴呆有 600 多万;抑郁症患者的自杀率高达 10% 至 15%。近 20 年来,我国精神障碍人数不断增加。根据中国社会科学院的调查,白领过劳死的情况也是非常严重的。现在 4% 的企业家有不同程度的脂肪肝。社会流行 40 岁前拿命换钱,40 岁后拿钱换命。拿命换钱苦,拿钱换命也苦。有人说,现在财富越来越多、满意却越来越少,拥有的越来越多、快乐却越来越少,沟通的工具越来越多、人们的交流却越来越少,认识的人越来越多、真诚的朋友却越来越少。这种说法的确反映了现实的情况。健康是企业家一生当中最大的财富,管理健康就是管理人生。不管你的事业多大,不管你的身体有多棒,不管你自信有多满,或者是前景再辉煌,必须要重视健康、保护未来。

与之相反的是,现在老年人对健康比较重视。世界上不少国家在室外锻炼的绝大多数都是女性,国内走到那一个城市都可以看到,相反男性不注意,往往到时候再说。现在很多病都是提前的,心肌梗塞的才二十几岁,脑溢血的也是二十几岁,不是五六十岁才发病的。健康是要整个地管理起来,否则就晚了。

国务院办公厅专门发了一个文件,《关于进一步加强精神卫生工作指南的意见》,说精神健康是健康不可缺少的一部分,没有精神疾病并不代表精神健康。精神病只是精神疾病的一种表现,并不是有精神病才是精神不健康。每一个人不仅需要身体健康,也需要精神健康。

一个人在一生当中都会遇到各种各样的问题,所以必须要维护好自己的健康。我们重点要防止精神分裂、抑郁症、老年痴呆等等。如果遇到这种问题,我们要上医院,而且我们也不要歧视这些人。

影响健康的原因是多种各样的,压力大、要求完美、自我保健意识差等。我们要纠正两种倾向,一种是无所谓,一种是过分紧张。世界卫生组织把肿瘤归纳为慢性非传染性疾病,不是不治之症,而是跟冠心病、糖尿病一样,现在肿瘤 34% 是可以治好的,还有 1/3 是可以明显地好转。提高生活质量的话,还有 1/3 是可以预防的。

保持良好的心态,要善于解放自己,这一点很重要。快乐源于舍弃,我们要以柔克刚,要回到大自然,不要把我们的期望值弄得太高。有人搬家,住在一楼,从坏的方面来想一楼潮湿、不安全等等,但是有一些人就觉得一楼方便,万一出现什么问题还跑得快。后来搬家到五楼,从坏的方向想,存在不方便等问题;从好的方面想,可以坚持每天爬爬楼梯,这也是一个被动的锻炼。

与听众的交流

提问:现在中国治疗癌症为什么不提中医呢?

殷大奎:我是这样看这个问题的,中华民族几千年以来生息繁衍,成为世界上人口最多的国家,靠的什么呢?是西医吗?西医传到我们国家才200多年。还是靠传统中医,中医在维护人类健康、防治疾病方面功不可没,这一点是没有任何值得怀疑的。

中医的发展屡屡受挫,原因是多方面的。有客观的原因,有自身的原因,也有社会的原因。党和政府对发展中医历来是非常重视的,原来提"中西医结合",后来提"中西医并重"。中医、西医是两套不同的体系,中医是整体的观念;西医基本上可以说是以生物的模式,首先看你病理生理,是什么原因引起的。中西医应该很好地结合起来,我们应该提倡中西医优势互补。关于治肿瘤,卫生部从来没有说过中医不能治肿瘤。中医不能治所有的肿瘤,西医也一样,不然的话肿瘤病人就不会死了。中医在预防肿瘤方面是超过西医的,如果病人不能接受手术、放疗、化疗等,那么中医可以进行调养,可以跟手术、放疗、化疗很好地互补。

网络文化与社会生活

欧阳友权

(2007年9月19日)

欧阳友权,文学博士,中南大学文学院院长、教授、博士生导师,《人文前沿》主编,湖南省网络文学研究基地首席专家,享受国务院政府特殊津贴;兼任全国毛泽东文艺思想研究会副会长、湖南省文艺评论家协会副主席、湖南省文学学会副会长、湖南省文艺理论研究会副会长、湖南省演讲与口才学会副会长等职。

擅长网络文学、数字文化和文化产业研究,主持完成国家和省部级科研项目共13项。著有《网络文学论纲》《网络文学本体论》《网络传播与社会文化》《数字化语境中的文艺学》《网络文学的学理形态》等,主编"网络文学教授论丛"、"文艺学前沿丛书"、"网络文学新视野丛书"等。在《中国社会科学》《文学评论》《文艺研究》等学术期刊发表论文250余篇。曾获全国宝钢优秀教师奖、教育部国家级教学成果二等奖、中国高校人文社会科学优秀成果三等奖、湖南省教学成果一等奖、湖南省"五个一工程"优秀理论著作一等奖、湖南省教学名师等多项奖励和荣誉。

很高兴来到广州讲坛,跟大家讨论"网络文化与社会生活"这样一个话题。我今天准备讲五个问题:第一,互联网已经成为当今最具影响力的媒体;第二,网络文化是一种怎样的文明形态;第三,互联网时代的数字化生存问题;第四,网络文化所带来的社会问题;第五,探讨鼠标下的德行——网络文化的建设与管理问题。

如果有人问,对我们的生活影响最大的技术发明是什么?回答一定是"网络",是的,就是国际互联网。互联网及其网络文化已经渗透到我们生活的方方面面,例如我们的政治生活、经济生活、文化生活、娱乐休闲等等。

互联网已成为当今最具影响力的媒体

互联网横空出世至今,虽然只是弹指一挥间,却已经对人类的生活产生了巨大的影响,它使得我们的信息传播方式、人际交往方式、休闲娱乐方式、文化学习方式、精神生活方式,乃至逻辑思维方式,都发生了深刻变化,有些甚至是颠覆性的变革。

如果从1969年互联网诞生算起,全世界的网络发展不足40年;如果从1994年中国加入国际互联网公约算起,我国的互联网发展也只有13年的时间,但它的发展速度却十分惊人。1997年10月中国互联网络信息中心(CNNIC)首次对我国网络使用情况进行统计时,我国有上网计算机只有29.9万台,上网用户62万人。而到了2007年,截至6月30日,我国网民总人数已升至1.62亿,在世界上排名第二,互联网普及率为12.3%,上网计算机6710万台,使用手机上网的人数就达4430万人,网站数量达131万个。10年时间,上网人数猛增近260万倍,联网计算机增长220多万倍,这样的增速是历史上任何一种媒体都不可比拟的。据国家信息产业部最新统计显示,我国的手机用户现在已超过6亿户,占世界的手机用户1/5。手机普及率每百人46部。可见网络、手机等数字媒介已成为当下中国人普遍使用的信息工具。

2000年以来,中央加大财政投入,积极支持新华网、人民网、中国网、国际在线、中国日报网、央视国际网、中青网和中国经济网等8家重点新闻网站的建设和运营。目前,这8家中央重点新闻网站每天首发新闻超过24000余条,日均页面访问量超过2.17亿,其中30%以上来自境外

180多个国家和地区。

1998年5月,联合国新闻委员会宣布,互联网已经成为报纸、广播、电视之后的"第四媒体"。第四媒体与第一、第二、第三媒体的区别在于:

第一,网络媒体是一种"宏媒体"(macromedia),它规模巨大,可以达到全球级的受众规模;另外,网络媒体能够充分运用多媒体形式,通过摄影技术、超文本技术以及信息检索等相关技术,将文本信息、图像信息、声音信息等进行综合,构成信息的全方位传播,还可以通过信息交互而扩展信息。

第二,网络媒体是一种"元媒体"(metamedia),即媒体中的媒体,它具有强大容载力,不仅可以将报纸、广播、电视等所有媒体的传播优势一"网"打尽,还可以借助"万维网"(WWW)的超文本链接优势,实现"所见即所得",获得"所有时代所有地方的所有信息"。

一种媒体发展成为大众媒体,广播用了38年,电视用了13年,有线电视用了10年,而因特网只用了5年。

时至今日,网络正以其难以估量的影响力改变着人们的生活,成为我们生活中不可分割的一部分。这里既是巨大的信息库,也是快乐的最大乐园;既有一般公民的空间,也有政府、单位的平台;无论是查找新闻的人、搜索资料的人,还是打发时间的人、寻找刺激的人,在网络的平台上都可以得到满足。

网络媒体具有这样五个特征:

1. 蛛网覆盖又触角延伸的无障碍性

互联网可以笼天地于尺幅之屏,挫万物于光标之处,相对于印刷媒体它是"无纸传播",相对于广播电视它又可以做到"声像俱全"。互联网对物理和精神世界的全面覆盖和无限延伸,一夜之间拆卸了信息传播的所有壁垒,以电子化传播的全新方式改变了传统的传播体制,使信息接收与发布都成为实时交互的轻松游戏。尼葛洛庞帝曾经举例说:假如我从波士顿起居室(电脑屏幕)一眼望去,能看到阿尔卑斯上,听到牛铃声声,闻到(数字化的)夏日牛粪味儿,那么在某种意义上我几乎已经身在瑞士了。假如我不是驾着原子(汽车)进城上班,而是直接从家里进入办公室的电脑,以电子形式办公,那么,我确切的办公地点到底在哪里呢?可见,在网络媒体中,"地址"的概念已经有了新的含义。

2. 传播的快捷性

传统媒体受到时效性的限制。如报纸出版有周期,电台、电视台制作节目需要一个过程。网络媒体则不然,它在版面上不受空间限制,频道的更新也没有固定的周期,添加或更新信息在操作上十分方便。因而,网络媒体的信息交流可以实现实时性。它能快捷的传输文字、声音和图像,且不受印刷、运输、发行等因素的限制,可以在瞬间将信息发送到世界各地的千家万户。

网络传输速度超过了任何媒体。如美国"9·11"事件中,第一架飞机于北京时间 2001 年 9 月 11 日 20 点 45 分撞击纽约世贸大楼,10 分钟后(20 点 55 分),新浪网就发布了该事件的第一条信息,并且不断更新,做跟踪报道。

网络能让海量信息无限传输,一束细如发丝的光导纤维可以同时传送 100 亿对电话或 1000 万套电视节目。新一代互联网每秒钟能传输 6 亿比特的数据,这样,一套 33 卷的《大不列颠百科全书》的图文信息,只需 1 秒钟即可完成。这就大大缩小了时间和空间强加给人类的限制,在全球范围内实现"你见即我见"、"所见即所得"。

1993 年美国副总统戈尔提出了"信息高速公路计划",欧共体 15 国提出了"欧洲信息技术研究与发展战略计划",加拿大提出了"灯塔工程",新加坡提出"智能岛计划",日本提出"曼陀罗计划"、"维纳斯计划",中国提出了"三金"(金桥、金关、金卡)工程等,都是为了让更为快捷的信息传递为国民经济和社会发展服务。

3. 信息接受方式的主动选择性

传统媒体是把信息"推"给接受者,网络把传统的"推"(pushing)传播,转变为"拉"(pulling)传播,并且还可以在接受的同时能动传递信息。传统媒体的传播与接受是施动(推)与受动的关系,网络媒体的传播与接受则是能动(拉)与施动关系。网民只需拖动鼠标便可以获得自己所需要的信息,需要什么不需要什么的主动权已经掌握在自己手中。这种"拉"动性选择,客观上消解了信息施动者的中心地位,也改变了信息传播的方式。

4. 由单向传播转为多向交互

在传统的大众传播,传者和受者是严格区分的,前者是主动地传播信息,后者则是被动地接受信息。无论是报纸、广播还是电视,都由传播者控制传播内容,受众没有挑选的余地,最多只能是选择看或不看。网络媒体则不然,它从多方面实现了传者和受者之间的双向交流。网络传播不仅具有纸介传播的视觉识认性、广播媒介的迅即和广泛性,以及电视传播的时效性和视听统一性,而且还具有其他媒体不具备的双向或多向交互性。它能将"一对一"的单向传播转变为"点对点"的双向交流,或"一对多"的多线性交互,如网络聊天室、虚拟社区、新闻组、BBS 留言板、QQ 聊天、MSN 交流、Skype 对话,以及各类论坛的讨论等等。

5. 信息量的无限承载性

网络上的"海量"的信息让人应接不暇,有效信息与冗余信息、真实信息与虚假信息有时会让人真假莫辨。互联网代表着全球范围内一组无限增长的信息资源,其内容之丰富是任何语言也难以描述的。电子商务、网上竞选、网上购物、可视会议、网恋与网上聊天、黑客与数字化犯罪、电子金融、虚拟技术、数字图书馆等一系列与互联网有关的概念的普及,表明互联网已经渗透到政治、经济、法律、艺术等社会生活的各个方面。举凡是生活存在的或不存在的、历史的或未来的、中国的或外国的、社会科学的或自然科学的等各类信息,互联网上均可找到。

美国 Powersoft 公司总裁米歇尔·科兹曼说过,19 世纪是火车和铁路的时代,20 世纪是汽车与高速公路的时代,21 世纪将是电脑与网络的时代,这是一个"网络为王"的时代。麦克卢汉曾特别强调"理解媒介"的重要,因为任何媒介都将引起"人间事物尺度变化、速度变化和模式变化"。他举例说:"铁路的作用,并不是把运动、运输、轮子或道路引入人类社会,而是加速并扩大人们过去的功能,创造新型的城市、新型的工作、新型的闲暇……另一方面,由于飞机加快了运输的速度,它又使铁路塑造的城市、政治和社团的形态趋于瓦解,这个功能与飞机所运输的东西是毫无关系的。"以此来理解网络传播,我们不仅需要看到网络在传播学和技术论方面的价值,更要看到它在转变文化观念和打造文明形态方面的意义。

网络文化:一种崭新的文明形态

互联网造就了网络文化新模式。由于互联网具有平等、自由、参与、共享、兼容等特点,不仅促成精英文化与大众文化、民族文化与外来文化、传统文化与新兴文化并存的局面,而且形成了一种新的文化模式——网络文化(cyberculture)。如网络文化有自己的话语方式(网语、"火星文"),有自己的物质文化(如网络工具、网络产品),有自己的精神文化(娱乐方式、心灵家园、思维方式、理论形态),也有自己的制度文化(平等、自由的观念和体制、网络游戏规则)。网络文化的基本精神是:知识的民主、交往的自由、信息的共享、观念的开放、信仰的多元、市场机会的扩展等。

可以说,网络文化是人类继农耕文明、工业文明之后的第三种文明形态——网络文明。网络文明具有不同于农耕文明、工业文明的众多特征:芙蓉姐姐、网络小胖、后舍男孩……聊天交友、论坛灌水……反恐游戏、网络写手、电子购物……全新的文化创作与参与主体、全新的文化内容与传播方式、全新的经济活动与生存形态。仅仅在十年前,我们还无法想象到今天的这种新的文化形态,网络从一种技术的代名词演变到一种文化,成熟的周期显得过于短暂。

1. 网络文化是信息数字化的"比特"文化

尼葛洛庞帝说过:"要了解'数字化生存'的价值和影响,最好的办法就是思考'比特'和'原子'的差异。"网络文化的最大特点就在于它不再是以"原子"的形式存在和散发,而是以"比特"(bit)的形式存在和传输。

比特,是一种"信息DNA"。传统的信息传输工具如报纸、杂志和书籍等,它们所使用的物质是原子,网络的出现则让人类实现了"从原子到比特的飞跃"。原子具有体积、重量、生产成本和传输耗损,比特则没有,也不会有。比特具有超自然的虚拟性质:它没有体积、质量密度、温度、压强,没有颜色、尺寸和重量等自然的物理属性,却能以光速传播,能再生复制,能超越物理时空限度等。因而,比特的出现是科技发展的奇迹,更是网络文化的基础。尼葛洛庞帝称:"信息高速公路的含义就是以光速在全球传输没有重量的比特。"

比特有三个显著的特点:无限储存、软载体传播和压缩转换。正是由于比特数字技术的诞生,使得网络文化的兴起成为一场真正的文化革命。

2. 网络文化是平等参与的全球互动文化

互联网不只是机器与机器之间的简单联结,而是人脑与人脑之间的高级互动;上网行为表面看是"人—机"互动,本质却是"人—人"互动,是数以亿计的人脑在交流和碰撞,是不同地区、不同国家、不同种族、不同领域的人在网络空间的自由交往。几亿、几十亿个智慧的大脑纵横交错的联结与撞击所带来的聚合效应,远远不止他们之间知识的简单相加,而将是几亿乘几亿的文化创造的新增量。这就是网络文化所具有的神奇魅力和深刻内涵。

因而,网络文化实际上是文化的国际化或全球化。互联网使得全世界各种肤色、各个民族、各种信仰的人们共同生活在一个"虚拟世界"中,人与人之间打破了物理时空的限制,消除了由于距离所带来的不方便和不经济,万里之外的不同网民可以"当面"交流思想、研讨学术、交换信息、交互娱乐,人们可以"进入"世界上任何地方的数字图书馆、博物馆、艺术馆、旅游胜地,尽览各种信息,整个世界都被一个触点延伸的网络连为一体。

3. 网络文化是信息共享的开放性文化

第一,网络文化遵循"信息递增规律"。网络规则是"你有我才有,你有我更有",而它不像荒岛上两个人竞争一块面包,结果是收益递减规律——"你有我没有,我有你没有"。有人比喻说:世界上只有一部电话时,电话的使用价值等于零;有了第二部电话,它才有了使用价值;电话越多,电话的价值就越大;当所有的地球居民人人都有了电话时,每部电话的价值就达到了顶点。网络的使用价值与之类似。"你有我才有,我有你更有"的法则,要求网络文化必须是开放性文化,不能封闭,也不能垄断,尽管网络知识产权也需要保护,但网络时代要想完全垄断和封杀信息,是不大可能的,也是不明智的做法。网络的特点决定了网络文化必须在开放的网络上广泛传播才有意义,否则,网络文化就失去了生机和活力。

第二,网络文化版权约束力在减弱。从管理层面上看,在"原子"世界发挥作用的版权,在虚拟的网络世界越来越失去意义。这是因为:①物质载体的"非物质性"使得知识产权的专有性不再明显;②复制与仿真越来越简便,对原作品的"改头换面"也变得轻而易举,使版权不容易辨认;③信息交换的快捷性使得知识产权的时间性受到严重挑战;④在网络上难以分辨有无知识产权的信息;⑤信息发布与出版之间的界限开始变得模糊不清;⑥电子服务与电子应用的全球化对知识产权的地域性形成了挑战。因此,网络文化的管理不能像书籍、杂志和报纸的管理那样,可以严格控制,甚至是封锁。网络技术的无限开发加大了版权保护的难度。网络的信息复制技术、传输技术、查询技术、处理技术、采集技术和使用技术等,都在日新月异地发展,黑客无孔不入,这使得网上信息难以设防,甚至无密可保。

这一切都决定了网络文化是一种信息共享的开放性文化。它的最大优势在于:实现信息和知识的共享,让每个人都有权享受人类的文化产品,有利于消除不平等现象,具有知识民主和信息共享的积极意义。

4. 网络文化是回归"草根"的大众文化

网络文化是一种"新民间文化",在这里,精英文化委地如泥,贵族心态毫无市场,网民的文化立场向民间文化回归。网络是一种俗众狂欢的地方,每一个网民都可以在这一空间自由出入,率真地挥洒个性,宣泄情感,表达意愿。"在网上没有人知道你是一条狗",大狗小狗都可以在这里"汪汪"叫上一通。无论你是公司总裁还是国家总统,在网络里都与常人平起平坐。在这里,每一个人都可能成为中心,人与人之间是平等的,不再受等级制度的控制,因而网络可以表现真我本色,展示心灵的暗角,乃至放纵被理性抑制的"流氓兔"。网络文化具有"粗口秀"(vulgarity show)表达方式,网语表达句式简短、口语化,有时甚至出现粗话、俚语,最贴近大众说话习惯,表现出大众语言的亲和力。网络文化又是一种"读图时代"的消费文化,它的直观、刺激、快捷、简单,使"文化"接受趋向快餐化。

互联网时代的"数字化生存"

尼葛洛庞帝在《数字化生存》中说:"计算不再只和计算机有关,它决定我们的生存。"互联网的无处不在和无所不能,已经实实在在地影响了我们的生活,也改变了我们的生活方式,如网络通信、网络交友、网络休闲、网上娱乐、网上购物、网络支付、网络咨询、网络会议、网络选举、网络公示、网络写作、网络教育、网络医疗、网络旅游等等。

1. 互联网改变了人类的生活方式,带来了数字化生存的六大革命

第一,数字化:信息传播方式的革命。

第二,超时空:交往方式的革命,如交往的全球性,交往的多元化,交往的"信息共同体"——以"信息之缘"来联通世界产生的"共同体"。

第三,网络教育:教育的革命,如网络教育拓宽了学生接受知识范围和途径,使参与式、启发式教育真正成为可能,它使终生学习成为普遍趋势,并使教师的职责发生变化——不再以传播知识为主,而是以培养学生掌握学习方法及分析问题、解决问题的能力为主。

第四,网上购物:消费方式的革命,网上消费群体是新一代知识型消

费者,个性化趋势日益凸显,网上消费将由"虚拟人"(电子代理)执行,从而改变了销售观念,拓宽了销售渠道。

第五,网上娱乐:休闲方式的革命,网络游戏、网络影视、网络聊天、网络交友……互联网已成为"孤独者的狂欢"乐园。

第六,虚拟组织:社会组织方式的革命,互联网的"去中心化"模式,解构了金字塔式的权力结构,使社会组织出现组织结构网络化、组织管理平面化、组织约束平权化。

2. 互联网催生了网络经济,加速了世界经济一体化

互联网的出现打造了一个新的行业——网络业,催生了一种新的经济形态——网络经济。

互联网是知识经济、技术经济、信息经济,无论是传统的农业、工业,还是服务业,资金和劳动力都不再是经济力量的主要决定因素,经济潜力正越来越多地与掌握信息的多少和操作信息的能力密切相关。

互联网时代的经济竞争已经没有了国界,从地区的、民族内部的竞争转向国际竞争。

互联网的电子商务改变了传统的商务模式,使得企业产品的营销以及售后服务等,都可以通过网络进行,企业与供货商、零部件生产商以及分销商之间可以通过电子商务来实现交互,创造了企业运作新模式。

传统行业纷纷上网提供各种服务,如建立企业网站进行产品展示、企业宣传、客户服务等,还有如网上书店、网上银行等,都是传统行业与互联网结合的产物。

互联网降低了企业的交易成本和管理成本,例如远距离通信谈判降低了谈判成本;闭路电视的发展改变了劳动监督方式,提高了监督效率,降低了监督成本,强化了安全管理。

网络广告为企业提供了一种有效而又实惠的广告方式。

3. 互联网增加了政治的开放性与透明度

信息化、网络化使得广大人民群众更容易通过互联网媒体获取广泛的信息,主动参与到国家的政治生活,例如人大、政协会议,国际国内重

大事件等,互联网上都有专题、专栏、社区进行讨论。

　　早在1999年,我国就提出"政府上网年",现在县乡以上各级政府都建立了自己的网站,有的行政村也实现了网络办公,在网上设立了办事窗口。各个政府网站不断深入的电子政务,有利于加强宏观调控,提高了政府的服务效率和监管能力,增强部门协调,打破垄断分割,实现资源共享,增加行政透明度,从而降低成本,提高行政效率。

　　互联网带来了政治生活的两大变化:一是舆论监督,让权力结构由控制型向分权型发展,用"众声喧哗"消弭"主旋律协奏"模式,及时反映社会各阶层特别是社会底层的声音;二是决策参与,让政治话语权下移,决策结构由垂直性向交互式发展,为网民开辟了自主表达的信息通道,社会公众的"知情权"和"表达权"得到更充分的体现,网络媒体成为沟通政府与公众,以及不同利益集团之间对话的渠道,从而有助于公众影响和参与国家和政府的重要决策。

　　互联网产生了电子政务:

　　政府内部的电子政务:①电子公文系统;②电子办公系统;③电子法规政策系统;④电子司法档案系统;⑤电子财政管理系统;⑥电子培训系统等。

　　政府对企业电子政务:①电子采购与招标;②电子证照办理;③电子税务;④信息咨询服务;⑤中小企业电子服务,即政府利用宏观管理优势,在网上为中小企业增强国际竞争力和知名度提供各种帮助。

　　政府对公民的电子政务:通过电子网络系统为公民提供社会生活各个方面的服务,以体现政府执政为民的政治理念,如教育培训服务、就业服务、电子医疗服务、社会保险网络服务、公民信息服务、交通管理服务、电子证件服务、公民电子税务等等。

　　4. 互联网变捣　人际交往方式,改变了文化传承手段

　　网络让人们足不出户地沟通信息、协调关系、交流情感,让人们确信"海内存知己,天涯若比邻",扩大了人际交往的范围;但同时,网络的虚拟空间又是封闭的、与现实世界相对隔绝的,孤独的网民在网络上选择

"狂欢",在现实中则选择"孤独",他了解网络上发生的一切,却不了解隔壁邻居大妈姓啥名谁,甚至对身边的亲朋好友形同陌路……

互联网是一个流动的图书馆,一个庞大的数据信息库。用户在家中就可以把世界上的所有文化资源尽收眼底,正所谓"挫万物于光标之处,览世界于眉睫之前"。现在,只要你善于搜索,就可以把包括英国大不列颠图书馆、美国国会图书馆等世界上600多个大型图书馆和400多个专业机构的馆藏目录随手调到案头。网络媒体是一个信息王国,其中蕴藏着无尽的文化宝藏,它传承着人类文化,又创造了人类新文化。

一柄双刃剑:网络文化带来的社会问题

网络媒体是一柄双刃剑,它在造福苍生的同时,也可能带来一些始料未及的社会问题。例如,它打造了网络文明,也颠覆了许多文明传统;它推进了社会进步,又产生了过去没有的社会赘疣;在给人类带来自由和平等的同时,也给人类带来了失望和负担;它让人们获得交往便利和信息丰富,却又引发道德失范、人情隔膜、情感危机、人性异化等问题。道德相对主义、无政府主义和个人主义,困扰着网络文化的精神提升。信息崇拜、技术至上、工具理性,导致人的价值取向的偏离和人文精神的缺失。如有的人以为网络就是"绝对自由",可以"无法无天",还有的青少年沉溺于网络,终日与电脑为伴,陷在网络的虚拟空间不能自拔。这些都需要健全网络伦理,以弥补技术的人文缺陷。网络黑客,网络犯罪,编制病毒危及社会,侵犯他人隐私,破坏网络安全等,更需要建立健全网络法律法规,以遏制网络犯罪。

胡锦涛同志曾精辟地指出,我国网络文化的快速发展,为传播信息、学习知识、宣传党的理论和方针政策发挥了积极作用,同时也给我国社会主义文化建设提出了新的课题。能否积极利用和有效管理互联网,能否真正使互联网成为传播社会主义先进文化的新途径、公共文化服务的新平台、人们健康精神文化生活的新空间,关系到社会主义文化事业和文化产业的健康发展,关系到国家文化信息安全和国家长治久安,关系到中国特色社会主义事业的全局。

在互联网迅速普及的今天,由网络伦理问题引起的网络生态危机日益凸显。据2000年的一项民意调查,"网络十大罪状"分别是:网络外遇、垃圾邮件、网络谣言、网络上瘾症、网络色情、网络并发症、网络赌博、网络购物狂、网络疏离症、网络假民主。实际上,这些罪状不在网络,而在人,是网络使用者的不当行为造成了这些负面的社会问题。

网络上的道德失范容易导致滥用自由,膨胀个性,张扬自我欲望,放弃伦理责任和道德约束等行为的发生,使网络空间成为"电子烟尘"的集散地,乃至是藏污纳垢的"无沿痰盂"。我们看到,这些年在互联网上不断亮起道德警示的红灯,譬如:

网恋:从网恋小说到生活中不断发生的一幕幕网恋悲喜剧,警示人们关注这种虚拟而隐秘的爱情游戏对社会道德带来的巨大冲击;

网瘾:游戏成瘾、色情成瘾、交友成瘾等,使许多豆蔻年华的天真少年陷入网络陷阱不能自拔,也让他们的家长头痛不已;

黑客与计算机病毒:那些"技术牛仔"凭借"信息崇拜"的英雄心态破坏网络环境,每年给世界造成的经济损失数以百亿计;

侵犯隐私:造成对私人生活权利的侵犯和个人尊严的不尊重;

网络黄赌毒:利用互联网实施的"数字化犯罪"成为信息社会治安的一大病灶;

……

这种状况会污染社会文化生态,危及青少年网民的心理健康,导致一些人社会道德和法制观念淡薄,放松对自我的道德约束,让失去他律的主体无以自律,致使网络上的道德失依行为成为现实社会中德行失范的诱因,结果丧失道德自律和个人文明,出现高技术低人文、重物质轻精神、有知识少品德的个性畸形和社会不平衡发展。由于这些网络不良行为,可能导致以感官快乐代替正义与良知,以个人主义代替社会责任,以利益至上代替德行,以追逐时尚代替传统与经典,以"感觉撒播"实现"脱冕"与"渎圣"等。

网络是知识经济时代人们进行生产、生活和社会交往的中介。只要人与人之间发生关系，就必然存在协调这些关系的伦理道德。网络伦理问题是由计算机、网络和信息技术的飞速发展提出的，但是单靠技术本身不可能真正解决网络伦理问题，而要靠作为道德主体的人来解决，需要靠人的道德自律与社会他律、道德反思与道德实践来解决。

美国人维吉尼亚·谢（Virgnia Shea）为此提出"网络自我行为指南"，对实现网络道德自律、约束网络伦理有积极意义。这十条指南是：（1）记住人类；（2）在虚拟生活中，遵守你真实生活所依照的标准；（3）知晓你处于赛博空间（cyberspace）的处所；（4）珍视他人的时间和宽带；（5）令自己在线表现良好；（6）共享专业知识；（7）协助制止赛博谎言及其纷争；（8）尊重他人隐私；（9）不要泛用你的权力；（10）忘却他人的错误。如果每一个网民都能以这些规范自律，就将有效防范网络伦理危机，健全网络秩序。

重塑鼠标下的德性：网络文化建设与管理

为了避免社会进步中人与技术的本末倒置现象，防止出现技术进步而道德滑坡、科学发达而人文低靡、物质丰赡而精神贫乏、工具先进而文化颓败、生活优裕而思想疲软等"现代文明病"，我们需要遵循一定的信息伦理准则，把握先进文化的前进方向，以社会主义的核心价值体系培植网络生态道德，重塑鼠标下的德行。

应该认识到，能否有效管理和积极利用互联网，能否真正使互联网成为"传播社会主义先进文化的新途径、公共文化服务的新平台、人们健康精神文化生活的新空间"，关系到社会主义文化事业和文化产业的健康发展，关系到国家文化信息安全和国家长治久安，关系到中国特色社会主义事业的全局。

胡锦涛同志最近强调，加强我国网络文化建设和管理，必须从中国特色社会主义事业总体布局和文化发展战略出发，坚持"积极利用、大力发展、科学管理"的方针,以先进技术传播先进文化,促进和谐文化建设,更好地满足人民群众日益增长的精神文化需要,为全面建设小康社会提供有力的思想保证和舆论支持。

2007年4月13日,中国互联网协会向全社会发出了"提倡文明服务,建设和谐网络"的倡议书,提出了八条:

提倡正确导向,反对不良网风;提倡遵纪守法,反对违规违纪;

提倡客观真实,反对虚假新闻;提倡先进文化,反对愚昧落后;

提倡格调高雅,反对低级媚俗;提倡公平守信,反对恶性竞争;

提倡科技创新,反对墨守成规;提倡团结协作,反对损人利己。

广东省提出网络文化建设的"六个结合":管理与引导相结合、法律约束与道德约束相结合、打击与教育相结合、检查与监督相结合、奖励与处罚相结合、网站形象建设与履行社会责任相结合。

这些都是行之有效的网络文化建设和管理措施。下面提出网络文化建设的"五四三"建议:

1. 贯彻胡锦涛提出的网络文化建设的"五项要求"

一是把握方向:要坚持社会主义先进文化的发展方向,唱响网上思想文化的主旋律,努力宣传科学真理、传播先进文化、倡导科学精神、塑造美好心灵、弘扬社会正气。

二是提升水平:要提高网络文化产品和服务的供给能力,提高网络文化产业的规模化、专业化水平,把博大精深的中华文化作为网络文化的重要源泉,推动我国优秀文化产品的数字化、网络化,加强高品位文化信息的传播,努力形成一批具有中国气派、体现时代精神、品位高雅的网络文化品牌,推动网络文化发挥滋润心灵、陶冶情操、愉悦身心的作用。

三是引导舆论:要加强网上思想舆论阵地建设,掌握网上舆论主导权,提高网上引导水平,讲求引导艺术,积极运用新技术,加大正面宣传力度,形成积极向上的主流舆论。

四是营造环境:要倡导文明办网、文明上网,净化网络环境,努力营造文明健康、积极向上的网络文化氛围,营造共建共享的精神家园。

五是加强管理:要坚持依法管理、科学管理、有效管理,综合运用法律、行政、经济、技术、思想教育、行业自律等手段,加快形成依法监管、行业自律、社会监督、规范有序的互联网信息传播秩序,切实维护国家文化信息安全。

2. 坚守网络文化的"四大伦理原则"

一是无害原则。这要求所有网络行为都尽可能地避免对他人、对网络环境造成不必要的伤害,这是最低的道德标准,是网络文化的伦理底线,它要求行为者事先要存有无害他人的意图,审慎考虑其行为可能对他人造成的伤害,并以此调整自己的行为。例如,在网络信息发布权中,由于网络色情内容对于未成年人会造成伤害,就可以断定这种行为是不道德的;还有如电脑病毒、网络犯罪、骇客行为等也是违反网络无害原则的。

二是公正原则。网络信息权利分配应该体现社会平等,个人的网络行为应关注他人的存在与感受,关注网站的利益,关注不同文化生存的公正问题,关注世界各国网络化发展不平衡问题,关注网络资源分配的公正问题,关注不同文化生存的公正即文化多样性问题,防范网络殖民文化。

三是尊重原则。网络不是"无人之境",而是人与人之间的关系网络,要求网络主体之间彼此尊重,不能把对方看成是纯粹的"数字化符号"。尊重他人、尊重网络,就是尊重自己、尊重网络的文化权利。不论网络如何技术化、虚拟化,网络的主体始终是人,而不是机器,也不是"虚拟的人"。网络是人性的载体,网络空间是人性化空间,而不是可以被随意操纵、"计算"的符号。网络隐私道德就是一个对私人信息的尊重问题。

四是"善待网络"原则。我们在享受网络带来的美好生活的同时,应树立一种网络生态观,倡导全社会都"善待网络",这是建设积极健康的网络文化所必需的。

3. 网络自律要处理好"三种关系"

其一,个人的网络自由与他人网络自由的关系。网络行为是自由的,但个人的网络行为并不是无限制的,当你的网络行为及结果对他人、对网络环境造成干扰、破坏的时候,你就得对自己的"自由"方式加以必要的控制和调整。

其二,网络行为的自由度与网络社会的行为规范的关系。网络上的任何行为都必须在网络道德规范内实现,个人的行为自由度必须以整个网络社会利益为准则,无论发布什么样的信息,都不能违背网络社会的行为规范,否则社会就有权对其实施制约、监督和清理。

其三,网络行为与道德意识的关系。网民是精神文化产品的创造者,应该坚信"美德就是灵魂的健康",需要有崇高的道德意识和慎独品格,让自己的网络表达成为自身美德与灵魂健康的表征,并以此成为网络社会遵守信息伦理的表率。

道德建设的根本是要培养主体的道德自律意识,即网民的道德理性、道德信念和道德良心。在虚拟的网络空间,公共道德的约束力毕竟是有限的,能否在各种不良文化的诱惑面前始终保持道德的崇高,而不走向非道德的自我放纵,很大程度上取决于个人道德意志的强弱和自律意识的高低。因此,网络道德建设要强化主体的道德意识,培育健康的道德理性。

道德建设,说到底就是培养人的问题,个人的道德意志、自律意识、健康理性的道德意识,这是非常重要的。

与听众的交流

提问:我们对传统媒体的管理还是比较有序的,可是网络是比较开放的平台,在管理上有相当的难度,我觉得管理好像有时候是走极端,过严或者过宽。您对这个问题有什么想法?

欧阳友权:政府有责任把网络管理好,每一个公民都应该有道德自律,每个人的道德约束很重要。但是我想作为这么大的一个社会,网络这么大的一个宏媒体、元媒体，最终会形成一些管理的规范，一方面政府会出台一些管理规范，哪些能说、哪些不能说，哪些能上网、哪些不能上网，要有一个明确的说法，不能模糊，不能打擦边球，不能等事情出现之后再来管，这样就很被动了。我们要很明确，不能上的坚决不能上，能上的就自由上。

从技术和策略上讲，可能要实行分级管理，分级一方面是从纵向上，官方的网站、大型企业的网站、大型社团群体的网站，你可能把它管理得更规范一些，而一些个人网站，娱乐性的、生活型的网站，可以管得轻松一些、宽泛一些，让人们在BBS、论坛、聊天室中，可以自由发表自己的东西。

但是，这里有一个底线，就是不能触犯法律，一管就死、一放就乱的现象我们要避免。分级管理我们将来可能会形成一个模式，即自由、透明、开放和平等，同时又不违规违纪。官方网站、大型网站、代表喉舌的媒体，把关可能就得更严格一些，因为代表的是政府的声音、国家的形象。我想分级管理是一种策略。

提问：您觉得网络文化对我们生活带来的最大冲击是什么？

欧阳友权：应该说是对我们的生活方式带来的改变。比如说手机，是和网络、数字化技术有关的，直接的体现是在通信领域，具体来说是在信息通信领域，因为信息通信技术的改变，带来了生活方方面面的改变。最大的冲击就是从这里为突破口，渗透到生活的每一个方面。刚才说了六大革命，政治、经济、文化、娱乐等每一个领域，都是由信息革命带来的，通信的便利使信息的沟通、交流、传播都发生了改变，由于信息通信是我们每一个生活领域都不可缺少的，所以带来了我们整个生活的变化。

如果说影响最大的，每一个人都不一样，因为每个人的职业不同。对我来说就是对我的学术研究的影响，我们的工作就是教学和研究，到了副教授、教授以后主要是做学术研究，做课题，我是研究网络文化和网络文学的，做这一块，如果哪一天停电了，或者哪一天网络出现故障不通了，我感觉就很难受，心里猫抓一样的感觉，不知道做什么好，事实上什么都做不成。

提问：进入网络文明时代，我们现在出了一个非常尴尬的局面。刚才你提到，从农耕文明、工业文明到网络文明三个阶段，现在我们由于世界潮流的推动，中国已经进入了网络文明，但是我们对网络文明的认识和管理还是停留在农耕时代。那么我们应该怎样用科学管理推动中国网络文化的建设？

欧阳友权：你提的这个问题是很大的问题，也是全社会需要关注的问题。现在我们的网络技术、网络文明已经发展到很高的水平，甚至与世界先进发达国家在技术上已经平起平坐，但是在文明程度上我们还是停留在农耕文明，或者是前工业文明时期，技术科技与人文的落差，科技发展了人文跟不上，很多网络问题就是由于这种落差造成的，人们的道德水准、文明程度上不去，我们的管理水平也上不去。

面对这样巨大的落差，要解决它，如何进行管理？管理是一个方面，管理主要是政府和网站管理者的，管理通过法律法规，制定切实有效的法规，还有社会道德的约束，更重要的是提高每一个人的道德水准、道德水平，提升文化修养，提升社会责任感，让道德自律的主体介入网络，把主体的修炼和外在的环境、外在管理层面的约束结合起来，自律和他律、道德约束和法律法规的约束结合起来，才能打造健康良好文明的网络文明生态，才能使我们的网络文化能够得到更好的建设，才能避免我们所担忧的科技和人文、技术和道德失衡的现象，消除这种不平衡，是我们的目标。

当代中国大学解读

陈 平 原

(2007年10月9日)

陈平原,1954年生,广东潮州人。现为北京大学中文系教授、博士生导师,北京大学二十世纪中国文化研究中心主任,中国俗文学学会会长。

主要研究方向为二十世纪中国文学、中国小说与中国散文、现代中国教育及学术等。出版《千古文人侠客梦》《小说史:理论与实践》《中国现代学术之建立》《中国散文小说史》《中国大学十讲》《当代中国人文观察》《大学何为》等著作30部。曾被国家教委和国务院学位委员会评为"作出突出贡献的中国博士学位获得者"。曾获全国高校一、二、三届人文社会科学研究优秀著作奖,第四届国家图书奖荣誉奖,第一、二届王瑶学术奖优秀论文一等奖,北京市第九届哲学社会科学优秀成果奖一等奖,第三届全国教育科学研究优秀成果奖二等奖等。

为什么关注大学

不管你是生活在中国还是生活在西方,不管你是在北京还是在广州,都会深切地感受到"大学"在发生剧烈的变化,而这个变化到底是好是坏,现在还说不清楚。不仅仅是我们,大概全世界关注高等教育的人,都意识到一点,那就是:大学已经不再是过去的大学了。在这么激烈的动荡中,中国大学的巨大变化尤其值得我们关注。这么说,不仅仅是因为我生活在中国,举一两个数字,你就知道问题的严重性了。当今中国,每年在大学校园里念本科、硕士、博士的总人数是 2500 万,这相当于欧洲一个中等国家的总人口。

今天的中国大学,是把中国的和西方的、资本主义的和社会主义的,各种因素糅合在一起,建设起这么一套相当混乱但生机勃勃的大学制度。之所以大家都在关心大学问题,那是因为中国的大学还没有完全定型。换句话说,今天中国的大学教授或者政府官员,都还有可能影响大学的发展方向。在西方,大学已经定型了,路该怎么走,大致上已确定无疑,作为个体的知识分子,说了等于白说。所以,你会发现,反而是中国的大学教授,或者说知识分子,热衷于讨论大学问题,那是因为他们还有自信,觉得大学问题在我们努力的范围内,今天的讨论,即便无法立竿见影,但也有可能影响日后中国大学的发展。

还有一点,大家为什么这么关注大学,那是跟自己的切身利益及感受有关。我是经历"上山下乡"那一代,我们这一代人里面,很多人因政治环境的缘故,上不了大学;现在轮到他们的孩子上大学了,万万不可错失时机——这一努力本身,投射了某种家长的强烈愿望。所以,当代中国,农村我不敢说,城市里,几乎每家每户都有人关心大学问题,或者本人,或者子女,或者在念大学,或者即将上大学。因此,大学问题,包括办学理念、教学质量以及大学生出路等,牵动亿万民众的神经。这就难怪,中国大学的日新月异、千变万化,会有那么多人在关心。

在西方,再有名的大学,也不可能每天出现在报纸上。在中国,有关大学的新闻,正面的以及负面的,每天都在各种报刊徘徊。可以这么说,当代中国人对于"大学"的关心,绝对是世界一流的。当然,以前主要是表扬,现在主要是批评。"大学"成为大家关心的话题,所有的人,七嘴八舌地讨论,以至于今天的中国大学,不仅出现在新闻版,还出现在经济版、体育版、娱乐版,哪一个版都可能有大学的消息,这是一个很特殊的现象。

今天,我主要跟大家讨论中国当代大学的问题。我所理解的"中国当代大学",有特殊含义,那是指从1993年到现在,这15年间中国大学所发生的巨大变化。为什么谈这15年呢?那是因为,1992年邓小平南巡并发表重要讲话,中国重新调整了改革开放的方向。1993年,中共中央、国务院发布了《中国教育改革和发展纲要》,今天中国大学的很多问题,都是从这个"纲要"延伸出来的。

我得预先说明,今天诸位听到的,是一个人文学者在谈大学。之所以这么说,那是因为,不同地位的人谈大学,眼光及趣味是不一样的。教育部长谈大学,和我唱的不是一个调;北大校长谈大学,跟我谈的也不一样,这是很正常的。假如我说大学校长该说的话,或者摆出教育部长的架子,那不仅没意义,而且可笑。正因为我们各自的位置、作用以及看问题的角度不太一样,才有各自存在的价值。

作为一个人文学者,我关心中国的教育,尤其是大学问题。最近十年,先后出版了《北大旧事》《老北大的故事》《北大精神及其他》《中国大学十讲》《大学何为》等一系列著作,主要切入口是中国大学一百多年的历史经验,以及当代中国大学的诸多改革实践。不仅仅是我,现在很多知识人关注教育问题,那是因为他们普遍意识到,所有的学术突破、思想革新、文化创造,都必须尽可能落实在制度层面。所谓"制度化",教育是一个关键。所以,很多人身不由己地卷入或闯入教育研究的领地。

在我看来,"大学"在变化,这并非中国特有,某种意义上,这是世界性的现象。美国密西根大学原校长杜德斯达出过一本书,题为《21世纪的大学》,其中说道:"我们已经进入了一个高等教育出现重大变革的时期,大学努力回应它们所面临的挑战、机遇和责任。"大学为人类文明作出了重大贡献,进入21世纪,没人怀疑,大学还会继续发挥类似的作用。但是,各种改革的努力,将使得"大学"的形式以及内容发生很大变化。当代中国大学的诸多变革,必须放在这个大背景下来谈论,才能有比较清晰的思路。

有关"当代中国大学"的十个关键词

大学百年、大学排名、大学合并、大学分等、大学扩招、大学城、大学私立、北大改革、大学故事、大学评估,这是我所理解的"当代中国大学"的十个关键词。我得事先说明,今天的演讲是描述15年来中国大学发展的路径,不是谈论我心目中"理想的大学";虽然在讲述过程中,隐藏着我对"大学"的想象以及价值判断。

先说"大学百年"。中国的大学到底是"百年"还是"千年",这一点,曾经有过激烈的争论。1918年,当时的北京大学校长蔡元培说过,我们不追这个风,我们承认北京大学是小弟弟。当年的北大,只有20年,不能跟美国人,更不能跟欧洲人比"大学的历史"。可是,后来不断有人提这个问题。比如,冯友兰教授就写过一篇文章,题目叫《我在北京大学当学生的时候》,其中谈到,北大只有几十年历史,到国外开会时很尴尬。到了欧洲,人家动辄说,他们的大学有几百年历史,我们能不能也从汉代的太学说起?冯先生不是第一个这么提的,从20世纪20年代起,就有这么一种声音,说北京大学的前身京师大学堂,是代表国家的最高学府,因此,追溯历史时,应从汉武帝建立太学那一年,也就是公元前214年说起。这样计算,北京大学就有2000多年的历史。这个说法,在北大内部,偶尔有人谈及,但绝对不占主流。比较一致的看法,还是认为北京大学是在戊戌变法中酝酿产生的,是因应西学东渐的大潮而发展起来的。1862年创立的京师同文馆,是清末最早设立的"洋务学堂",一开始只教外语,后来添加自然科学方面的课程,再后来,被合并到京师大学堂里来。因此,北大若一定要拉长历史,从1862年说起,也不是毫无道理的。但即使如此,我还是认为,北京大学的历史,从1898年说起,更为理直气壮。

历史学家柳诒徵先生曾撰有《南朝太学考》和《五百年前南京之国立大学》,讨论南京这块地方上曾经有过的"国立大学",不能说毫无现实考虑,但作为历史学家,柳先生严守边界,只考证,没做进一步的发挥。另一位教育家张其昀，则写文章论证中央大学应该从南朝的太学算起，而且说，这样一来，中央大学就有 1500 年的历史，在全世界的大学里，是历史最长的。但这个说法，不被国内外学界接受。至于创立于 976 年的"千年学府"岳麓书院，如今仍坐落在湖南大学里。因此，十多年前，湖南大学曾起草一个报告，希望叙述校史时能从 976 年算起，但这一悲壮的努力，同样被教育部否定了。

中国的大学，始终有一种冲动，那就是，为什么我们的大学只有 100 年的历史，而不是 1000 年或者 2000 年呢？刻意拉长中国大学的历史，必定将大学跟以前的太学、书院、国子监等联系在一起，进而模糊了现代大学的精神特征。这个思路，目前无论政府或民间，基本上都不太承认。我大胆预测，再过 20 年、50 年甚至 100 年，随着中国的经济实力及国际地位的提升，中国人的民族自信心越来越强，还会出现这种声音，要求改写"中国大学"的历史。但到目前为止，学界一般还是认为，当代中国的"大学"，与汉代的"太学"或明清的"书院"，并非一脉相承，更多的是晚清以降向西方学习的结果。

说我们的大学有百年上下的传统，意思是说，有历史，但不是特别悠久。有"历史"就有"经验"，就值得认真总结。借助百年校庆或者五十周年大庆，全国各个大学，都努力通过各种纪念活动或建筑物，树立起自家形象及学术传统。或者如北京大学，盖一个像模像样的校史馆；或者如湖南大学，努力衔接古老的书院传统和现代大学制度。从某种意义上说，各种各样的校庆活动，虽有过分仪式化的通病，但多少使大学传统得以确立、大学精神得以弘扬。

在这么多校庆活动中，最为风光的，当属北京大学的百年校庆。北大百年校庆办得特别风光，庆祝活动是在人民大会堂举行的，当时的中共中央总书记、国家主席江泽民率领全套班子出席。有人质疑，一个大学的校庆，值得这么弄吗？太夸张了吧？可为什么这么做，背后其实是有原因的。你看以后别的大学八十周年、一百周年大庆，都不再有那么多国家领导人出席。包括我的母校中山大学，校庆的规格，明显降了好几级;南京大学等纪念百年校庆,也好不到哪里去。北大百年校庆,最表面的,是校园整治一新,校友热情捐款,还有跨国公司捐建实验室等。但更重要的是,"八九风波"以后,北京大学很长时间处于低潮,不少人对北大的命运深表忧虑。通过百年校庆,扭转国人以及政治家对北京大学的"偏见",这很重要。还有一点,与此密切相关,那就是修改了一句口号。北大提交给中央的报告中,提到"努力创建世界一流大学"。此前,北大的口号是"建设世界一流的社会主义大学",现在我们把"社会主义"这四个字拿掉了。理由是:如果强调大学的"社会主义"性质,我们比朝鲜、越南、古巴等好多了,没什么好追赶的。今天,我们承认与"世界一流大学"的差距,这才有奋斗目标。这个口号,后来在江泽民的报告里确立下来,并广泛传播开去。不再提"建设世界一流的社会主义大学",而是"努力创建世界一流大学",这么一来,整个眼光、思路、趣味、方法全都变了。这一点,大学校长以及教授,体会很深。起码,我们不再受那么多条条框框的束缚,可以理直气壮地谈牛津、说哈佛,公开承认差距,立志向人家学习,而不必刻意区分"社会主义大学"和"资本主义大学"。

第二,"大学排名"。对于大学排名,所有的大学校长都是又爱又恨,学生、教授无所适从,至于家长,更是将信将疑。今天所有的大学校长,都被"你们学校排第几"这个问题折腾得死去活来。对于大学来说,排第几,这是非常敏感的话题;但绝大多数校长心里明白,这个排名其实是没有意义的。可是我们受其影响,且影响日益严重,以致干扰了中国大学的发展。目前中国国内各种名目的"大学排行榜",大大小小100多种。前几位差不多,后面可就乱套了,有心人很容易上下其手。在我看来,各种各样的排名,对于招生有意义,对于做排行榜的人有意义,而对于大学的发展,干扰多于促进。

先说一个有趣的现象,在国内的排名,清华在北大之上;在国外的排名,北大在清华之上。为什么会这样?简单地说,国内排名看重科研经费,要讲经费,清华绝对比北大多。因为清华的长项是工科,北大的长项是文理,同样一个教授,工科教授比文科教授得到的经费以及花出去的钱要多得多。所以，按照科研经费来统计，清华远远超过北大。国外的排名，更多考虑学术声誉，那样的话，北大在清华之上。其实，这两所大学各有千秋，谁排在前，无所谓。但有一个排行榜，闹出了大问题。2004年的《泰晤士高等教育专刊》，突然把北大推到了全世界第17，北大当然很高兴，赶紧挂在网上；大家一批评，又拿下来了。当时我就说，这个排名肯定的，不是北大的科研成果，而是中国在变化的世界格局中的地位。中国在崛起，在世界事务中发挥越来越大的作用，大家开始关注中国，连带关注中国的高等教育，这样，就有意无意地提高了中国大学教育的声誉。

按照主办方的说法，他们根据五项指标来排名。北大的科研成果和经费投入，以及国际教师的比例等，都不及国外许多著名大学，但北大的"学术声誉"，也就是"印象分"很高，排在世界前十名，一下子就提高了北大在排行榜中的位置。为什么有如此高的印象分呢？主要是因为"中国在崛起"，而不是北大突飞猛进。第二年，北大跳了二级，排全世界第15，超过了东京大学，亚洲第一。这时候，北大自己都感觉不对劲，不好意思宣传了。那时，我正在哈佛讲课，一天晚上，请几位朋友吃饭，朋友中有来自东京大学的，也有来自台湾大学的，几乎是"同仇敌忾"，对我"口诛笔伐"，说凭什么北大排在那么前面。其实，北大的"印象分"虽然很高，但学术水平及科研成果，赶不上东京大学。不要说东大，就连香港的若干所好大学，在科研方面，都不比北大差。应该这么说，今天的北大，学术声誉，也就是"虚名"，远远超过实际成绩。

北大百年校庆时，我说过一句流传很广的大话。我是这么说的："北京大学目前在学术水平上不是世界一流，而且短期内也不可能成为世界一流，但是，这所大学在人类文明史上的贡献，超过世界上很多一流大学。"说这句话，是因为在中华民族转型、崛起的阶段，一所大学发挥这么大的作用，其实是千载难逢的。抓住这个机遇，不是每个著名大学都做得到的，也不是靠多少诺贝尔奖得主或多少论文能够堆起来的。在这个意义上，是不是世界一流，对北京大学来说不是最要紧。所以，北大争论人事制度改革时,我说过另外一句话:"假如有一天,北京大学办成一个跟中国当代政治、经济、文化没有多少关系,但能出诺贝尔奖获得者的学校,未必是什么好事。"换句话说,大学必须介入到中国当代改革事业里,这个"介入",不完全是靠论文著作或科技成果体现的,比这要复杂得多。所以,我对这些迷信数字的"大学排名"不以为然。

还有一个排行榜值得关注,那就是上海交大的"世界大学排行榜"。已经连续发布了好几年,但 2007 年的排行榜一出来,就受到《科学》杂志的抨击。8 月 24 日,《科学》杂志发表了资深记者所撰报道《谁能给大学排名》,批评上海交大高等教育研究所的"世界大学学术排名",质疑诺贝尔奖得主的科研成果到底该如何计入,同时提到,在这个排行榜里,人文、社科类学校,处于严重的劣势,因为它不产出 SCI 论文,故虽有一定的权重,但是不重要。如果你觉得大学里人文学及社会科学可有可无,那你是在办职业培训学校,而不是名副其实的"大学"。像伦敦政治与经济学院那么好的大学,在上海交大的排名里,列 201—300 位。而在英国人的《泰晤士高等教育专刊》里,这所学院是排第 17 位的。两种排名,相差那么大,人们到底应该相信哪一个好呢?有位专门做高等教育研究的加拿大学者 Alex Usher,就说很多排行榜不可靠,因为主办方发个电子邮件给你,请你告诉我,你们今年有多少科研经费、多少学生、就业情况如何、有没有得诺贝尔奖等,排名就靠这些资料。越是心虚的大学,越认真地对付这些名目繁多的调查表;越是大牌的大学,越不理会。有些大学为了争排名,甚至在调查表里弄虚作假。不只是中国大学出问题,全世界的排行榜,都面临同样的陷阱。你要排名,只能依靠各大学提供的统计数字;当然,也可以利用其他资料来交叉核对,看你有无造假,但这个难度很大。所以,排行榜表面上很科学,都是靠资料累积以及数字统计出来的,其实也是不太可靠的。

针对《科学》杂志的批评,上海交大主持这个排行榜的刘念才教授拒绝答辩,而是要大家读他 2005 年 8 月发表在《清华大学教育研究》上的论文《世界大学学术排名的现状与未来》。其实,更值得推荐的是刘教授和他人合编的《世界一流大学:特征、排名、建设》,上海交大出版社2007年出版。这本书中,有几篇文章值得一读,比如菲利浦写的《世界一流大学的代价和好处》,提到大家都在争"世界一流",过分抢夺资源的结果,很可能导致教学水平下降。另外一个作者,在《世界一流大学排名:一流大学的基本特征》中,将上海交大的排名和《泰晤士高等教育专刊》的排名进行比较,以科大、北大、清华、港大为例,这四所大学在上海交大的排名里都是202-301(排名靠后,不再细分),而按照《泰晤士高等教育专刊》2004年的排名,香港科技大学是第42位,北京大学第17位,清华大学第62位,香港大学第39位。为什么谈论亚洲的大学,尤其是中国的大学时,差异这么大,而排比前二十名,尤其是美国以及英国部分,比如哈佛、耶鲁、牛津、剑桥等,则意见比较统一?作者大概是华裔,对老北大特有好感,甚至提出,是不是世界一流,就看谁当校长,有蔡元培当校长,北大就是世界一流。强调校长决定了这所大学的气质及风格,放在今天,不是很准确,得略为修正。在大学里读过书或教过书的都知道,今天中国大学校长的权力,已不像蔡元培时代那么大了。没有一个大学校长敢拍胸脯说,这所大学我说了算,我想怎么办就怎么办。

那本书中,还有一篇奇文值得欣赏,即刘念才等撰《从GDP角度预测我国建成世界一流大学的时间》,其基本观点是:世界顶尖大学,即排名第一到第二十的,人均国民生产总值25000美金以上;而世界一流大学,即排名21~100的,则是25000美金左右。中国人什么时候有"世界一流"大学呢?大概是在2020年。因为到了那一年,上海的GDP总量将超过3000亿美元,人均国民生产总值接近25000美金,达到世界一流大学的标准。所以,最早进入世界一流的两所中国大学,会出现在上海。拜读这篇文章,感觉很是滑稽:大学教授如此神机妙算,原来大学办得好不好,关键是看GDP。据说,最近几年广州的经济发展很不错,照此类推,最早进入"世界一流"的,说不定是中山大学和华南理工大学。为何有如此"简明扼要"的大学研究,我非常好奇,忍不住想了解这位"教育专家"的学术背景。原来,这位刘先生是兰州大学化学系毕业,在加拿大念高分子材料专业,毕业后来上海交大高分子材料研究所工作,1999年转高等教育研究所,现任所长,专攻"世界一流大学研究",并主持"世界大学排行榜"。我一下子就明白了,人家是按照"分子化学"的思路来研究"高等教育",追求"定量定性",投入多少钱,就属于几流,一清二楚,没什么好商量的。我对这样的大学研究,实在不敢恭维。

第三,"大学合并"。记得是1993年,中国出现了一个"学院"变"大学"的热潮,那时我刚好在日本讲学,接受一个日本杂志的采访,被迫回答这个问题。我跟他们解释,说这是对1952年院系调整的反拨。1952年,中国学苏联,将高等教育界定为培养专家和工程师,希望大学毕业生一出来马上就可以用。于是,将以追求普遍知识为目标的"大学",改为培养专业技能的"学院",具体说来,就是只保留14所综合大学,其他全部改为学院。改革开放之后,中国人面对整个发展变化了的西方世界,尤其是面对众多世界一流大学,发现一个严重的问题,即中国大学基本上都是专科性质的,如农业、地质、钢铁、纺织等,如此专业单一的高校,能叫大学吗?外国人觉得很奇怪。于是,我们开始升格,十年内,几乎所有的"学院"都变成了"大学"。你想想,连"体育"都"大学"了,还有什么专科学校不能升格呢?教育部明确规定,只要有三大学科门类、100正教授、8000本科生,就可以申请由"学院"改为"大学"。为了适应这一要求,我们拼命生产教授、拼命扩招学生,以便让学校升级。光是"大学"还不够,还要"研究型",还要"世界一流"。奔着这一目标,1998年开始,又掀起了大学合并的风潮。

1998年,原浙江大学和杭州大学、浙江农业大学、浙江医科大学合并,成立新浙大。这个举措影响深远,到今天,才不到10年时间,不少原本特色鲜明的学校消亡了,被并入"研究型"的"综合大学"里去了。当时主持教育的领导认为,只有"综合大学"才能算是真正的"大学",才有可能争取"世界一流"。可他没想到,世界上有很多叫"学院"的好大学。为了所谓的"学科互补"、"资源共享"、"争创一流",我们需要"强强联合"。依照这个思路,很多大学很不情愿地走到了一起。新浙大的经验开始全面推广，这个榜样，在全国很多地方得到了复制。最有意思的是，2000年6月，吉林大学、吉林工业大学、白求恩医科大学、长春科技大学、长春邮电学院合并组建成新的吉林大学；2004年，又并入军需大学。目前，吉林大学有全日制学生63322人，成人教育学生18899人，办学规模全国第一。以前人家说，吉林大学在长春，现在你问长春在哪里，长春就在吉林大学里。这笑话，估计是吉大师生或长春人编的，用来自嘲的。另一则笑话更具普遍性，那就是，合并后的大学，开会时，校长一走廊、处长一礼堂、科长一操场。

大学合并，目的是做大做强，争创世界一流。实际效果如何，现在很难说，但"评比"时确实有用。合并了好几所大学，很自然地，院士数目多了，科研经费多了，重点学科以及博士点也多了，这样一来，"大学排名"必定提前。最痛苦的是中国人民大学，本来是好学校，因为没有理工科，按照这些指标一排，就到后面了。大学合并并非灵丹妙药，不是一合就"灵"的。依我的判断，几所各有传统的大学合并，没有10年的磨合，走不到一起。所谓强强联合、优势互补，那是经过成功的磨合以后才可能出现的，有很长很长的路要走。

在这个过程中，中国大学实现了三级跳：专科变学院、学院变大学、大学改校名。改一个来头大的、好听点的校名，此举是把双刃剑，弄不好会伤到自己。因为一改名字，多少年创立的品牌就此流失，要重新建立威望，没那么容易。特别让人感慨的是，四川大学与成都科技大学合并，改称四川联合大学，听起来像个野鸡大学，社会反响很差，只好又改回去。再就是杭州大学，人文学科基础很好，在全国数得上，可并入工科为主导的浙江大学后，元气大伤。大学有自己的传统，不应该轻易改变。大学合并，尤其是有个性、有历史、有传统的大学合并，要慎之又慎。

第四，"大学分等"。全世界的大学，五花八门，千差万别，当然有高下之分。"文化大革命"前，我们的大学分为重点大学和普通大学，后来又有"部属"和"省属"的区隔。到了1993年，国务院发布《中国教育改革和发展纲要》，提出了促进中国大学发展的"211"工程。什么叫"211"工程？就是在 21 世纪,培育 100 所世界著名的或者说有竞争力的中国大学。在"211"工程建设中,中央及地方共筹资 180 亿,投入高等教育,客观上使若干大学的基本面貌发生了变化,并提升其学术水准。但中国毕竟还是穷,财力有限,想办 100 所世界一流大学,那是绝对不可能的。因此,日后政府做了调整,重点支持北大、清华"争创世界一流大学",三年各 18 亿,闹得沸沸扬扬的。接下来,也就是第二批,中央和地方共建复旦大学、南京大学、浙江大学、中国科技大学、上海交通大学、西安交通大学、哈尔滨工业大学等七所。其中哈工大、西安交大、上海交大、中国科技大,都是工科大学,浙大原本也是以工科见长。换句话说,政府更关注"科技兴国",故工科大学占的比例很大。第二批大学的奋斗目标是成为"世界知名的高水平大学"。北大、清华的钱是中央财政给的,其他七所大学则是中央和地方各出一部分。另外,一个提"世界一流",一个说"世界知名",还是不太一样。

其实,什么是"世界一流",很难说。中国大学之所以拼命争取升级,背后还有一个不太说得出口的原因,那就是大学定级。中国的大学很奇怪,学校本身不分等,但校长和书记是有级别的。若干著名大学的校长和书记属于"副部级待遇",而一般大学的校长书记则是"厅级待遇"。这一政策,导致所有大学的校长书记们,都极力要把大学"做大",而不是"做好"。因为只有学校做大了,自己的级别才有可能上去。可大学并不是规模或名字越大就越好,我们看国外的情况,很多精英大学,其实规模并不大。我在日本待过一段时间,根据我的观察,日本的大学,名字越大越可疑。比如,"东京大学"比"日本大学"好,"日本大学"比"亚细亚大学"好,"亚细亚大学"又比"日本国际大学"好。而你看中国近年大学改名,尽往大处说,其实不明智。办学规模也是如此,同样的资源,投入到 5000 人的大学和 50000 人的大学,效果肯定是大不一样的。最近十年,中国大学的急剧扩展,导致教学水平下降,这点有目共睹。

这就说到第五点,"大学扩招"。谈论当代中国的文化、学术、思想乃至政治、经济等,你都要考虑这么一个背景,那就是最近十年的大学扩招。这是一个影响非常深远的措施,也许你今天意识不到,但再过 10 年、20 年,你会发现这个问题的严重性。这里举两组数字,1998 年,全国招收大学生 108 万,2006 年,全国招收大学生 567 万,也就是说,招生规模扩大了 5 倍。1998 年,印度大学生人数是中国的 2 倍,今天反过来了,中国是印度的 2 倍。中国大学生毛入学率,即同龄人中能够上大学的人口,1998 年是 10%,现在是 25%。教育部的目标是,到 2020 年,中国大学毛入学率将达到 40%。

我不知道 2020 年中国的大学状况会是怎样,但我清楚,通过这 9 年的迅速扩招,中国大学的优势和缺点都明显地呈现出来。今天中国在校大学生,包括本科生、硕士生、博士生等,总共是 2500 万,而且还在扩大。对迅速扩大的中国大学的办学规模,不同人有不同的解读方式。最早提出大学扩招的,是经济学家,这建议得到政治家的支持,因而得以迅速推广。至于教育家,基本上是被动参与。1997 年亚洲金融危机之后,中国政府急需扩大内需,让老百姓把钱从银行里拿出来消费。至于投入到什么地方去,最好的办法,当然是教育。让老百姓送孩子上大学,比劝他们买房子、买汽车要容易得多。这是民间的说法,但最近教育部出面澄清,说"大学扩招"其实是中央有感于中国合格的专业人才太少,将是日后发展的最大瓶颈,故断然采取措施,迅速提高大学生的数量。

扩招从 1999 年开始,到今年,正好是 9 年。9 年间,中国大学的规模迅速膨胀。在这中间,泼冷水的基本上是教育家。同样的教学资源、同样的教授、同样的实验室,突然间挤进等于此前五倍的学生,教学质量不下降才怪呢。这是教育家的思路,与经济学家和政治家的着眼点不一样,但教育家的思路明显不占主流地位。现在出现另一个问题,无关书生们耿耿于怀的"教学质量"。当初大家都说扩招好,因为扩招避免了高中毕业生直接进入就业市场,导致中国失业人口激增。可他们没想到,这些人进去念大学,四年后毕业,还是要找工作。说句笑话,高中生找不到工作是"社会问题",大学生找不到工作则很容易演变为"政治问题"。大学生就业遇到严重障碍,这会影响日后整个国家的"安定团结"。所以，现在各级政府特别关心大学生的就业问题。

过于迅猛的"扩招"，使得大学生面临严酷的就业市场，再就是中国大学整体的学术水平及教学质量下降。我更关心的是，这些问题背后那个"跨越式发展"思路。不愿按部就班，希望一路快跑，我隐约觉得，这种思路带有"大跃进"的痕迹。1958年的"大跃进"，留下来的教训是严酷的。大家都希望中国的高等教育能很好地发展，但走得太急、太快，让人有点担心。

第六，"大学城"。欧美的大学城是历经几百年，逐渐演变过来的，而中国的大学城，却几乎是一夜之间建起来的，这点很不一样。而且，中国的大学城肩负一个特殊使命，那就是应付大学扩招的需要。因此，政府低价拨地，企业努力建设，大学勇敢贷款，三者合力，共同推进，各得其所。大学本来没那么多钱，学生学费加上国家拨款，能应付日常开支就很不错了，哪能这么大兴土木？响应政府号召，挺进大学城，大学只能"义无反顾"地贷款了。政府为什么那么积极？因为在很短的时间内建成一个漂亮的大学城，可以改变城市面貌，改善投资环境，顺便拉高地价。大学城一般建在城市边缘，原本很偏僻，周边环境不好，地价便宜，如今划一块地，盖起一片楼房，只要大学进来，旁边的房地产必定暴涨。因此，企业也很愿意投资。这么一来，中国各地蓬勃开展的大学城建设，包含很大隐忧，那就是本末倒置，最后变成以城市发展和房地产开发为中心，说极端点，被房地产商的利益所裹挟。目前全国各地，据说有50多个在建或已完工的大学城。好处是迅速改变中国大学的外在形象。以前外国人来参观，无不惊叹中国大学之破破烂烂；如今，几乎是一夜之间，中国大学焕然一新。常听到大学城访问的外国教授说，没想到中国大学这么漂亮。

但这么一个"大变脸"，隐藏了一些问题，先说硬的，再说软的。在众多大学城中，最典型的是位于北京和天津之间的东方大学城，计划占地2万亩，投资120亿，10年建成，容纳10万大学生，1999年正式启动。东方大学城的正门，模仿法国巴黎的凯旋门，很壮观，完全出乎你想象之外。

2004年，东方大学城因20亿债务身陷困境，紧急请求政府施救。各地所建大学城，据说有一半停滞或下马，债务问题异常严重。根据政府公布的数字，全国大学约有2000亿的债务，而学界则认为，高校债务比这严重得多，应该翻一倍，也就是4000亿。大学不是企业，平日里没有什么产出，能维持预算平衡就已经很好了。这么多贷款，日后怎么还？全国办学规模最大的吉林大学，现在每年必须还利息1.5亿到1.7亿。只好公开财务危机，要求全校师生厉行节约。但是光靠节约用水用电，无论如何是无法还清贷款的。

怎么办？有几个思路，一是大学属于国家，这个漏洞，由政府来填；二是土地替换，把原来位于市中心的校园还给政府，政府替你还债。还有好多别的主张，都还没敲定。但是，我要追问的是，中国的大学校长为什么如此"大胆举债"，这点肯定让国外同行看得目瞪口呆，难道他们没想到将来是要还钱的吗？我猜想，所有借钱参与大学城建设的校长，私底下都是不打算还钱的。为什么？因为建大学城是政府的决策，是你要我去的，我没钱，本来就经费紧张，哪儿去找大笔钱盖新校园？你让我去，说没钱没关系，找银行贷款。好啦，现在银行来讨债，你总不能把大学拍卖了吧？在中国，到目前为止，还没有一所大学因为欠债不还而被宣布破产拍卖的。大学校长们心里有数，这钱大概只需还利息；而说得不好听，这钱本来就是国家欠我们的。因为《中国教育改革和发展纲要》允诺，教育行政支出应占国民生产总值的4%。这是多年前提出的，可中国经济连年增长，这4%却从来没有实现过。换句话说，国家没有按照原先的承诺，逐步提高教育行政支出所占比例。你要我办世界一流大学，没有钱，我怎么办？于是，校长们自作主张，勇敢贷款；贷款还不了怎么办，以后再说，相信后任校长以及政府相关部门"有足够的智慧"解决这棘手的问题。如此配合默契，"大踏步前进"，对于政府和学校来说，都是一着险棋。

第七，"大学私立"。在目前中国的高等教育体系里，1/10的学生念的是私立大学，这很可能出乎你意料之外。公众对私立大学的认识非常少,有很多人甚至采取蔑视的态度,以为不值一提。今天,我想专门为私立大学说几句。

晚清至民国年间,国立大学、私立大学、教会大学,基本上是三分天下。20世纪50年代之后,私立大学被取消,所有的中国大学都变成"国立"的了。80年代初,重新出现私立学校,但"犹抱琵琶半遮面",名义上是"社会力量办学"。到了1992年,政府终于正式承认民间办学的合理性。1992年到1994年间,全国出现了600多所"私立"的或者说"民办"的高等院校。当然,这些学校办学水平有高低,良莠不齐,有的国家承认学历,有的不承认,必须通过函授考试。去年的数据,国家承认学历的私立高等学校有239所,招生人数占全国大学招生的1/10。

私立学校从培训班、补习班起步,经过20年的艰辛努力,全靠自身力量,逐渐走出一条属于自己的路,这很不简单。第一代私立学校的校长,大都是企业家型的,都有坚韧不拔的性格,靠小小的补习班、函授班,逐渐成长起来。很多考不上正规大学的人,依靠私立院校,完成自己的学业;而国家在这方面没有投入一分钱,私立院校及其经营者,应该受到社会的尊重。但是,有两个因素,制约着中国私立大学的进一步发展:第一,中国的私立大学很少得到社会捐助,有钱人要捐,也是捐给北大、清华等名校,不愿意捐给一所名不见经传的私立大学;第二,国家对私立大学的功能拿捏不准,政策上举棋不定,至今不给拨款。今天,无论在美国还是日本、韩国,私立大学都占很大的分量。但在他们那边,品质好的私立大学,不仅有民间捐资,政府也给拨款,包括科研经费等;反观中国的私立大学,基本上靠学生的学费在支持,这就很难有真正意义上的学术发展,也很难成长为很好的大学。

不少私立大学的经营者喜欢延引美国的例子,信心满满,甚至提出要办"中国的哈佛"。我告诉他们,这做不到。为什么?全靠学费,要办世界一流大学,绝对是不可能的。我以为,国家有义务给私立大学一定的经费支持,因为毕竟培养出来的人才属于国家的,而不是私立大学的"私有财产"。办大学,另一个可能的经费来源是宗教团体,像民国年间的燕京大学、辅仁大学、金陵大学、岭南大学等，都是好大学，背后都有教会的经费支持。目前中国政府的态度，是严格限制宗教对于大学的渗透的。教会给钱办大学，我们不要；剩下的就只有企业家了。除非是做慈善事业，否则，企业家办事是讲回报的。过多地考虑"回报"，办学就必定急功近利，不仅不想贴钱，还希望赚钱。正因此，中国私立大学的发展不太乐观，规模是上去了，人数也不少，但整体看来，教学质量及学术水平有限。

之所以这么说，是基于我对民国年间私立大学的认识。比如，复旦大学创办于1905年，原来是私立大学，1942年才改为国立大学；南开大学创办于1919年，1946年才改为国立大学。教育方面，民国年间最值得夸耀的业绩，不是北大、清华，而是南开。为什么？因为南开的创办与发展，全靠民间的力量。1937年抗日战争爆发，国民政府命令北大、清华、南开组成西南联合大学，成为战时声名显赫的"最高学府"。北大、清华是国立大学，水平高，名声好，这很正常；可添上一个办了不到20年的私立大学"南开"，你不觉得惊讶？今天，我们已经有很多办了20年的私立大学，有哪一所能像当年的南开一样，跟北大、清华等名校平起平坐？没有，根本做不到。今天中国的私立大学，规模不小，但办学理念及学术水平，远不及民国年间的南开。

办复旦的马相伯和办南开的张伯苓，这两位先生都是靠强大的意志、坚定的信念，集合民间的力量来创办大学。这样的教育家，永远值得我们追怀。他们是"教育家"，不是"实业家"。而今天中国很多办私立大学的人，企业家的成分更浓些。在我看来，如何从"企业家"向"教育家"转变，是今天很多办私立大学的人所面临的重大考验。做得好，成功转型，对中国教育来说，功德无量。做得不好，那就只是一个成功的"家族企业"，如此而已。

今天中国的私立大学，绝大多数是靠学费滚动发展起来的。但有一所大学很特殊，那就是汕头大学。汕头大学是李嘉诚投入很多钱，帮助办起来的。很可惜，李先生当初办汕大时，没有接受建议，办成私立大学。假如当初李嘉诚先生下决心,政府也同意,办一所高水平的私立大学,那将是一个全新的局面。可惜的是,这一步没有走出来。那样的私立大学,是有可能办成高水平的,因为李先生愿意投钱,而不像别的私立大学,是想靠办学来赚钱的。中国的私立大学之路,很崎岖,也很漫长,目前的状态不是很理想,但我对未来寄予厚望。

第八,"北大改革"。2003年,对于广州人来说,印象最深刻的肯定是SARS,而对于北京师生来说,还有一件事同样记忆犹新,那就是春夏之交关于"人事制度改革"的争论。反对声音如此之大,完全出乎主事者的预料之外。别的大学说改就改了,北京大学却改得这么艰难。管理层的改革思路受到了严重的挑战,乃至必须一稿、二稿、三稿不断地修改,改到最后,已经把棱角磨得差不多了。对于北大的改革,无论赞成的或者反对的,都感觉很不过瘾。

北大人事制度改革方案为什么引来这么多批评?因为根本性的问题不敢动。根本性的问题是什么?那就是大学里学术权力和行政权力到底该如何区隔。这个不能谈,于是,只好在枝节上下工夫,以美国大学为榜样,加强管理,几年不行就走人。风波过后,我跟校长交谈,提了三点意见。第一,大学由三部分人组成:以校长为代表的管理层、教授以及学生,这三部分人的利益及趣味是不一样的,假如只考虑管理层的需要,那事情肯定做不好。任何改革方案,出台前,应该尽可能与普通教授协商、沟通。表面上,这方案已经征求了很多教授的意见,可那些教授都是身兼院长或学校各职能部门的领导。著名教授当了院长、部长之后,立场及趣味都会改变,更多地考虑如何加强管理,而不是发挥个性。第二,北大制定改革方案时,缺少人文学者的参与。校长说,不对啊,我们找了好几位文科的代表。我的解释是,同属文科,人文科学和社会科学之间,因知识背景、文化趣味以及经济利益等,有很大的差异,某些方面甚至是严重对立。第三,政策制定者过多地依赖美国经验,这是有问题的。必须兼及美国、日本、欧洲,以及传统中国大学的思路,否则,很容易水土不服。

北大的改革,不能说是"流产",但起码是不太成功。在这期间,虽然我对方案也有一些批评,但我承认,这个计划的初衷是好的,里面一些具体措施也有合理性。在中国20多年的改革历程中,从政府到企业,都在改,改得最少的,反而是大学。大家都觉得,中国的大学问题很多,但怎么改,至今没能达成基本的共识,很可惜。关于北大改革的讨论,热闹极了,不到一年,就出了四本书,《燕园变法——谁能站上北大讲坛》《北大激进变革》《中国大学的问题与改革》《中国大学改革之道》。在我看来,北大的改革不算成功,贡献仅在于成为一个"话题",引导大家深入思考、反省,理解大学的复杂性,以及大学改革的迫切性。

第九,"大学故事"。1988年,为了纪念西南联大50周年、北京大学90周年,有两本回忆录出版,一是《筚吹弦诵情弥切》,一是《精神的魅力》。校庆纪念文集,本来是官样文章,但老学生谈起大学来,特别有感情,文章也大都写得不错。这两本书刚出来时,影响不大;到了1998年,以北大百年校庆为契机,出版了一大批图书,包括我编的《北大旧事》和写的《老北大的故事》,"大学故事"方才引起广泛的关注。以前的大学史叙述,以意识形态为主导,基本上是政治史的附庸。如今,开始强调大学有其独立的运转轨道。从这个角度,理解民国年间的老大学,反省50年来的新大学,而且思考21世纪中国大学到底该往哪里走。

北大百年校庆,催生出一大堆"老大学的故事",不仅仅是为了怀旧,背后是反省最近半个世纪的中国大学之路。在这里,我也来讲一个故事,希望折射出历史的变迁。1958年,杨沫的《青春之歌》出版,风行一时,还被拍成电影,影响极大。我相信,中年以上的朋友,都读过这本书,或者是看过这部电影。《青春之歌》讲的是北京大学的故事,国文系学生余永泽,是个书呆子,整天读书做学问,讨厌革命。一开始,他是林道静的带路人;日后,被走上革命道路的林道静所抛弃。林代表小资产阶级如何走上革命,而余则是闭门读书的落后分子。知识界很多人都知道,小说里的"余永泽",是以杨沫原来的丈夫张中行为原型的。这么一来,在人民教育出版社工作的张中行,不免备受歧视。杨沫的儿子老鬼曾专门撰文,提到这一点。

张中行先生退休之后，开始写散文、随笔，1986年出版了《负暄琐话》，1990年出版了《负暄续话》，1994年又出版《负暄三话》。这三本书，主要是追忆民国期间的大学生活。很多年轻人，正是借助这三本书，理解了另一种大学传统。这么一来，关于北京大学的叙述，一个是以《青春之歌》为代表的风风火火的"政治的北大"，另一个则是张中行所描摹的风流儒雅的"学问的北大"。这两个北大都是真实的，就看你的阅读趣味以及文化立场。当然，不同历史时期，公众对北大的想象，会有很大的歧义。

有趣的是，此后所有大学办校庆，都会兼及"正史"与"野史"。因为大学里的故事与人物，往往比所谓的"正史"更传神，也更容易被大众理解和接受。大学传统的延续，主要不是靠校史馆，也不是靠校长演说，而是靠熄灯后学生躺在床上聊天，或者饭桌上的口耳相传。这些在大学校园里广泛流传的雅人趣事，真假参半，代表了一代代大学生的趣味、想象力及价值判断。

第十，"大学评估"。今年7月6日的《人民日报》上，发了我的一篇短文《学问不是评出来的》。其实，这篇文章两年前就已经发表了。这次转摘，编者略有删节。文章提及，现在中国的大学，评著作，评学者，评学科，评大学，评博士点，再评一级学科，评研究基地，再评重点研究基地，钱虽不多，但谁也不敢怠慢，因事关"大学荣誉"。其中争议最大的，是教育部1994年底开始推行"普通高等学校本科教学评估"。此评估影响面最大，用心良苦，但效果不佳。本来，主事者思路清晰：大学评估要分层次，不排队，而且逐步过渡到民间评估的。可实际操作起来，完全不是那么回事，因是教育部组织的，哪个大学都不敢怠慢。结果呢，弄得鸡犬不宁。不是说毫无意义，评估的压力，确实促使学校做了一些实际工作，比如说修建校园、添置图书和实验设备等，这是有好处的。但这个评估的行政主导太强了，导致很多大学弄虚作假。比如，规定要查三年前的试卷，丢了怎么办？重做，而且必须按照原来的分数。比如说，三年前的卷子，你考了74分，这回重作，不能答出90分的卷子。事情虽小,看在学生眼中,效果当然很坏。现在好些,说是不要三年前的了,只看最近一年的卷子。

到现在为止,教育部已经评估了近1000所大学,没有不合格的,甚至也没有及格的,据说都是良和优。可见,以中国人的智慧,再严格的评估,最后都只能是走过场。这个我不说了,因为很多人提出批评,教育部也在尽量完善评估制度。我想说的是后面这个问题,即评估越认真,评估的标准定得越细,对于大学来说,越不是好事情。每个大学的历史传统不一样,每个大学的办学条件也不一样,可有了巨细无遗的"评估指标",只要上面要求的,任何一分,都必须力争。这很容易导致两种弊端,一是弄虚作假,二是大学趋同。中国大学的最大问题,就是不敢有自家面貌。再多评估几次,这个问题会更严重。

10年前,关于教育,我说过一句话,那就是"抓小放大"。那时政府正着力国企改革,提出的口号是"抓大放小"。在一个座谈会上,我给教育部提意见,主张"抓小放大"。"放大",就是让好大学自己去发展,别管那么多;"抓小",就是对于那些基础不太好的学校,确实需要制定标准,加强管理。好大学走自己的路,比较差的大学则加强评估,这样,中国高等教育的整体水平,才能得到提升。因为好大学已经形成自己的传统,有自己的发展规律,教育部你管不了,越管越乱。不是说教育部的领导不想把大学办好,而是中国大学最缺的是"个性"、"探索"以及"百花齐放"。千万别太迷信"步调一致才能得胜利",让好大学自己去摸索,努力走出一条新路,这比什么都重要。

与听众的交流

提问:我是一名学生,我想请教的问题是,面对当前如此复杂的教育改革,作为学生,应该如何调整自己的角色定位,让自己成才?

陈平原:刚才我说到大学城,除了各种各样的债务问题,还有一个所有大学生都会遇到的现实问题,那就是老师们不住在大学城。下课后，整个大学校园里全都是"朝气蓬勃"，未必是好事情。理想的大学校园，应该有白发苍苍的，也有英姿焕发的，老中青都有，大家在一起共同读书。什么是大学？大学就是大鱼领着小鱼不断地游，游着游着，小鱼就变成大鱼了，这就是大学。可是现在大学校园里只有小鱼们自己游，没有年长的，全都是同龄人，这对于大学的生态是非常不利的。还有一点，所有的大学城，都是清一色新建筑，老大学之所以值得人们怀念，既有著名学者，有悠久的学术传统，还有饱经沧桑的老建筑。面对这些老建筑，你容易发"历史"之幽思。可是在崭新的大学城里读书，要养成"历史感"，那是比较困难的。

现在大学扩招、师资力量不够、校园环境不是很理想，这种状态下，你只能靠自己。一般来说，老师大都有责任心的。老师太忙，不管你了，你得去管老师呀，主动上去请教。换句话说，你追着老师，老师总不能甩手？所以，在这样的情况下，更要求学生们有比较好的主动学习的能力。另外，大学里的社团，应该发挥更大的作用，学生们要不断地进行自我调整，不能说学术环境不是很理想，你就放弃。

提问：我有两个问题请教。第一，请问在您的心目中，对大学排行榜的评判，应该根据什么来衡量才比较公正和客观？第二，北大必须介入到当代中国的改革中来，这个介入不一定是靠诺贝尔奖等数量来体现的，那么你认为这种介入是应该以什么样的形式来表现？

陈平原：在我看来，大学排行榜很大程度上是一种商业行为，或者说新闻炒作，和学术发展关系不大。对于整个世界的高等教育，大学排行榜不是一个正面的促进因素。真正的学者，是不怎么看好排行榜，也不怎么看重排行榜的。尤其在中国，排行榜很大程度上是适应家长在帮助孩子们报考大学时的需要而制作出来的。你问用什么标准比较合适，假如一定要排的话，应该是专业性的，比如说文学研究、史学研究、数学研究、物理研究，各大学水平如何，学界大致心里有谱。要落实到学科层面，可比性才会比较强。

至于提到北大介入当代中国改革，我没有说因此北大就不要出获得诺贝尔奖的学者。随着中国教育水平的逐步提升,教授们介入国际上的"学术场"的努力越来越强,"与世界接轨"的声音也越来越大,愿意谈"本土化"的,那就很少很少了。正因此,我会提出,大学是生产知识、传播知识的场所,大学有提升人类文明的目标,同时,大学还有服务于当代社会的功能。一个好的大学,会提升所在地的科技水平,同时也会影响所在地的道德水准和文化氛围。"科技水平"大家一说就明白,比较"实";可大学对于整个地区的文化、学术、思想以及道德水准的提升,这方面相对来说比较"虚",关注的人少,所以,我会更多地强调这方面的问题。

阅读经典　感悟成长

于　丹

(2007年11月29日)

于丹,影视传媒学博士,北京师范大学艺术与传媒学院副院长、教授、博士生导师。

1996年获北京市优秀教学奖,2000年获北京市高校青年教师教学基本功大赛一等奖第一名、北京市教学成果奖二等奖、北京师范大学优秀教学奖,2001年获中国宝钢教育基金优秀教师奖、北京师范大学励耘奖、北京师范大学十佳优秀教师奖,2004年被评为北京市十佳电视艺术工作者、中国百佳电视艺术工作者,2005年获北京师范大学高等教育教学成果奖一等奖,2006年获得"中国十大教育英才"称号,2007年获第三届北京市高等学校教学名师奖,所讲课程被评为北京市高等学校精品课程。

2006年10月以来,于丹教授先后在中央电视台"百家讲坛"栏目上解读《论语》和《庄子》,社会反响强烈。2007年国庆期间,在中央三套"文化访谈录"连续七天播出《于丹·游园惊梦》,再次引起关注。

如何解除人生的困惑

今天这个时代,应该说比以往的任何时候文明都更发达,科技、能力都在无限地拓展,但这是不是就意味着每一个人的幸福指数都在提升呢？外在这么多元的选择，是不是有一种宁静和自我的确认呢？跟几十年前相比，今天的生活质量可以说大大提高，今天我们大到选择专业、房子，选自己要做的工作，小到去超市选一管牙膏、一袋方便面，都有无数的选择，令人眼花缭乱，买任何一样东西脑子里都有无数的广告、无数的推荐在打架，让人无所适从，由此产生了迷惑。

我们今天都面临一个问题，怎么样看到自己的心灵到底在哪里？自己的选择标准是什么？这么大的世界，什么才是适合自己的？所谓"弱水三千，我只取一瓢饮"，能不能找到最适合自己的，就要看自己的心灵。我们从小受的教育，就是要做有觉悟的人。何为觉悟呢？其实这是一个佛家用语，汉字意味很有意思，觉悟，就是"见我心"，也就是说真正的觉悟不是我们怎么看见了外在的大千世界，而是有能力看见了自己的内心；不是去了解了一个系统的学科知识，而是一种对于自我的确认和心灵的发现。只有发现了以后，确认了自己在哪儿，才能知道这个世界上什么才是与我们自己相匹配的。

但是就算是见了我心，也还会有很多的迷茫，因为人的内心需求有大有小，心里的愿望不一而足。我们常说，谁的工作、思想方法有局限。何为局限？局限就是格局太小，所以为其所限。人往往看见了自己心灵之后，感到一种悲哀，就是觉得自己生命格局不够阔大。人能够完成自我这样一个建设起点，就是尽量让自己格局大一点，心是有大小之分的。

禅宗有一个有意思的故事，一个弟子去找老师，问老师说，你看所有人身高差不了多少，寿命也相差无几，为什么人心的大与小可以差出很多，到底差在哪里呢？老师跟他说，你现在闭上眼睛，你来用自己的心来构建一座城池。这个弟子就闭上了眼睛，想啊想啊，想到万仞宫墙，深深的护城河，还有很大的城，城里有亭台楼阁花草树木，特别漂亮。弟子想完了睁开眼睛说我想好了，老师说你再闭上眼睛想一根细细的小毫毛。弟子也这样做了。然后老师问他，刚才造的城池是自己造的吗？弟子回答说是。老师又问他，刚才又造了一根毫毛，也是用了自己全部的心吗？弟子于是恍然大悟了。

人一生的梦想是不断向前推进的，可以用了三年两年来造这座亭子，五年八年造水系、河流，再用一年铺所有的花草。而人生其实跟整个社会的选择和进步有密切的关联。只要不断拓展自己，就能够做很多的事情。但是人心也很容易搁浅在一个毫毛上，生活里有一级工资没有涨起来，夫妻吵了几句没有解释开，等等，所有这些都是一根毫毛，而且心就在那儿绊结了，怎么也走不出来。心大心小真的有天壤之别，看到了这一点，我们怎么让心安宁下来，我们正是在这个意义上来谈为什么要重读经典。所谓经典，无非是潜伏在我们身体里的文化基因，是我们几千年传袭下来的思想方式，不一定要全部适用于21世纪，只要是从我们的现实需要出发，能补充、营养我们自己的心灵，这就是经典。经典简单吗？复杂吗？很多人都会说读经典全部都是文言文，读不懂，其实有很多都是先入之见，你可以读最朴素的句子。这个世界上最简单的真理永远是朴素的。如果堆砌起很多繁文缛节来麻烦人，那就不是最简单的真理。

何谓"君子"

我们翻看《论语》，可以看到总在说什么是君子。但是什么才是君子呢？学生曾经请孔子解释一下什么是君子，孔子就说了四个字，很简单，"不忧不惧"。不忧伤、不恐惧，这就是君子。学生想了一想，不以为然。年轻的学生都想，做一个君子要建功立业，要为社会建立功勋，光是心里不忧伤、不恐惧就是君子，好像太简单了，因此有一点不屑一顾。孔子就认真地反问了他一句话，一个人叩问内心，反省自己，觉得自己不愧于天下之人，自己每天做的事磊落坦荡，不怕别人指责自己，也不怕别人发现，"内省不疚"，如果反省自己，一点遗憾歉疚没有，何来那么多的忧伤和恐惧？其实很多事都在于人自己没有做好，也就是说事先原本可以多用一点心、多尽一点力、多考虑周全一些，但是没有做到。

人在心态上的宁静安详,是取决于行为层面的尽心尽力,如果什么事都做到没有遗憾没有歉疚,这并不是一件容易的事。现在很多人都是神经衰弱,就是想得太多了。

经典的朴素,在于有很多道理可以穿越时代,到今天对每一个人来说仍然是有价值的。今天的社会在变化,制度在变化,但是有一些人性的东西是永恒的。

孔子的人格理想

孔子带着学生在一起聊人格理想,他问自己最喜欢的弟子想做什么样的人。子路说我所有的东西都想跟朋友一起分享,用坏了也不遗憾,这就是我的理想。颜回谦虚一些,说我就是希望我这个人能够谦虚,能够经常保持这样一种对世界很恭敬的态度,不轻易说自己的功劳。大家都在说,后来发现孔子还没有说理想呢。学生们就问孔子,你的人格理想是什么呢,你想做一个什么样的人呢?我们说孔夫子是万世师表,是至圣至贤,他得有多少志向啊,可是孔子只是淡淡说了三句话,"老者安之、朋友信之、少者怀之"——希望所有老人都因为我安顿了,希望所有的朋友对我有托付信任,希望年轻的孩子因为我这样的榜样能够经常追慕和缅怀,这就够了。

在21世纪,作为一个普通人,这三句话难道不是我们的人格理想吗?我们能够做到吗?其实每一个人拿到社会的职业名分之前,不管你在这个社会上是显赫的,还是一个普通人,人人都不能摆脱跟这三种人的自然关系,每一个人都有生我养我的长辈老者,人人都有一辈子相随相伴的朋友,人人都有自己的儿女晚辈,这三种人离我们最近。但是我们经常说家国大业,出去做多少事情,常常忽略这些人。当忙于驰骋世界、建功立业的时候,老者、少者、朋友,你在乎这些人吗?你总觉得这些人离我们最近,有足够的时间给他们,我在外面打拼还不是为了这些人。但是,有可能你最后有遗憾的就是这些人。孔子的人伦理想,就是先从身边的人开始,先对这些人有所交代。

第一,"老者安之",让我们的老人内在得安其心、外在安其身。安其身可能可以看得见,给父母买房、衣食无忧、雇一个保姆等,这是很多儿女都可以做到的。但是父母的心怎么安呢?一方面孩子要争气,正直善良,另一方面孩子要真正地孝敬。孝敬容易吗?《论语》里关于孝有很多说法。学生问孔子什么是孝,孔子回答说:"今之孝者,是谓能养。至于犬马,皆能有养;不敬,何以别乎?"中国有一句老话,孝不孝是论心的:有一些大款给父母一买就是别墅,一包就是私人飞机,这是孝吗?如果有三亿资产,给父母花100万做这些事,还不如一个孝子一个月的收入只有800块钱,700块钱用在给父母尽心上。所以要在心里有深深的敬意,才能在行为上做到孝。常言说"孝敬孝敬",就是心里怀着敬意。

另有学生问什么是孝呢?孔子又回答了一句话,"色难。有事,弟子服其劳;有酒食,先生馔,曾是以为孝乎?"有什么要辛苦的事,晚辈、孩子们就抢着干了,有什么好吃好喝让父母长辈先享用。这就是孝吗?但这还只是行为层面的孝顺,在孝顺父母这件事上,千难万难不如给父母一个好脸色。你能够总给父母一个好脸色看,你才算做到了孝。儿女都有孝心,经常给老爸老妈一甩一大把钱,好吃好喝,别苦着自己,匆匆忙忙然后就去上班了。可能你正想着怎么堵车呢,可能半口面包都没有吃完往外跑的时候,悠悠闲闲你妈妈过来了,跟你说昨天晚上梦到二姨了,跟你聊起从前,你可能还没有听完就跑出去了。你晚上回家,刚刚打开电脑,你老爸过来跟你说今天遇到一个老头的事,你这个时候还有好脸色吗?做儿女的都在想我上有老下有小单位还有那么多事,还不是为了挣钱,哪儿有那么多时间跟你说话啊?孔子说的"老者安之",一定是从心里开始,心存敬意,永远有一个好脸色,这是最难的。

孔子还跟学生说,就算父母有什么做得不对,你要轻柔、和缓地跟他说,这个事是不是还有别的处理方法。如果父母不从的话,也还要敬重他,尽量不违背他。你的心里可以担忧,但是不要有很深的埋怨,儿女辈这个态度就对了。可能今天的人会说,跟父母有冲突了,为什么就要顺着他,不能按照正确的思想去做,孔子的思想是不是过时了?

中国有一句话,不养儿女不知父母恩,意思是人自己不做父母,是不知道当父母是多么不容易的。有时候做儿女的老是想,跟父母出现争执谁对就按照谁说的做。其实,跟父母之间的争执,没有多少是人格、家国的大事,固然会有,但是不会太多。儿女辈跟父母吵起来的事,绝大多数是鸡毛蒜皮。儿女有时候跟父母的冲突,往往是出自于好意和孝心,非要改变父母不可。比如做儿女的经常唠唠父母,这些瓶瓶罐罐不扔,让你买一些好的东西怎么就买这些东西,这些都是你贫困生活的痕迹,这都是儿女经常说的。还有带自己的老爸去高级餐厅,点牛排、沙拉等等,点了一堆,老爷子吃完了回去说吃不饱,非要下一碗面条。儿女就不痛快了,说你这是过去农村生活的痕迹,现在生活好了,为什么非要过这样的日子?这些都是经常儿女跟父母惹不痛快的事情。

什么是不违背呢?按照民间的说法,孝顺,顺者为孝。很多事情不是大是大非,你索性就顺着他吧。你想想每一个人的此刻,其实就是所有历史的总和。如果一个人不是贫困时期打造的生活习惯,不是原来那个渔村、那个山村、那个农村把他造就出来,就没有今天这样的生活。其实爱一个人、尊重一个人,就意味着包容他全部的历史,而不仅仅是现在,不能按照自己的标准去改变他,何况是自己的父母长辈。如果你真正从心里对他有敬意,就应该体会他最舒服的一种生活方式。

《论语》里关于孝的话很多,都不复杂,大家都明白。但是,要做到将心比心还是挺不容易的。有时候我想,为什么报纸上、电视上老说儿女孝敬父母是我们民族的美德,但是从来没有见到媒体上提倡天下父母都好好去爱自己的孩子,说这也是一种美德。大家都觉得父母爱孩子这是本能,但是反过来想一想,孩子爱父母怎么就是美德了,怎么是外人提倡的事情,怎么不是一个本能呢?其实残酷就在于人类的爱往往是下行的,老是记得对孩子怎么样,但是就忽略了父母。

《论语》说,"父母之年,不可不知也。一则以喜,一则以惧。"现在父母的年岁有多少了,要在心里经常想着,想到这件事,喜的是高堂尤在,人只要有父母就永远是孩子,心就永远安定的,这个世界上永远有最无私爱你的人;但另一方面,父母的年纪一天比一天大了,那就意味着你能够尽心的日子一天比一天少了,这个世界最大的悲哀就是"子欲养而亲不待"。你今天能够做的,最起码就是给父母一个好脸色。

给孩子过生日,一般父母忘不了。但是有几个孩子年年记得给父母过生日呢?我经常被人问,说今天这个时代,我们还提两千多年前的东西,对今天还适用吗?我们今天要用心重新翻捡那些关于人性的东西。先让自己的老人安顿了,不然自己没有快乐可言,我们距离圣人的理想到底有多远呢?这件事大家要想一想。

第二,"朋友信之",让朋友信任。我们终其一生会遇到不同的朋友,有的能力超群,有的智慧过人,有的富甲天下。然而人终其一生,真正能够最后想起来的,可能只有那么少数几个人,甚至就是一两个人,这些人从来都不在你的眼前喧嚣,但是会默默地依托在你的背后,从来不会为你锦上添花,但是只要你需要,他就会为你雪中送炭。他对于你的态度,永远都不是滚烫的、火热的,只是温暖的,但是一生恒久相伴,这就是所谓君子之交淡如水。如果一辈子有这么一两个朋友,想到这个人的时候是什么感觉呢?你只会有一种感受,就是生死可托的一份信任。

"朋友信之"并不是一件容易做到的事。魏晋时期司马氏专权,所有的文人都觉得朝不保夕,当时有著名的"竹林七贤",其中的嵇康是一个性情如火也非常坦率的人,而山涛顶不住压力出来做了官员,嵇康就很愤怒,把他骂成一个卑鄙无耻的小人,而且写了《与山巨源绝交书》,公告天下我绝对不交这样的人。嵇康后来惹来杀身之祸,39岁就被杀了。嵇康被杀时也是非常潇洒的,那么多的人为他请命,但是还是要被杀。他当时只要了一台琴,弹了一首《广陵散》,说今后没有人可以弹这样的曲了。但是他也有放不下的,那就是他的孩子。他都被杀了,他的孩子不是就很危险了吗？嵇康于是就想把自己的孩子托孤给自己信赖的人，想来想去又想到了山涛，他想都没有想就直接把孩子送过去了，根本不用写信啊道歉啊什么的。虽然有各种各样的冲突，但是朋友就是朋友。李白说"三杯吐然诺，五岳倒为轻"，三杯酒之间我们把诺言定下来，就是五岳三山倒了也不过这句信义。孔子说对朋友有信义就够了。

第三，"少者怀之"。孩子们经常能够想到缅怀的长辈，并不一定是高山仰止那种完美的人格，过于完美也许反而让人疏远。孩子们亲近的永远是最坦率、最磊落、最豁达的长辈，会想这个长辈多么好啊，今天他的样子就是我明天的样子，我多努力一些，可能比他更好呢。所以孔子说希望年轻的孩子们，经常念着我这么一个人，觉得就是一个人生的榜样。

"老者安之、朋友信之、少者怀之"，每个人在心里要想着：这是圣人的理想，我们这一辈子能不能做到。

君子的基本道德

今天这个时代是很容易让人产生忧思和惶惑的，那么怎样让这些负面的不良的情绪少一些呢？学生曾经请孔子谈一谈君子的道德。对学生的这个问题，孔子回答说："君子道者三，我无能焉：仁者不忧，知者不惑，勇者不惧。"君子的基本道德就是三条。但是孔子也很谦虚，说对不起，我做不到。孔子多可爱啊，说什么事都要说我做不到这一点，这个事我还不明白。圣人的态度就是这样，永远不自傲、不夸夸其谈，永远以一种谦逊的态度对待世界和自己的晚辈学生。"仁者不忧，智者不惑，勇者不惧。"字面的意思一解释大家都能够明白，但其实真正做起来，意味深长。

什么是"仁者不忧"？学生问孔子什么是仁呢？孔子说仁就是爱人，好好地真诚善意地发自内心地对人好，这就是仁，"仁者爱人"。孔子多次谈到"仁",《论语》里,"仁"出现了一百多次。"仁"这个字写出来也是很简单,就是四画,但是这四画里包含了一个很深的道理,就是二人成仁。什么意思呢?就是你单独一个人的时候,那不是仁爱,仁爱一定是你跟别人在一起的时候所流露出来的态度。你说那一个人是谁呢?其实,是谁并不重要。如果你有仁爱之心,就算是遇到一个陌生人,你也是满脸谦和、笑意春风的。如果你没有仁爱之心,就算是对你的父母也会恶语相向。

学生接着问什么是爱人?学生问:"博施于民而能济众",这是"仁"吗?如果有这么一个人,可能有权力、可能有地位,因为能够拿出恩德、钱财施于所有老百姓,接济所有的人,这样的恩德大吗?孔子说做到这个份上太难了。对于"仁",孔子做了这样的一个解释,"己欲立而立人",每一个人在世界上都想安身立命,让自己立起来,人人都有这样的心,那好,你自己要立,就用这样的心去帮助别人也立起来,这就是"己欲立而立人"。一旦立住了就想发达,人同此心,"己欲达而达人",你想发达就用这样的心帮助别人也发达起来。"能近取譬,可谓仁之方也已"。离你最近的人将心比心、换位思考。在家里有什么冲突,跟老婆、孩子将心比心想一下。张嘴想训孩子时,想一想他也不容易。跟同事、邻居等,也将心比心。孔子说这就是仁义的方法。其实没有那么难,无非是将心比心,从眼前事、当下事来做。

我们今天能够看到很多这样的故事,能够看到很多普普通通的人做的简简单单的事。中央电视台一套节目在每年春节过后有一个大型节目"感动中国",2007年度人物里有一个候选人,河北省衡水地方的一个农村妇女林秀贞,我作为推荐委员拿到她的材料时,感觉她跟以往所有人不一样。"感动中国"已经五届了,我看到以往的推荐人都是一些真正的英雄,那些关键时刻营救人质的警察、雪山哨卡多年驻守的哨兵,还有排爆专家等等。林秀贞所做的,就是一到这个村里就开始赡养这个村子里的孤寡老人。她刚刚嫁到这个村子的时候,看见一个孤寡老人,她就对老人说我家里也不富裕,这样吧,我吃什么你就吃什么吧。

这样过了八年,有一天这个老奶奶从床上翻出一个纸包,说这是一包安眠药,我本来是准备走这一条路的,这八年来你这么照顾我,我觉得可能用不了了。林秀贞是见一个养一个,一共养了六个,而且一旦养了就是给老人养老送终。所以这个村的老人,少则伺候六七年,多则十年、二十年,她自己的四个儿女也是在这个过程中陆续出生,孩子们也是这样有时间就去给老人们剪剪指甲,帮老人做一点事,就这样过了三四十年。这样一个简单的农村妇女,如果没有剧组找到她,可能她根本没有走出她的村庄。你说这样的人足够感动中国吗?所以在写到她的推荐辞时,我记得我写了这样一句话:如果是富人做这样的事,就是慈善,而穷人做这样的事,他就是圣贤。

我想做圣贤有时候比做慈善容易一些,做慈善还需要有那个资金和能力,但是做圣贤有时候就是需要一颗仁心。林秀贞这样的人,几十年做这么一件简简单单的事,它意味着什么呢?后来她当选了"感动中国"的年度人物,舞台上每一个人都有一座丰碑,掀开之后都是评委会给他们的评语。她前面一位就是霍英东,霍英东的儿女去掀开,看见的是"辉煌一生"。紧接着这个农村妇女上去,掀开一看就是"温暖世道",评委会的评语是"三十年间善良流过村庄,她用自己的人心温暖了世道"。我们这个世道已经有一点苍凉了,不苍凉何来温暖啊?

我们每一个人心里可能都有美丽善良的愿望,但是很难持之以恒把这样的善良愿望实现。孔子说过一句话:"仁,远乎哉?我欲仁,斯仁至矣。"仁爱离我们远吗?我只要想到做到仁,仁也就到我的身边了。就是心中仁爱是一念,心中念头一动仁爱就做出来了,这就是简简单单的生活。举手之劳,有可能你就帮了别人,就是如此简单。

仁爱的具体表现

学生们还曾经问过孔子,老师说的仁爱是挺好的,但是在行为层面能不能给我们拆解一下,讲一讲仁爱有哪些可以操作的方面。孔子说可以啊,然后跟他们说有五者行于天下,仁爱就可以做到。这五个字都很简单,跟我们现在的生活有很大的关联。

第一个字是"恭"。为什么要恭呢?"恭则不侮",这句话大有深意,你越对别人毕恭毕敬,你自己的生命越不容易招致侮辱。大家想一想这个道理,这个世界上别人的表情,其实就是你的表情的镜子,如果你自己对别人都有恭敬的心,你自己是最有尊严的人。任何一个单位,都会有个别人人际关系不好,人际关系不好的人恰恰每天都在强调自己的自尊,挑剔别人,越挑剔人际关系越不好。他就是少了一种内心的真正恭敬。恭敬不是一种表面的礼仪,而是内心的力量和态度。你真诚地肯定了人家做的每一点事情,那么你就经常是一个让大家觉得很好的人。

"恭"会带来第二个态度,就是孔子说的"宽"。"宽则得众",一个宽和的人能够得到大众的拥戴。什么是"宽"呢?"宽"是自己心里的态度。"眼内有尘三界窄,心头无事一床宽"。宽和窄都是一种生活态度,人心的宽与窄,主要是看你怎么看待现在的生活。就如我们眼前有半瓶红酒,乐观的人永远说这么好的酒还有半瓶子呢,悲观的人说这么好的酒就剩半瓶了。其实,这个世界上没有一个幸运儿,一辈子都是满瓶酒,总会有这样或者那样的遗憾;这个世界也不可能有一个永远的倒霉蛋,永远都是半瓶子酒,关键是你的眼睛看的是有还是无。乐观与悲观,有时候就是决定了你生命的宽与窄。一样的生活,不一样的解读,关键是你怎么来判断。在某种意义上,现在眼中所看到的世界,就是你心里想要放大的世界。猛地一看,总有一些你愿意看见和不愿意看见的东西。人的眼光,这种主观性和选择性是很强的。比如我们看别人的好与坏,不同的人有不同的想法。其实每一个人都有好与坏,关键是看你关注他什么。

就像一个著名的故事所说的,苏东坡跟他的好朋友佛印一起参禅悟道,伶牙俐齿的苏东坡回去跟自己的妹妹炫耀,今天打坐我问佛印,你看我像什么呢,佛印就老老实实地回答说你不就是在那儿打坐吗,像佛啊；我哈哈大笑，说我看你就像是一堆牛粪。他妹妹冷冷一笑，说，你这还修什么佛啊，人家看你像一尊佛，说明人家心里有佛，但是你看人家是牛粪，你心里有什么？同样一个地方，两个人一起出去玩，有人说这个地方真是漂亮，另外一个人冷冷地说有什么好看的，地上有一堆垃圾呢。

你可以永远对这个世界保持不屑一顾，但是你想想，最后谁吃亏？如果你看见这个世界永远只是垃圾，或者看见别人永远是牛粪，长此以往，这种冷嘲热讽乃至抱怨最后会成为人的习惯。最后，你发现只有在挑剔中建立自己，这才是人真正的悲哀。要知道这样的挑剔，不是别人的损失，"宽则得众"，你最终会把大家的人气都挑剔跑了。任何一个单位、团队，包括一个居民小区，谁宽和谁就拥有最多的朋友，谁就得到他人的拥戴，圣人说的话一点不假。

有了"恭"和"宽"，人还需要做一些事，所以就牵涉到第三个标准了，就是"信"。孔子说，"信则人任焉"，一个人越有信誉，别人就越信任他，他的职业生涯就可能越走越顺利。我自己在大学里教书十几年，经常有以前的毕业生回母校看望老师，我发现了一个有意思的情况，就是十来年中不断发展、越来越好的学生，几乎都不是当年的专业尖子。往往是那些任劳任怨的孩子，职业生涯特别好，而尖子恃才傲物，到一个地方觉得我原来一直是第一，什么样的推荐都是我，凭什么到这里第一年不推荐我出国，领导不重视我，于是辞职了。有时候，聪明反被聪明误。知识是不断更新的，学校里学的那点专业知识，走出校门可能就有相当一部分已经过时了。人走向社会，一直到死，信誉都是最重要的一个东西。在这个世界里，信誉是人的基石。

是不是有信誉就有一切呢？那还得有大智慧，这就是孔子讲的第四个字"敏"。"敏则有功"，大家都在做功、都在做事，只有那些最敏锐敏捷的人才有效率，不会做无用功。今天这个社会，需要用敏捷的眼光捕捉世界上内在的信息、潜在的规则，然后去自我调适。一个大型的电讯公司招聘，要招一个会莫尔斯密码发报的员工，应聘的很多人被带到一个大厅，很多人在那里发传真、打电话，应聘的人被安排坐在两条长凳上，告诉他们一会儿考试会在一个小房间里进行。大家坐在那儿等着，这个大厅太喧嚣了，大家听了都头疼，等啊等啊，整整一个小时也没有人叫他们，又等了一个小时，大家彻底等烦了的时候，来了一个迟到的小伙子，他推开门就进去了，人力资源经理一会儿就带着这个小伙子出来了，说今天我们要招的人就是他了。大家很奇怪，经理解释说，其实从大家坐在这里开始就已经在面试了，在众多的电波声中一直有一种莫尔斯密码在发出讯号，如果你听懂了密码，请你直接走进小门。但是发了两个小时，你们谁都不进来，迟到的小伙子一推门就说我听懂了这个密码。经理接着告诉大家，对我们这么一个大公司来说，需要的永远都不是一个熟练掌握发报技术的技术员，而是用心灵能在嘈杂世界上捕捉有效信息的优秀人才。在今天光有专业技术不行，一定要有这样的敏锐。韩国人有这样的比喻，世界上有一种怪物，前脸长满头发，后面是秃顶，他走到你面前没有看清，等你看清了，一伸手，结果抓到他的后脑勺，什么也没有抓住。这个怪物是什么呢？就是机遇。在今天这么一个复杂的、纷繁的、喧嚣的时代里，要用静静的心看清世界，敏捷地付出行动。

第五个字就是"惠"。"惠则足以使人"，这句话其实是对当领导的人说的。如果一个人有恩惠之心，就足以使用和调遣别人。什么是惠呢？作为一个领导，对你的团队在精神价值上要不断地肯定，在物质利益上要跟他们分享。

对别人毕恭毕敬，"恭"则永远保持尊严，"宽"则得到众人的拥戴，谁有信誉谁的职业生涯发展就顺利，谁敏锐谁就可以建功立业，有恩惠的心就可以带领团队。这五个字有三个层面，"恭"和"宽"是讲怎么做人的，"信"和"敏"是讲怎么做事的，"惠"是讲怎么做官的。人这一生，做人、做事、做官，都超不出这五个字。所谓"仁者不忧"，如果把这一切都做到了，很多东西不受他人的指责，没有外在的困顿，忧伤自然就会少一些。

为什么又说"知者不惑"呢？有仁爱不就行了吗？不行，今天的迷惑太多了，得有大智慧，迷惑才能够少。什么是智呢？孔子回答是知人，他说这个世界上最大的智慧就是了解人。知人容易吗？其实最难的就是真正能够顺着人心，走进每一个人的心灵世界，了解那些最深刻、最隐秘的忧伤和欢喜，了解一个人的心灵愿望，而后尊重他并调适你和他的关系。我们往往对身边熟视无睹的人、很亲近的人，缺乏很真正的了解。我们每个人都爱身边最亲近的人，自己的父母、爱人、孩子，都是你最爱的人，可是爱不意味着你一定懂得，知道和了解他们。

有一对渔村的夫妇，两个人少年结发，恩恩爱爱，这个妻子很贤惠，每天都从打来的鱼里挑出最好的一条，把中端干干净净收拾出来，或者红烧或者清蒸，举案齐眉恭恭敬敬给自己的丈夫，自己就烧头尾吃了。这对夫妻和和美美，大家都很羡慕他们，等到儿女长成，老夫妻暮年相对，有一天这个老先生长长叹了一口气，说这一辈子我没有对你提任何的愿望，现在我再不提就有一点晚了，什么时候能够给我做一顿红烧鱼头吃，我这一辈子从小最爱吃鱼头，我也不知道为什么自打娶了你就没有见过鱼头。这个老太太一听眼泪就下来了，说我做姑娘时就认为鱼肉是最好的，但是我不知道你是最爱吃鱼头的。

这个故事启示我们：我们其实不缺乏爱，但是爱是盲目、强烈的，里面有很多危险的因素，也不乏误解。我们真正缺少的是以别人需要的方式去爱别人，有时候我们缺的是爱的方式。爱包括两种东西，一个是意愿，一个是能力，爱的意愿可以很强烈，但是爱的能力不一定人人都有。能力不意味着是得多有钱、多有地位，爱的能力首先是真正懂得所爱的人需要什么。张爱玲有一句话说得好，"因为懂得所以慈悲"。慈悲是一种柔软的包容，因为懂得才会尊重他的方式，才会真正地包容。知人不易，而知人之后才能够用人，知人之后才能看穿表象。

用人标准的启发

学生子路有一天出难题给孔子,今天让您带兵打仗,您选谁跟您一块?因为子路很勇猛,他就以为孔子会选择自己。孔子说,"暴虎冯河,死而无悔者,吾不与也。"一个人赤手空拳就敢打大老虎,一条浩浩荡荡的大河,河里面没有桥,河下面没有船,这个人只身就说我敢游泳过去,这样的人还拍着胸脯说我勇敢、我敢这么干,我绝不让他这样的人出去带兵打仗。其实现在这样的人我们经常可以看见,跟领导拍胸脯,立下军令状,完不成拿我是问,不看客观条件就敢这样说。孔子要用什么样的人呢?他也说了八个字的标准,"临事而惧、好谋而成",领导一件事交代下来,你自己很认真地听听,认为这件事很重要,回去做一个可行性报告,找一下资料,会努力完成。用智慧提升效率,孔子要用的是这样的人。

法国曾经给全社会出过一个测试题,假如现在不幸卢浮宫失火,只能抢出一幅画,抢哪一幅呢?我们可能会想,就抢文艺复兴时期那几幅价值连城的名画,法国老百姓这样回答的都没有得奖。得奖的是法国大作家凡尔纳,他的回答是,我抢离安全出口最近的那一幅画。其实只有这个答案是最切实可行的,前提是失火了,失火了还不赶紧逃生,还上二楼一点一点找蒙娜丽莎吗,还没有找到可能就被烧死了。今天我们是需要大智慧,不是小聪明,我们首先是要避开风险。有一个故事说,有一个身家亿万的富孀,要在全国找最好的司机,管家找来找去找到三个人,这三个人的技术不相上下,结果这个富孀问了同一个问题,前面是悬崖,凭你的技术,能够停在离悬崖多远的地方。第一个人马上拍胸脯说我能够稳稳地把车停在离悬崖一米的地方。第二个人说我技术比他好,保证把车停在离悬崖三十公分的地方。第三个人说,我一看到悬崖就不把车往前开了。我们应该都想得到,被录取的是第三个人。我们要用大智慧化解风险,只有智者才知道怎么经营自己的人生。

关于人生的底线

人生是有底线的。我们说"仁爱无边",但是仁爱真的就没有边吗?凡事都仁爱就好吗?中国人常说"以德报怨",很多人都觉得这是一个褒义词。孔子的学生也这么问他,对老师说,我能够做到以德报怨不错吧?没有想到老师反问他:"以德报怨,何以报德?"世界上对你的伤害、辜负都来了,你还用自己的德去面对,那你的生命资源不是被浪费了?学生就不知道怎么回答了。孔子的答案很好:"以直报怨、以德报德。"这就是人生的底线。意外的伤害、辜负来临的时候,用你的正直坦荡冷静地面对就可以了,这就是以直报怨;还要以德报德,用你热情的东西面对真正的善良美好,这样的人生才是有分寸和原则的。大智慧教给我们的是一种人生的均衡。我们说"仁者不忧"、"智者不惑",当然还有"勇者不惧"。勇敢其实是一种气质,不见得是匹夫之勇、拔剑相向。有时候,勇敢是讲一种心灵的定力。

禅宗里讲了一个故事,日本江户时期有一个著名的茶艺师,这个人泡茶非常好,让他的主人一天也离不开他。主人有一天要去京都办事,一定要带上他,这个茶艺师说京都那么多武师,很乱,我又不会武术,我去干什么呢?主人说那你也穿得跟武士一样,别人就不会找你麻烦了,于是就去了。有一天主人出去办事了,这个茶艺师出去散步,结果遇到了一个浪人,一定要跟他比武。这个茶艺师就直接说我是茶艺师,我不会武功,这个浪人就越发要跟他比了。结果这个茶艺师说这样吧,你给我半天时间,我去办完事,回来我一定跟你比武。然后他就直接奔着京都的大武馆去了,找了一个师傅说,你教我一招武士最体面的死法吧,这个人就问他了,你怎么要这样呢,这样吧,你给我泡一次茶吧,这个茶艺师想:这可能是我一生中泡的最后一次茶了,所以他从容不迫,取茶,洗茶,泡茶,滤茶,双手捧给了大武师。把茶泡好了给了大武士,这个大武师说这是我一生中可以喝到的最好的茶,你不必死了。这个茶艺师问,你是不是要教我绝招,大武师说你就用刚才泡茶的心去面对你的对手好了。茶艺师带着这句话回到那里,浪人一见到他就拔出剑来,说我们现在就比武吧。面对这个猖狂的浪人,茶艺师想怎么用安静的心面对他呢,他笑笑看着对方,不着急,双手端端正正地把自己的帽子放在地上,然后脱下自己的外衣一点一点叠好,放在自己的帽子下面,并且把自己的袖口和裤脚用带子扎好,就这样慢慢一点一点地做。浪人的剑已经拔出来了,看着对手不慌不忙,一直笑笑的,浪人心里就非常发毛,越来越没有底,不知道这个对手功夫到底有多深。两人这么对峙,看到最后,这个茶艺师实在没有什么可以收拾的了,能够做的最后一个动作就是拔出剑来,双手举过头顶,一声大喝。就在这时,浪人扑通一声跪下来了,大喊"饶命",说你是我一生中见过的武艺最高强的对手。

这个故事其实恰好解释了什么是"勇者不惧",真正的勇敢在今天是一种心灵的定力,不见得关乎技巧。这个世界上教人技巧的东西太多了,现代社会很大的悲哀就是我们越来越学会用脑子生活,而缺乏心灵的能力。用心和用脑不一样,用脑可以学技巧,用心灵是一种纯朴但最有效的方式。什么是真正的勇敢?勇敢是每临大事,从容不迫地找到自己的出路。

城市竞争力:全球、中国与广州

倪鹏飞

(2008年3月6日)

倪鹏飞,1964年生,安徽人。中国社会科学院财政与贸易经济研究所城市与房地产经济研究主任、经济学博士、研究员。

主要致力于城市经济、城市竞争力、房地产金融等方面的理论与实证研究。出版专著《中国城市竞争力理论研究与实证分析》(中英文)等,担任中国社会科学院《中国城市竞争力报告》研究组组长,主编出版《中国城市竞争力报告》系列蓝皮书。与美国学者彼得·卡尔·克拉索联合主编《全球城市竞争力报告》,与英国皇家社会科学院院士彼得·泰勒教授联合编制"城市全球化指数"。任世界银行集团与中国社会科学院《中国营商环境报告》中方负责人。代表著作《中国城市竞争力报告》2005年获第十一届孙冶方经济学著作奖。

关于城市竞争力的研究框架

竞争力是一个非常古老的问题,人类社会出现以后就存在着竞争的问题,但是竞争力问题长期没有得到充分的研究。在20世纪90年代以后,经济、科技全球化和地方化越来越明显,城市在全球活动和地方事务中的作用更加重要,竞争更加激烈。

最近我们在编制全球城市竞争力报告的时候,向全球(不包括中国)大约100个城市的市长写信请求他们给予支持。我们收到20多位市长的回信,包括伦敦、维也纳、苏黎世、多伦多、温哥华等一些著名城市的市长,他们都回信表示对这个研究非常关注,并表示如果需要他们资料方面的支持,他们会全力以赴地给予支持,并且有的城市都派出了专门的人员和我们联系。

这就反映了一个非常重要的事实,就是全球的城市市长领悟到:一方面是城市变得越来越重要,另一方面是城市之间的竞争力越来越激烈,城市的战略越来越重要,为了促进城市的发展,提升城市竞争力越来越重要。提升竞争力成为各国部长、市长、企业家和社会公众普遍关注的热点。世界各国、各地区都正积极致力于检查、培育和提高其城市竞争力,一些国家的机构和学者也都在致力于本国城市竞争力的研究。

市场化、工业化、信息化和全球化使中国各城市陷入全方位的竞争之中。在亚洲城市之间,尤其是在从首尔到新加坡的太平洋西岸,城市普遍实施跨国定位,在争夺产业、技术、资金、贸易方面展开了激烈的角逐。在国内区域间形成了三大城市群,尤其是长江三角洲经济圈和珠江三角洲经济圈在吸引国际产业和国际资本上的直接竞争十分激烈。在不同区域的城市之间,竞争也日趋白热化。大都市香港、上海、北京在高科技产业、高级人才、金融中心、国际会展等领域激烈争锋的同时,各区域性中心城市之间也在进行激烈的竞争。

全球价值链体系在全球的空间分布,就像崎岖不平的地球,而城市的价值高度就像一座座山峰一样,不同的城市和地区之间存在差异,而一个城市内部的空间价值也存在由中心区向边缘递减的一般趋势。这种不均衡分布是由产业的不均衡导致的,高新技术产业或是产业链的中高端环节往往聚集在较发达的城市。产业的不均衡分布又是由于要素环境的不均衡分布导致的。全球城市的价值链分布不均衡的,决定各城市的竞争力是有差异的,因此我们要解决这个问题,或者说一个城市要提升它的竞争力,除了那些不可移动、不能改变的以外,我们可以一方面吸引流动的要素,一方面对它进行重新组合,从这一点看,战略就变得越来越重要了。对于同样的要素、同样的资源,不同的产业组合是不一样的,效率也不一样。

城市的综合竞争力表现在多快好省地创造财富为居民提供福利的能力,我们用一些结果性的指标、产出的指标,比如说我们多用GDP的规模来表示:快就是看你长期可持续的增长及增长速度有多快,好就是看你现在的发展水平有多高,省就是看你的效率、效益如何。

因此,无论你是大城市还是小城市,无论你这个城市的功能是什么样的,只要我们通过这些方面的绩效进行综合考量,我们就可以比较这个城市的竞争力。一直以来有一些专家说不同的城市,功能不一样,不能比较,我说有些是不可以比较,但是有些是可以比较的。从它的表现来看,无论你做什么东西,这几个方面都要涉及,它也是最终衡量你的基本的方面,这是第一点。

第二点是城市竞争力的构成,分析城市的竞争力影响因素需要有一个比较完整的框架,但是,到目前为止全球还没有一个非常明确的框架。我们将各种相关因素综合在一起,就能够概括出一个概念模型。这个概念模型是从企业运行的全部环节来分析的,它的外就是影响运行的环境,内就是企业的运行环节因素。

珠三角与广州在全球城市体系中的位置

现在的全球城市发展的和演化的格局变得越来越不确定了,可以用几句话来概括:(1)一些好的城市更加好了,像纽约、伦敦这些城市,好的更加好;(2)有的城市原来好现在落后了,像英国的利物浦、美国的底特律和德国的个别城市,他们在工业革命时代、一战前都是非常好的,但是后来落伍了;(3)发达国家中一些落后的城市迅速崛起,美国太平洋西岸的一些城市尤其是加利福尼亚及北欧的一些城市,它们在短短的时间内迅速崛起;(4)像中国、印度等一些发展中国家原来不好的城市或者发展水平比较低的城市迅速地发展起来;(5)原来不好,现在更加不好,比如非洲、拉美的许多城市或者说许多小城市。

这个情况是什么原因导致的？就是由于全球化和信息化导致的。全球化和信息化最重要的影响就是使得全球的资源要素可以迅速、及时地流动。流动过程中有一些城市制定了非常适合的战略，不断进取，它本来很好，现在变得越来越好；有一些城市战略上发生了失误，没有及时调整，在竞争中败下阵来。举一个简单的例子，像纽约、伦敦这些城市就发展得非常好，也有自我忧患意识，因此它们对战略的把握也非常好。当然它们自己有一个先天的基础，由于全球化使得它们能够更好地吸引全球的资源。但是也有一些城市比如说底特律，原来的制造业很好，但是没有做出适当的调整，亚洲一些城市的制造业迅速崛起，就对它构成了威胁，加拿大和英国的一些城市就更不用说了。

由于全球化使得许多跨国公司可以把低端的产业借助成本优势向发展中国家一些条件较好的地区去分散集中，这样就使得它们能够发挥比较优势。因为有一个初始的比较优势的基础，再加上它制定了比较合适的战略，骑马找马，就是说在利用比较优势的同时积极发展它的竞争优势，它就能够迅速地发展起来。但是，这些地区有一些条件比较好，没有制定合适战略的城市就错过了这个机会。所以，全球发展的整体趋势是这样的一种情况。

现在来对广州竞争力要素进行国际比较。讲了趋势以后，我给大家从几个方面介绍一下影响竞争力要素的基本方面。第一个方面是经济方面，实际上是竞争力的显示部分，我们讲竞争力本质上还是经济上竞争。

1. 广州市和其他城市显示性指标的比较

表1　广州市和其他城市竞争力显示性指标基准比较

GDP 总量(美元)	人均 GDP (美元/人)	地均 GDP (千美元/每平方公里)	GDP 三年的增长率 (2001~2003)	失业率	就业人口三年的增长率	劳动生产率 (美元/单位劳动力)

续表

纽约	367,963,331,503	45,374	468,419	0.05699	5.21%	4.49%	98,768
伦敦	289,831,130,000	39,406	182,974	0.0895	6.80%	6.50%	84,726
东京	286,393,652,031	35,194	460,959	−0.0273	5.00%	3.04%	70,759
巴黎	162,714,606,742	35,777	1,549,663	0.05882	11.40%	−4.03%	169,074
洛杉矶	160,525,670,482	42,029	132,124	0.10221	5.76%	4.93%	89,436
首尔	147,281,782,630	14,946	243,276	0.1709	4.50%	0.55%	30,987
多伦多	142,591,742,857	30,449	24,157	0.08738	7.20%	4.73%	53,335
米兰	118,539,325,843	49,213	118,539	0.063	9.35%	5.22%	114,139
芝加哥	115,688,744,300	40,231	196,687	0.04742	5.68%	2.94%	84,412
香港	108,217,679,968	24,723	849,833	0.035	6.50%	1.30%	30,044
广州	45,845,689,238	7,717	75,404	0.14739	1.91%	10.31%	14,662

这里的数据均是引用《全球城市竞争力报告(2005/2006)》,但数据是2003年的数据,我们正在做第二份报告,第二份报告是2005年的数据,所以这个是仅供大家参考,但是在这里我们可以看出广州和全球城市相比的差距。上面10个城市2003年的GDP总规模在前十,大家可以看到它都是最好的城市,给大家的印象也是全球最好的城市,纽约、洛杉矶、首尔、东京、香港、米兰等等。

这几个方面广州没有一个方面能够和前十相比。但是在前十的城市当中有一个广州的邻居,也就是香港,它给广州和珠三角带来了机会。香港在前十城市当中的表现还是比较好的,比如说地均GDP仅次于巴黎,实际上我觉得巴黎并不一定有香港高,只是因为地区面积不能搞测定,这个数据应该不是很准确,但是香港的地均GDP是比较高的。

人均GDP香港和纽约、伦敦、东京都有相当的差距,劳动生产率和全球最好、最大的城市相比还是有一定的差距,这是总体的表现。但是总体的表现还是比较好的,广州的经济增长率2001年到2003年的综合达到15%,远高于以上城市。我们注意到,伦敦相比比较高,达到了

8%,香港 2001 年到 2003 年大概是 3%,实际上后来提升得很快,现在是 7%左右。

2. 广州市和其他城市人力资源竞争力的比较

从全球的角度来看,决定竞争力或者决定一个城市发展的最关键的因素就是人才,也就是人力资源。

表 2 广州市和其他城市人力资源指标基准比较

	人口的平均寿命(年)	每千名新生婴儿死亡数(逆)	在校学生总数占总人口比例	大学以上学历的人口占总人口比例	管理人才指数	科技人才指数	人均消费能力(ppp)
纽约	77.89	6.3	0.15	0.2119	2.3	30	4585
伦敦	78.5	5.7	0.12	0.1941	7.7	41	3936
东京	81.78	3	0.09	0.3023	1.9	90	4299
巴黎	79.28	4.1	0.17	0.2583	7	62	3087
洛杉矶	78.33	5.5	0.17	0.1818	2.4	33	3694
首尔	77.46	4.1	0.2	0.2216	1.9	58	2493
多伦多	78	5.4	0.1	0.2977	5.9	43	1784
米兰	76.9	5.8	0.13	0.1559	2.3	63	1864
芝加哥	76.7	8.5	0.15	0.1894	3.2	34	3833
香港	81.8	2.5	0.08	0.267	5.9	11	2549
广州	75.5	5	0.15	0.1373	3.1	14	1184

人力资源指标广州和最好的城市相比较,可以看到科技人才指数超过了香港,管理人才的指数超过了米兰、首尔、东京。大专以上的程度广州达到了 13%,这个数据也不低,国际上的一些最好的城市如东京是 30%,巴黎 25%、多伦多 29%,也就是说大部分都在 20%左右。在校学生数也不少,占全市人口的 0.15%。可见广州在人力资源上还是有一定的优势,即使和全球最有竞争力的城市相比或者和最发达的

大都市相比,差距也不是太大,这是我们发展的一个很重要的基础。

3. 广州市和其他城市企业本体竞争力的比较

首先比较的是各个城市拥有的全球跨国公司总部有几个。

表3　广州市和其他城市跨国公司总部指标基准比较

	软件服务业	金融业	高科技	商务服务	贸易零售	制造业
纽约	13	20	8	14	4	15
伦敦	1	18	5	18	7	19
东京	1	31	23	29	16	66
巴黎	0	12	5	8	4	14
洛杉矶	2	2	1	1	0	2
首尔	0	8	2	3	4	7
多伦多	2	7	0	2	3	6
米兰	0	3	0	1	0	3
芝加哥	9	8	0	3	0	6
香港	0	12	0	6	2	1
广州	0	0	0	0	0	0

软件服务业、金融业等跨国公司总部的比较,广州的企业没有一个,香港的金融业也有几个,在全球化企业方面,广州还有很大的距离。

还有一个是分支机构的比较。

表4　广州市和其他城市跨国公司分支机构指标基准比较

	软件服务业	金融业	高科技	商务服务	贸易零售	制造业
纽约	16	23	11	17	7	18
伦敦	4	21	8	21	10	22
东京	4	34	26	32	19	69
巴黎	3	15	8	11	7	17
洛杉矶	5	5	4	4	4	5
首尔	3	11	5	6	7	10

续表

多伦多	5	10	3	5	6	9
米兰	3	6	3	4	3	6
芝加哥	12	11	3	6	3	9
香港	3	15	3	9	5	4
广州	3	3	3	3	3	3

这一点广州还不错,虽然没有总部,但是分支机构还不少。但这个数据不一定特别准确,是一个大概,也就是说分支机构广州还是有不少的。香港的分支机构可以和世界的十大城市直接进行对比。当然这是2003年的数据,我想经过了四年的时间,可能会有很大的变化。

4. 广州市和其他城市制度环境的比较

表5 广州市和其他城市制度环境指标基准比较

	创办企业难易度(逆)	雇佣关系自由度(逆)	合同执行难易度(逆)	信用信息覆盖率	重要信息被露程度	经济自由度	司法系统与产权保护
纽约	0.03	0	0.14	1	7	7.7849	7.9
伦敦	0.12	11	0.35	1	7	8.2803	9.17
东京	0.36	33	0.1	0.615	6	6.8175	7.83
巴黎	0.06	78	0.18	0.017	6	7.9845	7.57
洛杉矶	0.03	0	0.14	1	7	7.7849	7.9
首尔	0.41	11	0.02	1	6	7.1397	6.37
多伦多	0.02	11	0.28	1	7	8.019	8.67
米兰	0.33	61	0.81	0.65	5	7.7046	5.57
芝加哥	0.03	0	0.14	1	7	7.7849	7.9
香港	0.11	0	0.26	0.615	6	9.7286	7.43
广州	0.49	11	0.57	0.004	4	7.5331	5.33

制度环境这里指的是讲政府为其停业提供的软环境,世界银行发布的《全球商业环境报告》考察一个企业从生到死的过程中和政府打交道所花费的成本,它涉及10个方面。世行在考察国家时是以一个城市作样本,在中国他选择上海作为全国的代表,利用这个数据将广州与全球最大的城市相比较,整体上涉及政府监管的方面还有很多亟待提高的地方。而香港的表现是比较优秀的,香港的政府管理一直在世界银行的排名是排在前十位的,这也是我们广州的一个重要的条件。我们谈广州的发展不能离开香港,谈广州的经济不能离开香港,因此我们在进行比较的时候,香港也是一个很重要的对比。

5. 广州城市和其他城市对外联系指标基准比较

这一点在全球化竞争当中是很重要的一点,从人流和物流来看,广州总的来说和其他的城市还有一定的距离,但是总体的基础设施水平还是比较高的,说到增长,广州、香港应该是最快的。广州境外游客的人数方面还是不少的,另外机场客流量广州接近香港的水平,出港运量也是非常高的。

表6　广州市和其他城市制度环境指标基准比较

	机场年客运量(人)	机场年货运量(公吨)	年进出港货运量(公吨)	年均外国游客人数(人)
纽约	27,043,661	2,664,304	138,328,297	5,714,000
伦敦	119,713,600	1,600,000	50,700,000	11,600,000
东京	20,960,663	1,463,241	82,060,000	3,018,255
巴黎	70,456,984	3,800,000	2,500,000	3,233,600
洛杉矶	26,239,584	2,830,067	47,143,624	3,533,000
首尔	3,667,000	2,413,082	—	4,753,604
多伦多	23,779,000	359,533	1,773,500	1,414,400
米兰	13,326,943	139,267		5,272,000
芝加哥	41,607,602	2,132,936	22,333,838	1,351,000

续表

| 香港 | 18,984,640 | 1,166,000 | 220,879,000 | 10,065,232 |
| 广州 | 15,012,696 | 187,400 | 192,000,000 | 1,969,100 |

6. 广州城市和其他城市科技创新指标基准比较

科技创新是竞争力的关键之中的关键,这个指标总的来说广州和发达国家的国际大都市相比差得很远。

表7 广州市和其他城市科技创新指标基准比较

	国际专利数量(WIPO)	科技类论文总数(SCI)	社会科学类论文总数(SSCI)	人文艺术类论文总数(A&HCI)	政府教育投入占GDP比例	互联网主机覆盖率	宽带覆盖率
纽约	25,332	45,843	12,603	4,524	0.0531	3.92	13
伦敦	13,673	70,256	15,332	4,840	0.0254	6.26	10.5
东京	59,309	61,663	1,769	283	0.0209	10.16	15
巴黎	14,819	41,434	3,072	1,891	0.0353	4.5	10.6
洛杉矶	23,323	29,399	6,637	1,620	0.0449	3.92	13
首尔	9,595	29,035	1,049	135	0.0257	0.53	24.9
多伦多	2,388	22,919	4,485	1,416	0.0426	10.15	17.8
米兰	799	18,907	902	113	0.0257	9.41	8.1
芝加哥	3,422	26,719	6,093	2,165	0.0438	3.92	13
香港	177	10,673	1,825	176	0.0644	11.01	21
广州	261	4,582	72	8	0.0089	0.01	8.4

国际专利数东京达到了59000多,纽约是25000多,广州不高,但是超过了香港。

7. 广州城市和其他城市社会环境指标基准比较

社会环境也就是生活环境变得越来越重要了,社会环境实际上是社会方面的问题,但它对经济的影响是至关重要的。全球大都市都存在着贫富分化的问题,有些城市基尼系数都达到和超过40%的警戒线。

表8 广州市和其他城市科技创新指标基准比较

	贫困率（逆）	基尼系数（逆）	城市生活质量	城市生活成本（逆）	住房质量（平方米）
纽约	19.1	45	100	100	26
伦敦	10.6	33.51	100	120.3	31
东京	13.1	21.36	101	134.7	24.3
巴黎	7.7	36.04	101.5	102.2	44.6
洛杉矶	17.3	40.86	97	86.7	23.7
首尔	13.1	37.86	81.5	104.1	39.6
多伦多	9.7	31.15	103.5	76.2	48.9
米兰	9.4	39.91	98	104.9	38.1
芝加哥	19.8	46.81	98	84.6	31.5
香港	12.7	39.54	93.5	109.5	16
广州	14.5	44.93	65	80.6	17.6

广州的生活成本指标比较好，生活成本比较低，这是逆向指标。简单来说，住房子来讲能达到国际的水平。城市资源和形象这两个非常重要，应该说广州在这方面加上珠三角还是可以的，城市知名度相对于这些大城市来说比较低，但是已经很不错了。

广州和全球最好十大城市相比较，我们可以得出一个结论，广州在人力资源和社会环境方面应该说表现是很不错的，但是在企业竞争力和科技创新方面还有许多的差距，另外，在政府管理上仍然有很大的提升空间。

我们把全球100多个城市的竞争力表现进行了一个相关性的贡献弹性分析，分析的结果是一级指标的8项内容中，人才、创新环境和生活环境是至关重要的，其次是企业本体、商务环境和社会环境。而在这些方面，前三项中广州表现得还不错，即使和最大的国际大都市相比较，有些指标也和他们的水平相当，所以说我们有一定的信心，当然也应该看到差距，既然这些方面重要，我们自然在下面的战略中加紧在这些方面多用力。

国际标杆城市的发展经验和未来发展战略

国际标杆城市的发展经验。下面,我给大家讲一下案例研究。在全球范围内我们选了几个城市,一个是选了纽约,纽约它现在是全球第一,但是它很担心,怕别人超过它。纽约市长伯格在中国社会科学院做演讲的时候我们给他提出了这个问题,他说纽约受到了伦敦、上海等城市的竞争,所以要采取一些积极的办法。纽约的基本战略是建成网络化的城市,领导信息革命,率先在全美建成智能化的政府。具体来说,率先在自动化上扩大教育和人力资本的投入,实施智能化的儿童教育,结束与周边敌对的竞争,构成一个区域协调的环境。这一点对于我们广州很有借鉴意义,广州也需要构成一个区域协调发展的蓝图,比如珠三角的一体化。此外,它特别强调教育,现在全球的经验都是需要教育,我们当然也需要有关教育的经验。政府要智能化、网络化,我们要在基础设施上领先,就必须应对这一个挑战。

第二个案例是伦敦,伦敦的过去战略就是应对竞争的。当时有一个欧洲一体化的背景,欧洲一体化导致欧元产生,英国不愿意失去自己的货币英镑,因此它就没有加入欧元区,伦敦对此非常担心,因为英国没有使用欧元,整个欧洲的金融中心就不一定在伦敦了,就可能在法兰克福了,当时法兰克福成为欧洲金融中心的社会舆论、公众预期的呼声都很高。伦敦感觉到压力非常大,伦敦就针对这个情况制定了一套战略。伦敦进行了一个金融体制的巨大的变革,这样就确保了它在金融上的地位。同时,它现在搞得比较好的就是发展文化创意产业,这个是全球最成功的经验。大家都知道北京奥运会之后就是伦敦的奥运会了,它为什么仍然要举办奥运会?实际上就是应对这个竞争,希望通过奥运会再提升一下。

大家也知道西雅图这个城市,它是波音飞机的总部、微软的总部,全世界创新的中心都在这里，为什么它能够成为全球创新的基地？就是因为它有一个历史传统，从美国成立开始，这个城市就是一个积极主动创新的城市，它很好地秉承了这个城市的竞争力，因此全球创新型的公司都在这里大量地产生，这也是为什么西雅图城市虽然不大，但是竞争力非常强的原因。最近西雅图在微软的支持下，城市有关部门选择了10个高科技的城市进行对比研究，希望和别人合作，能够实现更好的发展。

巴黎是一个文化之都，在文化方面、国际化方面也做得好。它有几项措施：强调都市建设注重市民参与与合作，尽可能地优化城市行政管理的范围，全面推行城市与区域的合作，实施与其他世界大城市合作的发展计划。我想这几个战略对我们也非常有借鉴作用。市民参与尤其是企业要参与。另外巴黎也存在着政府行政管理方面的问题，也存在着区域的问题，这些方面它都在进行改进。

我们通过上面的经验和研究可以看到未来全球发展的基本动向：第一是知识型，未来全球城市的发展应该是向知识型发展，知识型产业将成为城市的主导产业，信息技术广泛运用于生活和商务；第二是生态型，清洁和绿色是未来城市的基本特征，城市的国土将更多地融入自然，城市将更多地体现自然；第三是个性化，无论巨型城市还是小城镇都存在着发展的平衡；第四是一体化，包括城乡的一体化，也包括区域的一体化，一个有竞争力的城市应该有一个庞大的城市群、城市区域在支撑，城市群和区域之间有一个非常合理的分工，是一个合作供应的机制；第五是和谐型，这是社会方面的。

我们要有全球的眼光，我觉得以上五点对于广州和珠三角地区在把握方向上是至关重要的。而这些方面有些恰恰是我们重视不够的，比如说个性化，因为我们是后发国家，我们学得很快，学得很快就会导致千篇一律，千城一面，没有个性，没有个性就不可能独当一面，因此个性化对于小城市、中等城市甚至大城市都是非常重要的。

表 9 广州和周围城市竞争力显示性指标基准比较

	GDP 总量（美元）	人均 GDP（美元/人）	地均 GDP（千美元/每平方公里）	GDP 三年的增长率（2001~2003）	失业率	就业人口三年的增长率	劳动生产率
东京	286,393,652,031	35,194	460,959	−0.0273	0.05	0.0304	70,759
首尔	147,281,782,630	14,946	243,276	0.1709	0.045	0.0055	30,987
香港	108,217,679,968	25,723	849,833	0.035	0.065	0.013	30,044
横滨	92,254,446,821	26,395	211,012	−0.04211	0.049	0.0036	54,913
大阪	65,230,570,775	26,136	294,761	−0.04224	0.0898	−0.0002	52,559
墨尔本	45,699,094,831	26,221	50,385	0.13737	0.0545	0.031	48,845
釜山	36,025,773,533	9,855	47,197	0.13995	0.0382	−0.0213	22,376
台北	34,265,664,473	13,066	125,977	0.00718	0.043	0.064	30,217
迪拜	26,800,000,000	26,420	6,898	0.163	0.016	0.223	47,040
悉尼	16,000,306,683	26,849	8,446	0.11387	0.0478	−0.0157	62,331
广州	45,845,689,238	7,717	75,404	0.14739	0.0191	0.1031	14,662

我们看太平洋西岸一些城市，如东京、首尔、香港、墨尔本、横滨、釜山、台北、迪拜、悉尼。从 GDP 的规模来看，广州在 2003 年的时候是约 458 亿美元，已经超过了墨尔本、台北、釜山。

在我们选的 10 个城市中，广州规模上处在中间，但是人均 GDP 发展水平是排在最后。增长我们相比是最好的，就业率也是最好的，就业增长也是最好的，劳动生产率比较低。因此我们可以看出规模是处在中游，效率处在较低的水平上，增长处在领先的位置上，这是基本的判断和整个亚洲的城市相比较的情况。

社会环境相对于这些城市来讲与其他方面相似，没有和全球城市相比的差距大，比较接近。广州的城市形象和这些城市相比，也是处在中间的位置，水资源、土地资源也是处在中间的位置。总的来说，珠三角城市群的总体竞争力在亚洲来说应该说处在前三的位置。对亚洲的这些城市进行分析以后，我们发现创新、环境、人才、本体以及商务环境是特别关键的，亚洲在这些方面应该加以努力。

广州在中国城市体系中的地位和国内城市的发展经验

　　了解广州在中国城市体系中的地位，需要先对中国城市体系做个简要的时空分析。从历史上来说，城市发展是受区域发展影响的。古代是中原地区率先发展，因此，中原城市也发展迅速，后来江南经济超过了北方，江南的城市也迅速发展起来。近代以来，由于一些外来的因素，沿海的城市迅速发展起来。新中国建立以后，出于国防的考虑，东西部的地区城市有很大的发展，而相反沿海受到了一定的限制。改革开放以后这个格局发生了重大的变化，中国的城市都发展了，但是发展的速度不一样，格局非常清楚，东南沿海一枝独秀，成为了中国经济的龙头。

　　广州和中国最好的一些城市如香港、上海、北京、深圳、台北、天津、杭州、南京、苏州比较，总的来说广州是处在第四、第五位。总体上来讲，广州的发展水平和劳动生产率都是比较高的，总体上处在最具竞争力的第一方阵中。因此广州下一步主要是和国际竞争，为什么提出这一点？因为它已经处在国内的第一方阵了。总体来说，广州各方面发展比较全面，我们今年的竞争力报告有一个重要的特点，就是根据每个城市的得分划了等级，200个城市分为5个级，分别是5个A，但是5个A又分成4个等级，一个级别又分成5个城市。广州可能大部分都在A和A+，有的达到A++的水平。

　　改革开放30年来，中国城市发展积累了一些经验，我们提炼了九条。

　　第一，要充分利用动态比较优势，"扬长补短，骑马找马"。首先利用我们的成本优势、劳动力充分的优势，在这个过程中一方面不失时机地进行资金、技术的积累,进行产业的升级,发展高科技产业。这是中国成功非常重要的一个方面。

第二,不能采取休克疗法,而要采取渐进式的办法来推进城市的改革,这一点做得也是非常成功的。

第三,发展上采取先易后难的办法和迂回的办法。如国有企业改革很困难的话先放一放,先发展民营企业,通过民营企业的发展,然后一方面解决人的就业问题;另一方面有了财政收入,政府有了财力,就可以大刀阔斧地进行国有企业改革。

第四,以新区发展城区,以新化旧。我认为这是中国成功非常重要的方面,当然也带来了一些问题,但是总体来说还是成功的。发展新区一个优势是可以在新区内进行新的机制、新的管理和新的产业试点,通过新区的发展,一方面可以保护好旧区的一些传统文化;另一方面也可以消化吸收旧区的一些问题,同时带动全区的发展。发展开发区、发展经济园区都是以新化旧。

第五,全球眼光,博采众长。这一点我觉得在中国是非常成功的。打开国门以后我们学习得非常快,当然也带来了一些问题,比如千城一面,但总的来说还是善于吸收全球的经验、技术和管理,善于把握全球的发展趋势,因此许多城市都实现了跨越式的增长。

第六,分权分税,鼓励竞争。这是最重要的一条,甚至是决定中国成功的一个关键的因素。地方发展经济的积极性非常高,如果你在国内得不出这样的结论,而在国外走一走感觉就非常强烈。国外地方政府是没有我们国内这样的积极性,我们国内的地方积极性非常高。这个是适应是全球化的趋势。因此我们《全球城市竞争力报告》的主题准备选择这一点,一方面呼吁全世界的政府下放他的权力。这也是适应了全球的趋势,我到加拿大政府讨论这个问题的时候,他们都觉得中国这一点非常好,他们也要处理非常多的事务。

第七,联产承包,亦工亦农。如果不放眼世界的话,就会觉得这个问题很大,其实不是的,全球这几十年来城市化人口增长了很多,但是城市化也给许多地区带来了巨大的灾难,现在全球城市人口的1/3处在贫困线以下,许多发展中国家的城市贫困问题已经非常严重。中国就是由于联产承包责任制,农民工有一个最后的社会保障所在,所以不像外国那样私有化的土地制度,农民没有土地了都跑到城市里居住了,中国没有这种情况。同时由于亦工亦农的农民工制度又解决了劳动力资源的流动问题,尽管这两者需要进一步的改革,但是它在这30年来功不可没,为我们城市的发展提供了非常大的动力。假设如果没有土地的人都聚集到城市里,那是不可想象的,因为我们的城市化如果是这种方式完成,城市相当一部分人都会在贫民窟里生活。

第八,工业带动,制造优先。处理城市化和工业化的关系、制造业和服务业的问题,用工业化带动城市化是正确的,如果没有工业化,光搞城市、光搞房地产,这个经济就是泡沫的,不可能持续下去,因此,工业带动是第一的。制造业也是如此,没有制造业,都是服务业,你卖给我,我卖给你,都跑到城市里去了,没有基本的工人的就业机会,因此就导致了这个城市的贫困。我们中国就好得多,打工的到城市来,到制造业里就业,当然技术水平比较低的就在一般的服务业。按照产业化的规律,现在我们需要发展服务业了,但不能说过去我们优先发展制造业是错的,现在国际制造业的发展恰恰给我们发展服务业、扩大内需提供了一个坚实的基础,我们有了这样的制造业,亟须服务业的发展,就给服务业和整个城市带来了机会,使我们的城市能够继续高速发展,所以说制造优先是个好战略。

第九,招商引资。地方有积极性就采取市场化招商,我现在回顾一下,如果我们不采取招商引资的办法,那我们不可能发展得很好。我们采取了招商引资,想尽了办法,对投资者的服务很好,很快就改变了投资者的印象。

广州未来的定位和发展问题

广州目前在国内我们应该说是第一方阵,是一流的,如果要继续发展,更上一层楼,就必须有新的思路,打开新的局面。广州要和整个珠三角结合在一起,也就是说要和香港、深圳、佛山、东莞、珠海、中山等结合在一起进行定位。我想应该把整个珠三角地区定位成全球顶级城市群,也就是说全球三大顶级城市群之一,成为亚洲最高级别的城市群。这个定位是针对整个珠三角而言的,包括香港、深圳、澳门。

它们具体的分工是这样的,香港它应该是这个区域中的中心和龙头,它在全球的定位应该在关键的服务业,处在全球的高端,比如说世界金融中心、国际的交往中心、跨国公司总部所在地等。深圳主要是在高科技和创新上全球的顶端城市,要达到美国波士顿那样的水平,要达到西海岸的斯坦福的水平。广州是珠三角顶级都市区的重要中心,它在一些重要的服务业方面也是服务于全球,可以在一些重要的服务业当中可以处在亚洲第一,与全球其他大都市区相媲美,同时还要成为南中国制造中心,服务南中国地区的制造业。

现在的问题是怎样处理珠三角都市区内的关系,推进一体化,珠三角"一国两制"的格局决定其合作和一体化需要创新。全球大概有6个比较著名的大都市区,都是由不同国家管辖区的城市组成的大都市群,但是他们合作和一体化的表现都很好。珠三角这个合作需要依靠政治家的智慧。邓小平提出要用"一国两制"解决香港问题,实际上这个问题还没有完全完成,可以继续发挥它的好的作用,不仅"一国两制"收回香港,而且能够使中国香港和中国内地双赢。

现在我想说一下为什么我建议:香港应建成世界顶级城市,珠三角应建成世界顶级都市区。

中国要崛起,要成为世界核心国家,就需要一个顶级的大都市区,珠三角由于它有先发优势,应该承担这个责任。一个是保住珠三角和内地互利共赢,要求不断升级。但是全球化发展得很快,如果你发展慢,别人就会超过你,这样在产业层次上就存在着雷同,就会出现恶性竞争。所以要避免被超,就要更好地发展。另外要保持珠三角的长期繁荣,也需要确立更高远的目标。

从国际的比较来看,亚洲的许多城市都想当第一。东京已经处于最高位了,但是它好像不甘心,认为我们马上要超过它了,正在积极努力地保持它的首位,应该说它接近了世界顶级城市,但是它没最终达到。但从目前的情况来看,它在亚洲还是处于顶级的位置。韩国的首尔,真的是雄心勃勃,它的目标是建立东南亚的经济中心,现在李明博上台以后,韩国的民众对他的期望也非常大。在首尔的西北有一个城市,它制定的计划非常大,要建成世界的金融中心。新加坡也是非常希望建立世界的经济中心。除此以外还有上海,上海也希望成为世界的经济中心。

在产业基础上,小珠三角是全球的加工中心,加上香港的高端服务业,珠三角的产业基础是有条件的。香港就是存在一个总量不够的问题,它与世界最大最发达的城市相比,几乎在所有内容上都处于前十的位置,其他城市做不到,像金融方面香港的许多条件都是第一的,都超过了纽约和伦敦,自由化程度超过了纽约。基础设施目前香港和整个珠三角地区,尤其是信息化基础设施比较先进,因为我们是后发的,用的都是新东西。

制度文化方面,它的开放度、自由度、包容程度是其他地方不可比拟的,应该说广东地区的创新文化也是非常好的。人力资源需要培养,需要地方政府的重视,但是还有一个最重要的是吸引人才,因为人才是流动性的。但是珠三角也存在着一定的不利条件,比如说区位方面,它的服务在内地来说可能与上海相比要弱一些,它服务东南亚与新加坡相比要弱一些。再者,现在珠三角地区的产业基础最重要的就是两头大、中间小,下面的加工在全球非常庞大,上面的高端金融香港也是最好的,但中间的制造、服务没有发展起来,高科技深圳有这个基础,其他地方也有这个基础,但不够突出,应该说这是一个非常大的挑战。

广州基本战略一个是升级,一个是分工,升级目前是至关重要的,对广州更是如此。广州一定要打开视野,加强区域之间的合作,加强与香港的合作。实际上从企业的角度来说,很多香港服务行业都到广东来,这对广东是一个巨大的提升。现在是一起合作去争取全球的服务业。如果说中国的跨国公司的总部不设在香港,设在广州、设在深圳,同时把它作为一个前沿,这是有可能的。

基础设施很重要,信息化方面一定要加快,你要成为全球性的城市,就要利用全球的信息。未来的城市应该是网络化的城市,全世界都连在一起,全世界的城市都是通过网络联系在一起,然后城市的人也是通过网络联系在一起,谁在这个方面能够领先,谁就能够领先,因此信息化一定不能变成一个口头的东西,一定要付出实际行动。

在制度文化方面,我们说广州人敢第一个吃螃蟹,现在要发挥过去的优势,继续解放思想。与全球的城市相比,广州的科教投入比较少,尤其是教育,这一点涉及可持续的未来发展,所以这个方面要进行投入。

简单地概括一下,就是要做好几项工作:一是产业要升级,要发展现代制造和先进服务业;二是软硬环境都要做得更好,尤其是信息化,还有科技投入与科技创新体系;三是吸引人才,得人才者得天下,你要真的想把这个城市搞好,真想建成全世界一流的城市,就必须吸引最优秀的人才。

与听众的交流

提问: 广州在珠三角的城市整合里是否能跟香港一起可以成为两个第一,而不是相互取代的关系?

倪鹏飞: 当前全球的城市向都市化、向城市群这个方向发展,城市群、都市化有不同的类型,城市群它有许多的结构,有的是单中心的,有的是多中心的,有的是两中心的,要看它的历史、地形等各个方面,我想珠三角未来的城市群发展也应该是多极、多中心的。在产业方面、在功能方面,它们都承担着一部分全球的功能,都能达到顶级。我讲的这个概念是指未来发展的方向,都是高端,但是它的功能不一样,它的功能有差别。

全球粮食危机:问题与前景

程 国 强

(2008 年 5 月 15 日)

程国强,现任国务院发展研究中心市场经济研究所副所长、研究员、国务院政府特殊津贴专家;兼任国家粮食局专家顾问,商务部中国政府 WTO 通报咨询顾问,国家质检总局中国进出口动植物风险评估委员会委员,中国人民大学、华南理工大学等高校兼职教授。

2007 年以来的全球粮食价格上涨,已经从经济问题演变成严重的社会和政治问题,目前已有 37 个国家爆发粮食危机。由于全球粮食价格暴涨,许多缺粮国已经出现全面饥荒、经济紧缩,甚至政局动荡;而许多传统粮食出口国却不得不禁止粮食出口,即使像美国这样发达的农产品出口国,也在国内市场采取了粮食限购措施。那么,究竟是什么原因导致了这一轮全球粮食危机?危机将持续到什么时候?中国应该采取怎样的应对措施?

全球粮食危机:历史与现实

历史地看,到目前为止,人类始终没有摆脱饥荒的威胁。成立欧共体时,优先考虑的是怎样解决欧洲的粮食供应和安全问题,由此产生了对日后世界农业格局具有巨大影响的"共同农业政策"。欧洲之所以对农业和粮食问题如此重视,是因为人们没有忘记 18 世纪中叶的法国大饥荒,饿死了法国总人口的 5％;19 世纪中期爱尔兰大饥荒,饿死二三百万人。20 世纪以来,饥荒也不断地威胁人类,如 1920～1921 年俄罗斯大饥荒、1930～1932 年乌克兰大饥荒、1943 年孟加拉西部大饥荒,都造成数百万人死亡。

令世界仍然心有余悸的是 1970 年代的全球粮食危机。有关史料表明,1972 年,自然灾害席卷全球,世界粮食总产量比上年减少 2.9％,许多国家发生严重的饥荒。由于自然灾害造成粮食大幅度减产,1972 年苏联决定大量进口粮食,由此进一步推动全球粮价上涨。如 1972 年苏联突然进口小麦 1559 万吨,占世界进口总量的 24％。世界粮食贸易量迅速从 1971 年的 10600 万吨上升至 1972 年的 13000 万吨,几乎所有进出口国的粮食储备量都降到了最低水平。由此引发 1972 年农产品价格全面上涨。当时世界谷物、油料作物与肉类等价格均在高位运行。如 1972 年 3 月 15 日大豆的市场价格为 120 美元/吨,一年后涨到 250 美元/吨,在 1973 年的夏天达到了顶峰,超过了 400 美元/吨。全球陷入严重的粮食危机,上亿的发展中国家人口受饥荒威胁。即使在今天,人类也没有完全摆脱饥荒的威胁。联合国粮农组织报告说,目前全球大概有 8 亿人的粮食没有保障,主要分布在南亚、东南亚、非洲、近东和北非地区。

自 2007 年开始的新一轮粮价上涨,又敲响了粮食安全威胁的警钟。据联合国粮农组织的数据,2008 年 3 月与 2005 年相比,食品价格总体上涨了 80％,其中,小麦价格上涨 191％,玉米价格上涨 134％,大米价格上涨 97％,大豆价格上涨 113％。所有粮食产品价格创下了近 28 年以来的历史最高价。与此同时,全球粮食库存也达到了 20 多年以来的最低点,如小麦库存降到了 30 年来的最低点,玉米库存降到 33 年以来的最低点,大米库存是 27 年以来的最低点。

粮食价格急剧上涨,而粮食库存大幅减少,使全球对粮食产生非常不稳定的预期,许多国家因此而出现动荡的局面。联合国秘书长潘基文前不久指出,现在全球买不起粮食、需要援助的穷人已经因为这一次粮价上涨增加了 1 亿人。联合国世界粮食计划署执行干事也认为,食品价格上涨所引发"无声的海啸",威胁到1亿多人的生计。由于燃料价格上涨、气候恶劣、可支配收入上涨刺激需求,以及农田改种用作生物燃料的作物,这些因素一并推动食品价格暴涨,并引发了亚洲和非洲贫困地区的动荡。世界银行也指出,粮食价格上涨,对于富裕国家的人民来说,价格上涨意味着紧缩家庭开支和通货膨胀加剧,但对于发展中国家则意味着"营养不良和社会崩溃"。

全球粮价上涨对粮食主产国的农民确实提供了难得的增收机会。2008年3月以来,我连续接待多批国外学者和专家来讨论全球粮食形势与趋势。许多专家认为,这轮粮价上涨,使缺粮国面临危机,但使美国等主产国农民却大为收益。他们说20世纪70年代粮食涨价,是美国、加拿大农民的黄金期,他们因此而富裕。这次是他们进入历史上的第二个黄金期。但必须高度重视的是,全球粮价高涨加剧了很多发展中国家的社会矛盾,诱发了社会动荡。尤其是一些非洲贫穷国家,民众几乎将微薄收入全都用在吃饭上,粮价上涨引发的社会问题尤为严重。如4月6日,埃及发生抗议物价上涨过猛的暴力事件,数万名工人放火烧毁学校,哄抢商店,袭击警察,数百人被捕;4月7日,海地食品危机引发的社会动荡迫使总理下台。目前已经有包括喀麦隆、塞内加尔在内的8个国家因物价飙升发生不同程度的暴动和骚乱,科特迪瓦、毛里塔尼亚、塞内加尔和布基纳法索等西非国家也出现了抗议食品价格上涨的示威活动。总体来看,非洲各国因物价上涨而引发的社会不稳定正在加剧。

到目前为止,全球对这轮粮食危机的反应表现在三个方面。第一,爆发了严重的社会动荡。联合国粮农组织初步统计,由于粮价上涨引发社会动乱的国家主要有:美洲的海地、秘鲁、阿根廷,非洲的埃及、莫桑比克、尼日利亚、毛里塔尼亚、塞内加尔、科特迪瓦、喀麦隆和苏丹,亚洲的菲律宾、朝鲜、印度、也门,欧洲的保加利亚、摩尔多瓦。第二,许多国家为应对粮食价格上涨,采取了限制出口的措施。如阿根廷、玻利维亚,埃及、苏丹、埃塞俄比亚、坦桑尼亚、尼日尔,中国、孟加拉、印度、巴基斯坦、斯里兰卡、柬埔寨、越南、哈萨克斯坦、塞尔维亚、克罗地亚、白俄罗斯、乌克兰。大米出口国泰国、缅甸、老挝、越南和柬埔寨等拟建立稻米输出国组织。第三,少数国家采取了国内限购措施,包括美国、俄罗斯等在国内采取了粮食限购措施。

根据粮农组织的统计,目前有 37 个国家已经出现粮食危机。显然,全球粮食价格上涨已经不仅仅是一个简单的经济问题,而是已经演变成全球的社会和政治问题。多年来的石油、食品价格的时间序列数据也说明了这个问题。若以 1992 年价格为基期,2008 年 3 月,石油价格比 1992 年大概上涨了 547%,而粮食价格上涨了 98%。可见,全世界商品价格上涨最高的并不是粮食,而是石油。但问题在于,石油价格上涨如此之高,但并未见哪个国家因此而出现动乱,而粮食价格只上涨了 98%,目前全球的危机已非常严峻。可见,在粮食安全和石油安全之间,需要作怎样的战略选择。

全球粮食危机:根源究竟是什么?

究竟是什么原因引发了这轮粮食危机?为弄清危机的前因后果,厘清各方面对危机的不同认识和判断,我们从三个方面来观察:第一,从全球政治博弈角度看,究竟谁应该对危机负责?第二,辨识一种战略判断——美国是否发动了粮食战争?第三,从技术层面分析,全球粮食危机的根源究竟是什么?

从全球政治博弈角度看,究竟谁应该对危机负责?目前国际社会有两种针锋相对的观点:一是西方国家将危机归罪于中国、印度等发展中国家,称这些国家人民对粮食和肉的需求的增长导致了粮食市场的供求失衡;另外一个是联合国机构、科学家与发展中国家的观点,他们认为美欧应对全球粮食危机负责,生物燃料是罪魁祸首。

粮食危机爆发后,西方一些利益集团的代表、政客以及经济学家将矛头指向中国、印度等发展中国家,称这些国家人民对粮食和肉类需求的增长导致了粮食市场的供求失衡。如悉尼罗维国际政策学院的马克·蒂尔韦尔 2008 年 2 月 27 日在英国《金融时报》发表文章称:"粮食价格上涨是供需两方面趋势的结果。在需求方面,关键因素在于新兴市场消费的强劲增长——这些国家收入的大幅增加推动了消费的增长。以中国为例,过去 10 年,在全球大豆和肉类消费增长中,中国所占的比例达到 40%。"德国《明镜》周刊也发表文章宣称,是中国和印度的消费推高了国际粮价。该刊说,中国和印度拥有全球约 1/3 的人口,但是耕地存量却大大小于这个比例,再加上中国和印度经济现在正处在一个快速发展的上升通道中,民众消费正在不断升级,以前主要消费的是粗粮,现在肉类消费比例不断上升,而这需要消耗大量的粮食来进行肉类生产。正是因为中印人民生活水平的提高,才导致全球粮食短缺,粮价上涨。2008 年 5 月 2 日,美国总统布什竟然说,印度中产阶级人口多达 3.5 亿,"这比美国还多……当你开始变得富裕,你开始要求更好的营养和食品。这样一来,需求增加,导致价格上涨。"

那么,事实是这样的吗?针对这些问题,我们也做了比较研究。同样利用美国农业部的数据,2007 年美国人均粮食(小麦、大米及大麦等)消费量 1076 公斤,是印度人均水平的 6 倍,中国目前人均粮食仅 400 公斤(包括谷物、薯类和豆类)。美国在人均肉类消费也遥遥领先。如美国每年人均消费 42.6 公斤牛肉,而印度、中国分别只有 1.6 公斤和 5.9 公斤,远远低于美国的消费水平。进一步看粮食消费的增长,如全球玉米消费,2007 年比 2000 年增长了 27%,其中美国玉米消费增长 36%,而中国只增长 23%。

20 世纪 80 年代中期到 90 年代中期,中国粮食供需存在一些缺口,每年平均需从国外进口小麦 1000 万吨左右,才能保持国内粮食的供需平衡。但是从 2000 年开始,中国粮食供需发生根本性变化,从短缺向供需基本平衡、丰年有余转变。尤其是最近几年,由于中央采取了一系列加强发展粮食生产的政策措施,最显著的就是连续出台 5 个 1 号文件,自 2004 年来,中国粮食生产连续 4 年丰收,2007 年中国粮食总产量 10030 亿斤,比 2006 年增产 70 亿斤。最近几年中国不仅没有大规模从国外进口粮食,反而还出口了少量粮食。如2006年向国外净出口粮食700多万吨,2007年净出口800万多吨。近年来我们从国外进口的主要是大豆,2007年大约进口了3080万吨。从这个意义看,中国若用有限的农业资源,解决好13亿人口的吃饭问题,本身就是对世界的最大贡献。

显然,那些试图把粮食危机的矛盾转嫁给印度、中国的政客或者专家,我们不敢说他们无知,但有一点可以肯定,他们是居心叵测的。他们混淆全球粮价上涨的表象和本质、短期矛盾和长期挑战,企图转移视线,回避国际社会对他们发展生物燃料、机器与人类争粮的批评,把粮食危机的矛盾引向中国和印度。

另一方面,联合国、发展中国家以及许多科学家认为,这一次粮价的上涨罪魁祸首是生物燃料。联合国粮农组织专家齐格勒认为,发展生物燃料对全球食品价格飙升具有决定性影响,一些国家将粮食转化为燃料的做法是一种"反人类罪"。他认为,农产品应该首先用来应对饥饿,而不是生产生物燃料。美国等国把数千万吨玉米、大豆转化成乙醇燃料,对世界贫困人口来说绝对是场灾难。因此他建议停止使用农作物生产生物燃料5年,直至科技达到能够利用农业垃圾生产生物燃料的水平。国际货币基金组织总裁多米尼克·斯特劳斯—卡恩也认为,大量使用粮食制造生物燃料加剧了粮食危机,已成为一个真正的"伦理"问题,应当考虑暂缓推广生物燃料。英国政府首席科学顾问约翰·柏丁顿指出,生物燃料热正在危及世界粮食生产及上百万人口的生存。

国外许多专家认为,发展生物燃料,是"错误的路径,昂贵的玩笑"。他们分析,目前全球约12%、美国25%的玉米,巴西50%的甘蔗用于乙醇制造,全球20%、欧盟65%的菜籽油,全球20%的豆油,东南亚30%的棕榈油用于生物柴油。短短几年之内,如此高比例的粮食、糖和油料作物被转入能源产业,自然推动了价格暴涨,而高价格又推动它们与其他粮食作物争夺土地,结果就是农产品价格全面上涨。

然而,针对全球对生物能源的批评,美国总统布什2008年4月29日在华盛顿白宫表示,即使粮价高也不会阻止美国发展生物燃料的步伐,

"从国家利益考虑,我们应该让农民生产能源,而不是从世界上不稳定国家或者对我们不友好的国家购买能源。"

因此,许多人对美国的发展生物燃料的动机产生了怀疑,为什么美国一定要坚持实施这样一个全球都反对的生物能源计划?美国究竟有怎样的战略考虑?

这让我们想起了美国前国务卿、著名战略家基辛格的名言:如果你控制了石油,你就控制了所有国家;如果你控制了粮食,你就控制了所有的人;如果你控制了货币,你就控制了整个世界。

美国一个叫斯特拉特福战略预测机构的智库前不久指出,美欧作为世界最大的粮食囤积居奇者,正在发起世界"粮食大战"(墨西哥《每日报》2008年4月27日文章"石油与食品价格上涨的地缘政治")。该智库认为,粮食已成为地缘政治中的王牌,因为粮食是最大的政治武器,粮食消费没有替代品,每个人每天都离不开粮食。粮价比油价对政治稳定更具有重要性。一旦粮食供给出现短缺,"老百姓就要忍饥挨饿,继而可能出现暴动。缺粮国政府就要处于腹背受敌的境地。"在当前全球金融体系坍塌的大环境中,美国和欧盟这两个世界最主要的粮食储备和出口者,是否正在利用粮食武器来对付它们的地缘经济竞争对手,让它们失去国内稳定?尤其是使石油输出国组织中那些不听命于自己的国家,因为粮食恰恰是这些石油大国的软肋。这意味着,美国可以利用粮食武器,获取在石油战争中实现不了的战略利益。

暂且不讨论美国智库这一判断是否有点危言耸听,这或许是对目前全球粮食危机根源的一种解释。但美国发展生物能源的过程,似乎又为该智库的判断提供了证据。美国从2002年开始发展生物能源,当时用于加工乙醇的玉米有2000万吨,只占美国玉米消费总量的15%。2003年美国入侵伊拉克,打响了石油战争。2004年世界石油价格开始全面上涨,由过去的每桶20美元,上涨到38~50美元。因此,2005年美国签署《能源政策法案》,要求至2012年可再生燃料年产量达到75亿加仑,由此拉开了玉米行情上涨的序幕。2006年初,美国总统布什在国情咨文中提出,美国将研发石油的替代燃料,到2025年替代75%的中东石油进口。2007年初,布什在国情咨文中提出,到2017年,美国汽油消耗量必须减少20%,可再生能源年产量要达到350亿加仑。2007年12月19日,布什签署了《能源独立和安全法》,要求美国到2022年至少生产360亿加仑的生物质燃料,燃料乙醇超过310亿加仑,其中150亿加仑来自玉米燃料乙醇,160亿加仑来自纤维素乙醇。2007年美国玉米用于乙醇加工已达8100万吨,占国内消费的25%。由此进一步扩大了对玉米的工业需求,推高了玉米价格,并连锁性地推动农产品价格全面上涨。

但问题是,美国推出生物能源计划究竟是为了降低美国对石油的依赖、增强美国的能源安全?还是为了减少大气污染、保护环境?或者说,还有更为重要的战略目标?

分析表明,美国生物能源计划对于增强美国能源安全的作用非常有限。按照美国能源部发布的《2008年度能源展望》,到2022年,生物燃料计划中产自玉米的乙醇为150亿加仑。但实际上,这150亿加仑乙醇仅能满足美国5.6%的汽车燃料需求。与此同时,生物燃料计划对于降低美国对海外能源的依赖也微不足道,如预测到2030年,美国液态油进口占消费量的54%,较2006年的60%仅下降6%,降幅非常有限。

另一方面,玉米乙醇的减排意义也不明显。研究表明,用玉米生产乙醇,也需要投入大量的化石燃料能量,包括生产收割灌溉运输玉米等原料中所需投入的动力能量,蒸发提纯所需的能量。每生产可放出1卡能量的乙醇,需投入0.74卡的化石燃料的能量。可见,乙醇生产能量增值并不多,很大程度上把化石燃料的能量转化成乙醇能量。也就是说玉米乙醇实际上是由化石燃料转化过来的,因此它的环保目标也不能实现。

显然,美国推出生物能源计划,既不能有效降低美国对国外石油的依赖、增强美国的能源安全,也难以真正实现减少大气污染、保护环境的目标。

按照美国现行生物乙醇技术水平测算,生产150亿加仑乙醇,需要消耗1.41亿吨玉米,这是2007年美国用于生产乙醇的玉米消费(8100万吨)的1.7倍,相当于2007年美国玉米总产量的42%。但是,2007年美国玉米消费结构为,饲料消费占45%,食用、种子与加工等占36%,乙醇占25%,出口占19%。据专家分析,只要国际石油价格保持在50美元以上,玉米转化成乙醇就有利可图,在今后全球石油价格高企的背景下,美国玉米进入乙醇加工具有显著的经济意义。而如果按照生物燃料计划,今后美国继续扩大玉米乙醇生产,其影响非常明显:要么扩大玉米种植面积,挤占大豆、棉花等作物面积,拉高农产品价格;要么减少出口,直接改变全球粮食供需结构,全面推高粮食价格。

由此不难理解,美国推行的生物燃料计划,确实有将粮食作为战略武器的嫌疑。按照美国智库的观点,"粮食是权力的工具","当粮食价格处于高位、市场被扰乱的时候,拥有粮食的国家会做的一件事就是积累金钱,这就会重新定义全球权力平衡。但类似的情况在石油领域从未发生过,欧佩克并不具备如此操纵市场的能力。"只有美欧能够掌握"全球大范围的影响力",特别是对那些"石油生产国"。尽管按照美国目前的玉米乙醇计划,到2010年时30%的粮食都将用来生产生物燃料,但它依旧拥有足够的粮食盈余来迫使那些"粮食紧缺国家"屈从于它。"当前形势下,粮食就是垄断一切的东西,它掌握在强国手中,也就是那些生产粮食并能囤积粮食而不引起老百姓不必要恐慌的国家",能够不战而屈人之兵。今后全球地缘政治中的王牌将是粮食,而不是石油。因此,美国智库认为,这一轮粮食危机是一场彻头彻尾的"粮食大战"。许多战略家认为,美国实际上利用这次粮食危机,从石油战争转向粮食战争。

这轮全球粮食危机的根源究竟是什么?我们认为,不论在战略上作怎样的判断,必须从经济逻辑上分析危机的根本原因和影响因素。从总体上看,粮食价格波动,除了供需基本面因素外,还受汇率、投机、市场预期以及国际政策等许多其他因素的影响。既有短期、中期因素,也有长期影响因素;既有表面现象,也有本质原因。

第一,从供给看,这轮全球粮食价格上涨,在一定程度上受气候变化导致粮食减产的影响。如小麦生产，受到全球气候变暖以及自然灾害的影响，2007年全球小麦主产区不同程度减产，其中澳大利亚遭受罕见的旱灾导致小麦减产幅度达到60％，加拿大减产幅度约为20％，美国减产幅度为14％，欧盟的减产幅度为6％，全球的小麦总产量减产幅度为6％。由于减产的影响，导致市场预期不稳定。在粮食价格上涨的作用下，许多国家释放储备粮，导致世界粮食储备降到30年来的最低点，只够维持53天，远低于去年初169天的水平。

第二，从需求来看，生物能源发展，增加对玉米、糖、油菜籽以及大豆等能源作物的需求，并挤占其他作物的土地等资源，成为推动粮食价格上涨的根本因素。美国从2002年开始发展生物燃料，当年用于乙醇的玉米消费量约2080万吨（占美国国内玉米消费总量的10％），到2007年，用于乙醇的玉米消费已经达8100万吨，占25％，成为近几年世界玉米价格高位运行的主要支撑因素。从另一方面看，由于生物燃料产业的发展，粮食的能源化趋势明显，农产品价格与石油价格的关联度更为强化。在全球石油价格不断攀升的背景下，不仅会推动化肥、燃料等农资价格上涨，推高农产品价格上涨，而且，也促进生物能源发展，增加能源作物需求，拉动农产品价格上涨。

第三，美元贬值的影响。美元自2002年开始贬值，首先是对OECD国家贬值（贬值20％），然后对中国等新兴经济国家贬值（15％～20％）。由于世界主要农产品用美元定价，美元贬值，就意味着农产品价格上涨。与此同时，美元贬值促进石油进口，增加石油需求，由此进一步加大了石油价格上涨压力。2004年以来石油价格的快速上涨，不仅促进生物能源的发展，同时也深刻地影响着世界农产品价格。

第四，投机基金的炒作。由于美国次贷危机引发金融市场混乱，加上美元贬值，在美国金融市场的投资首先是投资石油和矿产，巨额投机资金流入农产品期货交易市场。从这个角度讲，粮价上涨同原油、黄金和其他大宗产品价格走高一样，背后都有美国次贷危机的间接影响。

第五，不稳定市场预期与限制出口政策的推波助澜。2007年全球粮价上涨后,许多国家为了确保国内食品安全,采取扩大进口或者限制出口的政策措施,形成连锁反应,进一步放大了全球粮食市场的价格波动。如阿根廷2007年将大豆出口税从27.5%提高到35%,小麦的出口税从20%提高到28%;印度尼西亚将棕榈油的出口关税从1%左右提高到6.5%。一些粮食进口国,如俄罗斯,则降低农产品进口关税或者对进口实施补贴等。2008年4月大米价格的上涨与这个因素直接相关。大米的世界贸易量不足3000万吨,是贸易量最少的粮食品种,全球大米生产中只有5%~7%进入国际贸易流通。若没有基金炒作,以及各国不稳定的市场预期以及出口限制措施的影响,大米价格不会产生如此波动。

第六,发展中国家农业发展战略的失误。多年来,由于发达国家给予农业高额补贴,严重扭曲了国际农产品市场,使许多发展中国家依赖于发达国家提供的低价粮食,忽略了对农业发展的投资,导致许多发展中国家农业生产效率下降,没有从根本上解决其粮食安全保障问题。一旦发生全球性粮食价格波动,这些发展中国家将陷入危机和饥荒。这轮粮食危机,是一些发展中国家长期不重视农业的累积效应。

中国能够幸免于难吗?

中国在这轮全球粮食上涨中一枝独秀,国内粮食市场相对稳定。但中国能不能够继续幸免于难,保持这种市场稳定的局面?这是各方面高度重视的问题。

中国的大米价格过去一直高于国际市场价格,但从2008年初开始,国际大米价格一路攀升,2008年4月达5837元/吨,而中国大米价格保持在2800~2900元/吨,国际大米价格比中国几乎高出2倍。中国国内市场小麦价格过去一般略低于国际市场价格,但目前国际小麦价格已达2500~2600元/吨,国内价格则只有1600~1700元/吨,国际价格比国内市场高出53%。国内玉米价格过去一般比国际价格略高,但目前国际价格已比国内价格高出33%。目前只有国内大豆价格仍然高出国际价格的 50%。

　　从目前的趋势看,中国粮价仍然具备保持相对平稳的条件。这是因为,第一,中国长期实施重视农业发展战略将继续发挥积极作用。中国政府始终高度重视"三农"工作,不断加大对农业的支持力度,把稳定发展粮食放在突出位置,连续出台一系列强农惠农政策措施,促进了粮食等主要农产品连年增产。2007 年中国粮食总产达到 10030 亿斤,实现了自 1985 年以来连续四年增产。第二,国内粮食库存充裕,今后一两年粮食供求不会出现紧张局面。这包括国家专储粮和按最低收购价收购政策粮的临时库存,如水稻库存目前达 800~1000 亿斤。由于手中有粮,因此在全球粮食价格暴涨的背景下,我们并不慌张。三是国内市场物流通畅,供应稳定,没有脱销,也没有断档,国内对粮食市场的预期稳定,近期发生粮价大幅度波动的可能性不大。四是国家实施的粮食进出口等宏观调控措施将继续发挥有效作用,将保证国内市场的稳定。

　　但是,从长期趋势看,中国保障粮食安全的任务仍然非常艰巨,压力越来越大。一方面,随着我国进入工业化、城镇化加快推进的发展阶段,对粮食等主要农产品的需求也进入快速增长阶段。如随着城乡居民的收入水平不断提高,农产品消费量相应增加。随着城镇化加速,将显著增加对商品农产品的消费需求。1996~2006 年,10 年间我国人口城镇化率年均提高 1.34 个百分点,平均每年增加 2000 万以上城镇人口,10 年间城镇人口增加了 2 亿,农村人口减少 1.1 亿。由此意味着农产品生产者正在变成农产品的消费者,农产品自给者变为商品农产品购买者。农民变成市民之后,虽然口粮消费有所下降,但其他农产品的消费量都明显增加。农产品需求变化,不仅是需求数量在增加,而且质量和安全要求在提高。另一方面,长期来看,中国农产品供给形势不容乐观,主要问题来自于自然环境、资源条件的制约,如耕地,由于工业发展、城市建设、基础设施建设及农业结构的调整、退耕还林等原因,耕地面积正在逐年减少。1996 年,我国耕地总面积为 19.51 亿亩,到 2006 年底,已降为 18.27 亿亩,10 年间净减少 1.24 亿亩。目前中国人均耕地面积仅为世界平均水平的40%。在我国工业化还没有完成,城镇化还没有过半的背景下,今后耕地继续减少的趋势短期内还无法扭转。与此同时,我国人均水资源拥有量2100立方米左右,而全球人均水资源拥有量是8000立方米,我们是世界平均水平1/4多一点。这意味着,确保粮食等主要农产品基本供给的难度越来越大。因此,从战略看,中国粮食安全的警钟要始终长鸣,解决好13亿人口的吃饭问题,始终是头等大事。粮食安全问题,关系到经济全局,关系到人民群众切身利益,大意不得!疏忽不得!放松不得!

国际粮食价格的拐点在哪里?

从今后的趋势看,如果推动国际农产品价格上涨的根本因素依然存在,那么,食品价格上涨将不会在短期内结束。

首先需要关注的是石油价格走势。根据专家预测,到2030年,世界能源消费将增长70%,2030年全球的石油需求每天是1.16亿桶,那么现在石油的资源就只能用70年,因此,这决定着国际石油价格将继续高位运行。高盛预测说今后两年,国际石油价格将达到每桶200美元。显然,如果石油价格继续上涨,生物能源作物的需求量将继续增加,国际粮价也将继续高位运行。但是,也有可能某些品种(如小麦等)价格会由于供求形势的逆转而出现回落的趋势。据联合国粮农组织预测,今年全球小麦可能增产4000万吨,这样可能会使小麦价格涨幅趋缓。但能否回落,则仍然取决于玉米等粮价的走势。全球大米价格也可能因为泰国、越南等出口国的供求形势与政策调整而出现回调趋势。

从总体上看,全球粮食危机给我们以下启示:

第一,粮食市场具有敏感性、传导性、放大性特征,对一个国家的经济社会全局具有至关重要的意义,发展中国家必须把保障粮食安全放在更为优先的位置。因此在国家战略中,粮食安全将比石油安全更为重要。如前所述,目前世界石油价格比1992年上涨了547%,而同期粮价只上涨了98%。但世界许多国家因为粮价上涨而引发了社会动荡。可见,石油安全必须让位于粮食安全。对粮食问题要长抓不懈,不能有任何松懈。

第二,如果全球石油价格与粮食价格挂钩,世界粮食能源化趋势加强,则可能导致农产品低价时代将一去不复返,而进入一个高价时代,粮食的能源化,有可能像"马尔萨斯的幽灵"一样,"生物能源的幽灵"将成为威胁全球粮食安全的最根本的原因。

第三,从长期趋势看,全球粮食价格有可能呈周期性波动、整体性攀升的趋势。

对于中国来讲,我们必须从现在开始做好充分的准备:首先要树立全民对粮食问题的忧患意识和危机意识;第二,要继续坚持立足国内解决粮食安全的基本方针不动摇,这是我们的底线;第三,要加大农业科技和基础设施建设投入力度,从根本上提高中国粮食的综合生产能力;第四,要进一步完善和加强粮食宏观调控,统筹协调粮食生产者与消费者,国内生产与国际市场,短期政策与长期战略的关系。

与听众的交流

提问:有一个观点是这样的,说现在的危机是从能源危机引发了货币危机,然后导致粮食危机,而他认为粮食危机是这个危机最后的链条,很快就会解决这个问题了,请问您同意这种说法吗?

程国强:这是一种解释。自2004年开始,国际石油价格开始上涨,美国去年爆发次贷危机,然后就是全球粮食危机,确实相互之间存在一定联系。我们已经分析,粮食能源化趋势日益明显,石油价格与粮食价格已经高度关联,因此,今后石油价格有可能决定粮食价格的走向。有学者认为,美国从来都是用一个危机来替代另一个危机,很少有采取措施软着陆的。粮食危机是否是链条的终端,我觉得需要作进一步观察。目前的事实是,石油危机依然存在,次贷危机还没有看见底,而粮食危机全面爆发,似乎进入了一个恶性循环,彼此相互影响。

提问:能不能直接让粮价跟随国外的情况自然波动,然后让农民直接去调整自己的种植面积?

程国强:这是一个悖论。我们现在的办法是阻断国际市场和国内市场的联系,如果要挂钩起来的话,就要放开出口。如果粮食都卖出去的话,国内就没粮食了,那么粮价就会飞涨。粮价飞涨以后,农民从种粮到收获有一个周期,这个周期中间怎么办?现在不得已为之就是要把国际的因素阻断掉,用我们稳定的市场和政策刺激农民的积极性,这是没有办法的办法。必须在提高粮价和国家调控之间获得一个平衡,从而既能保证农民的积极性又能使国内消费者能够承受,对宏观经济不会产生不利影响。

提问:就国内现在的现状来说,我们一方面取消了农业税;另一方面我们国家现在对农业的种粮补贴,但并不足以提高农民的积极性。现在很多农民外出打工,其他的收入来源很多,而种地的农民现在很多都是自给自足,卖的粮食并不是很多,我们宏观调控有什么办法可以提高我们国内的供给?

程国强:这个问题确实提得很好。我们现在补贴农民的措施确实力度还不够。今年中央之所以在去年的基础上又增加了1300亿元的三农投入,后来又增加了252亿元,其中有一部分就是为了加大对农业的补贴力度,提高农民种粮积极性,改善农业生产条件,提高农业综合生产能力。还需要进一步探讨,有没有其他更有效的办法。但我认为,所有政策中,价格支持政策是最直接、最有效的。